T0349367

# Mujer luciérnaga

Coco Bukucs

# Mujer luciérnaga

Encendiendo mi luz para vencer mi oscuridad

URANO

Argentina – Chile – Colombia – España

Estados Unidos – México – Perú – Uruguay

*La vida te enseña cómo vivirla, si vives lo suficiente.*

TONY BENNETT

Febrero, 2022.

Para ti, que a veces crees que nadie te entiende, que estás sola o solo.
Que tus problemas te rebasan y que no hay salida.
Que no perteneces. Que ya no puedes más.
Este escrito pretende acompañar esa oscuridad del alma.
Quiero mostrarte cómo encontré mi luz.
Esa que tú también llevas dentro.

# NOTA DE AUTOR

Cualquier parecido con la realidad es mera coincidencia. No, ese no era, creo que es «la realidad supera a la ficción». O «si te queda el saco, póntelo». Probablemente sería «entre broma y broma la verdad se asoma». Bueno, si te ves en este libro y crees que hablé mal de ti, no es cierto, hablaba de alguien más.

# Índice

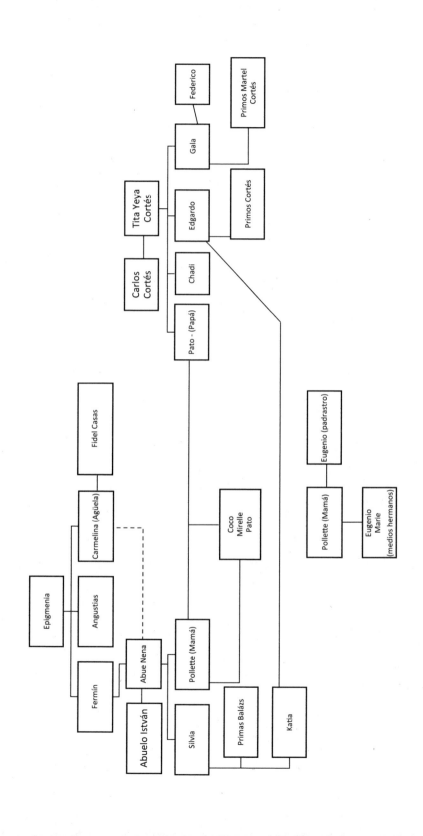

# Capítulo I

Nací en la Ciudad de México el primer invierno de 1982, seis meses después del lanzamiento de MTV; no fui niño, pero sí era horrenda, roja y chata como un boxeador. No pude darle la alegría inmensa a mi abuela, unos años antes de morir, de tener un nieto varoncito.

Qué suerte tendrían las familias de puros hijos hombres o al menos con alguno. Acá nacíamos puras niñas. Desde que nació mi abuela, a quien le decían La Nena, traíamos la cruz de cargar en nuestra genética dos cromosomas equis en lugar de campechanear la equis con la ye. A La Nena la regalaron por eso. A mi mamá y a mi tía no las regalaron, aunque ganas no le faltaron a mi abuela.

La Nena fue hija única. Su padre Fermín era muy joven cuando metió la pata con Enriqueta, una muchacha de Guadalajara aún más chica que él con la que no estaba casado ni tenía planes de hacerlo. No había clínicas de aborto seguras, mucho menos legales, y además vivían en un rancho en Michoacán, donde las soluciones para ese malestar consistían en meterse ganchos u objetos que pudieran alcanzar y arrancar al feto del útero, masajes abortivos, yerbas de olor, rituales a la luz de la luna o limpias con ruda. Fermín y Enriqueta decidieron que el embarazo llegaría a término. Pero, ¿quién se quedaría con el producto? No les importaba, solo decían: «No lo queremos, no podemos hacernos cargo». Lo repitieron tanto que el bebé no solo lo escuchó, sino que lo sintió, y la aflicción se fijó en sus deditos, las manitas, los pulmones, el cerebro, el pelo, las uñas, pero sobre todo en el corazón. Ese primer rechazo lo debilitaría hasta sus últimos días.

—Fermín, la niña ya trae unas contracciones muy fuertes; córrele y tráete a la partera. Ya está dilatada y el niño está por nacer —dijo la mamá de Enriqueta.

Tras pegar una buena carrera, Fermín y su madre llegaron a tiempo al parto. Enriqueta ya había coronado; en pocos minutos se desharían del problema y cada uno podría regresar a su vida. El bebé dio guerra al nacer; costó trabajo sacarlo, como si supiera que la vida no le sería fácil y quisiera quedarse en el seno materno donde se sentía seguro, calientito y no le faltaba nada. Después de veintinueve horas de trabajo de parto, el bebé no pudo permanecer más tiempo dentro del vientre y salió a la vida.

—Fermín, mira —dijo su madre.

Fermín volteó con desgano y dijo:

—¡Encima es niña! —Y se sintió más seguro que nunca de regalar a mi abuela.

Carmelina, mi tía bisabuela y hermana de Fermín, no pudo soportar que una nena de su sangre terminara en brazos de quién-sabe-quién, además ella no se había casado —podía considerarse una solterona—, así que le dijo:

—Regálamela, yo me la quedo y la cuido.

Y así fue como mi tía bisabuela Carmelina se convirtió en mi agüela. A la bebé, mi verdadera abuela, la conocí muy poco. Sus cenizas las habrán depositado en alguna iglesia en la ciudad de la cual no sé el nombre y menos conozco la ubicación. Jamás he ido a ver sus restos.

Carmelina nació en Michoacán, en 1920. Su familia era una mezcla méxico-europea, como muchas después de la conquista española y de la segunda intervención de Francia en México. Era una joven hermosa, de piel blanca, a quien llamaban "La Rosa de Castilla". A su hermana Angustias le decían "La india bonita", apodos que cada una amó u odió a lo largo de sus vidas. Vivían en una finca donde podían correr de un extremo al otro sin llegar nunca a las colindancias porque ese lugar no tenía fin. Tenían plantíos de frutos, aguacates y café. Al llegar, podías oler al mismo tiempo todas las frutas del cuerno de la abundancia mexicano, pero prevalecía la esencia de la flor de naranjo. A Carmelina le encantaban los árboles de guayaba, trepaba a ellos para devorar sus frutos y no tener que esperar a la hora de la merienda. Por cierto, cualquiera que siga creyendo que comer guayaba produce apendicitis: pregúntenle al fantasma de Carmelina. A diario se comía un camión de producto y vivió hasta los ochenta y tres años. Artritis reumatoide sí le dio, y fuerte, pero no por comer guayabas.

Carmelina se formó en una familia racista, convencida de que los privilegios estaban ligados al color de la piel. No solo preservó su educación errónea, sino que trató de embarrar con ella a todos los miembros de su familia. Hasta a los más jóvenes, que constantemente sufríamos ataques de vergüenza al ser testigos de su aproximación y trato a la gente que trabajaba en nuestra casa, a gente del mercado, a gente cruzando la calle, a gente de todos lados. Estamos en México, no en Rusia, pero al parecer ella nunca se dio cuenta, y lo más extraño e incomprensible es que sus dos hermanos, Fermín y Angustias, eran de tez morena.

Mi agüela Carmelina era vanidosa y algo narcisista; se arreglaba con amor, se ponía labial rojo, se esmaltaba las uñas y se untaba su crema Teatrical para salir al mercado a comprar los artículos necesarios para la comida del día. Era muy exigente con los vendedores, y cuando los regañaba, daban ganas de esconderse detrás de su falda o salir corriendo y fingir que no la conocías. «Fuchi, este pescado está apestoso, ¿no le da pena ofrecerlo así? Deme del otro que está a lado. Ya ve, este sí está fresco, no como el que me quería dar primero». «Está carísimo, no quiero nada de aquí; no, ni me ofrezca probadita, quédese su queso cochino». «¿A cuánto la crema? Está loco, es usted un indio ratero».

Le gustaba poner la televisión todo el día con las noticias para estar al tanto de los acontecimientos del mundo y tener información valiosa de los insumos que compraría en los próximos días. Veía programas mañaneros de revista y vespertinos de comedia sádica como *El show de*

*Paco Stanley*, saboreaba cómo maltrataban al pobre Mayito y se carcajeaba de sus desatinos. También veía *El show de Lagrimita y Costel*, donde salía el payaso Lagrimita disfrazado de Lagri-Taka, el personaje de luchador de sumo con una botarga inmensa y calzón chino, que no era chino sino japonés.

Mi agüela decía la verdad sin tapujos. Su especialidad: herir susceptibilidades y fragmentar personalidades tipo jarrito de Tlaquepaque. Si alguien era reservado en el gasto, mi abuela decía: «Este es un codo, no trae ni un refresco para la comida». Nos avergonzaba tener invitados, sobre todo si su piel no era color porcelana y osaba llamarse "Perla". La tierna viejita le decía que mejor tendría que llamarse "Ostión". Yo la acusaba con mamá por haber corrido a mi invitado y ella se justificaba diciendo: «Ahí no había nadie, solo vi una mancha negra en el sillón». Era tremenda. Lo políticamente incorrecto le hacía lo que el viento a Juárez. La recuerdo como una figura materna amorosa, generosa, con carácter, controladora hasta el tuétano y siempre ofreciéndome comida. La quise mucho, aunque constantemente me hiciera echar chispas.

Seguramente me hubiera llevado mucho mejor con mi tatarabuela Epigmenia si tan solo la hubiera alcanzado viva. Fue la única curandera-bruja en mi familia materna; era vidente, curaba con las manos, le entraba a la santería, leía a la gente con verla solo un minuto y predecía hasta el clima. Le hubiera ido bien dando el pronóstico del tiempo, pero se adelantó a su época.

Epigmenia, además de bruja, era bien borracha, y lo único que conservamos de ella es un anillo de oro con jade que mi hermana usa para ahuyentar espíritus chocarreros. Bebió hasta en el lecho de muerte negándose a recibir los Santos Óleos «porque se cruzan con el tepachito y la marean a una muy feo».

El danzón ya había llegado a México desde Cuba junto a Fidel, el hombre que se convertiría en esposo de Carmelina. Fidel salía en las fotos recargado en un auto rosa con blanco (o al menos eso creí adivinar en las fotos que eran blanco y negro), con la trompa pesadísima como los de las películas de *gangsters*, para congelarse en el tiempo y seguir funcionando en la isla hasta el día de hoy. Mi bisabuelo era de ascendencia catalana y había nacido en Cuba por accidente porque su madre venía en un barco, cuyo capitán era su esposo, con rumbo a España, y ni más ni menos le dieron contracciones de parto cuando pararon en el puerto de la isla. Mi bisabuelo, guapo y alto, usaba bigote, tenía los ojos verdiazules, se peinaba relamido hacia atrás y portaba trajes de cintura alta con pinzas y sacos con hombreras que hacían juego con unos zapatos bostonianos de los que me enamoré a primera vista. Mi agüela Carmelina no tenía intención de encontrar pareja porque, aunque era soltera, estaba entregada a su hija, La Nena, a quien le dedicaba su vida entera y era su principal fuente de felicidad.

Su hermana Angustias habrá convencido alguna vez a mi tía bisabuela de salir a bailar a un salón de danzón, y allí conoció a Fidel Casas, el galanazo —varios años mayor que ella—, que se mostró además muy culto y educado. Mi agüela tenía más de un buen motivo para pegarle el ojo y él, ni tardo ni perezoso, le pidió matrimonio. Carmelina aceptó casarse por el beneficio de tener estabilidad económica y para darle un papá a su hija.

Tener un hombre en casa suponía algunas ventajas. Fidel se encargaría de introducir a La Nena en un mundo culturalmente vasto, y las llevaría a vivir por temporadas a Barcelona, donde él tenía familia. La Nena también escucharía a su padre hablar perfectamente en catalán e intentaría aprender algo. En cuanto a mi agüela, nos cocinaría platillos españoles con los que nos deleitaría hasta el final de sus días.

Fidel parecía un señor educado, a primera vista decentísimo, siempre rodeado de libros. Al menos así lo vio mi agüela desde que lo conoció hasta sus cincuenta y tantos años, momento en que la verdad le arrancó el velo bajo el que había vivido la mayor parte de su vida. Nunca imaginó lo dañado que estaba ese hombre por dentro, mucho menos que sería durante años, y en secreto, el abusador de su hija, de las hijas de su hija, y de las hijas de las hijas de su hija. Fidel tampoco vive, murió en el hospital por una úlcera gástrica.

Desconozco si algún día pidió perdón o si sintió culpa por el daño que nos hizo.

La Nena creció como hija única en un hogar regido por una madre controladora, que en un arrebato de inteligencia le dio por decirle a su hija que era adoptada y que sus verdaderos padres no quisieron quedarse con ella. Abue Nena creció muy sola afectivamente y demasiado acompañada en las horas destinadas a dormir. Era tímida y de constitución pequeña.

La primera vez que La Nena vio un vestido de flamenco, tenía cinco años. Por entonces, Lola, hermana de Fidel, vino a México desde Barcelona vestida de española de pies a cabeza, con un hermoso ajuar de color rojo y lunares blancos, peineta, mantilla, abanico y "olé". Y así a La Nena se le dio por vestirse de gitana, fugarse en el baile, concentrar ahí su energía y darle vida a su precioso alter ego.

En la década de 1960, en Estados Unidos, mi Abue Nena conoció a István Balázs, mi abuelo húngaro. Lo mandaron de Hungría a Estados Unidos a los dieciséis años, durante la Segunda Guerra Mundial, solo y sin hablar una palabra en inglés. Era hijo único de madre soltera, probablemente producto de un evento desafortunado. Aunque su madre logró salvarlo de los horrores del conflicto bélico, no era buena con él. Lo maltrataba muchísimo, al punto de detestarlo. Era tal el odio que esa madre sentía por su hijo que una vez, cuando él le dijo que no le gustaba lo que había de comer, ella le vació el plato de sopa hirviendo en la cara. La quemadura y todos los otros abusos no solo lo lastimarían físicamente, sino que lo dejarían roto el resto de su vida. Era un hombre profundamente averiado. Una joya que entraría a la familia y me daría la dosis de sangre húngara que llevo en las venas —mis torcidas venas—, en mi torcida alma y en mi torcido corazón.

La Nena se enamoró de inmediato de él. Los dos cargaban con fuertes padecimientos emocionales, y quizá por eso se comunicaban perfectamente entre sí, entrelazándose románticamente de manera enferma, como cuando Cupido flecha a una pareja, solo que este era Cupido *from hell*. Y se casaron. En la foto de bodas se veía a una joven inocente, muy enamorada y a un europeo rubio guapísimo con cara de Don Juan. Tuvieron dos hijas que nacieron en Estados Unidos. A una le pusieron Silvia y a la otra Pollette, con doble "L" por un error de dedo que nadie en el registro tuvo la consideración de corregir.

Abue Nena siempre quiso tener un hijo. A su primogénita la perdonó porque además salió güerita e idéntica al padre, pero a mi mamá le tocó pagar los platos rotos por no haber satisfecho su deseo de tener un varón en un segundo intento. Por esto (y por muchos otros motivos) liberaba su enojo reprimido con las niñas y, en vez de llamarlas por sus nombres, les decía "hija-de-la-chingada» y "cabrona".

Cuando eran muy chiquitas, Abue Nena y mi abuelo húngaro tuvieron un pleito que escaló a violencia desmesurada; él terminó sacando una pistola y diciendo que la mataría en ese mismo instante, mientras Silvia, que entonces tenía dos años, arrastraba a mi mamá de un año debajo de un mueble para esconderse de su propio padre. No es de extrañar que, siendo testigo de ese y otro tipo de abusos, Silvia resultara diagnosticada *borderline* (trastorno de personalidad límite). Unos seis años más tarde István las abandonó y Abue Nena se fue con las niñas a vivir a la Ciudad de México, a casa de su madre. Desde entonces, La Nena viviría sumida en una profunda depresión e ignoraría a sus hijas durante el resto de su vida.

En alguna parte oí decir que «la gente lastimada lastima» o «*hurt people hurt*». Por suerte, nunca conocí a ese hombre misógino y violento que dicen que fue mi abuelo, lo único que nos dejó fueron sus buenos genes de rendimiento en los deportes, la esperanza de portar un pasaporte europeo y un apellido muy difícil de leer, de escribir y casi imposible de pronunciar.

Falleció hace unos quince años en Portland, Oregón en compañía de su segunda familia. A mi mamá y a mi tía no las volvió a ver desde la separación de mi abuela. Tuvo un hijo y dos hijas que tampoco se expresaron muy bien de él después de su muerte.

Al llegar a la Ciudad de México, Abue Nena y sus hijas comenzaron su nueva vida en una bellísima casa en cuya entrada decía "La

Masía", que quiere decir casa de campo en catalán. Construida de un solo piso, con estilo colonial mexicano, tenía varias habitaciones y una terraza central espectacular. En el gran jardín de enfrente había árboles frutales, un huerto y la propiedad abarcaba una cuadra entera; pertenecía a la época en que había haciendas en lo que ahora se conoce como la colonia San Jerónimo.

Mamá me cuenta que, cuando llegaron a México, ella no hablaba ni una palabra de español y conocía poco a mi agüela Carmelina, quien la quería alimentar con caldo de pollo gelatinizado con menudencias para hacerla engordar porque la veía como una pequeña calaca flaca y muda. Las primeras palabras en español de mi madre fueron: «Bss, bss, pinshi gato», que era lo que le escuchaba decir a Carmelina: «Pinche gato» o «ya se metió el pinche gato, saquen a ese condenado animal».

La Nena transcurría sus días en lúgubre ensimismamiento y cuando salía de sí, daba clases de flamenco en el estudio de baile al fondo de La Masía, un salón grande con una hermosa duela de madera y espejos de piso a techo para que las bailarinas y la maestra pudieran observarse durante las lecciones. Dice mamá que por las tardes se oía el zapateado y las castañuelas de las mujeres que practicaban con Abue Nena, y que el sonido se quedó grabado en el piso y esculpido en las paredes por varios años.

Abue Nena les prestaba más atención a sus alumnas que a sus propias hijas. Lo más que hizo por mi mamá y mi tía fue prepararles alguna vez un *lunch* horrible compuesto de dos rebanadas de pan de caja y una miserable rebanada de jamón, sin verduras o aderezos de ningún tipo. Mamá cuenta que prefería no comer nada en la escuela hasta llegar a casa, donde le esperaba el muy odiado consomé de pollo. Nunca hubo fiestas de cumpleaños; tampoco las dejaban invitar a amigas a su casa por miedo a que el secreto de los abusos cometidos saliera a la luz. Las dos hermanas vivían en una soledad acompañada de la que no tenían escapatoria. En esa casa sin diversión alguna, lo único que hubo fue llanto, abusos y desamor.

Esta hermosa casa también murió. La vendieron, demolieron y la hicieron un condominio horizontal. Su recuerdo se fue con el sonido del último tren que pasó por las vías de atrás, antes de que clausuraran su paso por la ciudad.

Mamá y Silvia tenían diecisiete y diecinueve años cuando a Abue Nena le diagnosticaron el cáncer terminal; había metástasis y le daban un año de vida cuando mucho. Tenía solo cuarenta años de edad. Las dos jóvenes se aterrorizaron de quedar huérfanas en unos pocos meses. La mayor, que ya tenía un estilo de vida cuestionable porque se la pasaba de novio en novio, pronto encontró con quien casarse. Se enamoró de un joven guapo, divertido y parlanchín que también había quedado huérfano de padre a muy corta edad y había sobrevivido hasta entonces las locuras de una madre bipolar. Se llamaba Edgardo. Ese hombre tenía un hermano menor aún más guapo y de ojos verdes, un alma perdida y abandonada igual que mi mamá, se llamaba Patricio. Decidieron presentarlos y fue como cuando se junta el hambre con las ganas de comer, llueve sobre mojado, el arroz ya se coció y Dios los hace y ellos se juntan.

Mi abuela paterna, Tita Yeya Cortés, estaba al borde del síncope, supiritaco, tramafat, telele, soponcio e infarto de miocardio cuando se enteró que sus dos hijos se iban a casar con mujeres que no provenían de familias de alcurnia ni de abolengo ¿Cómo que no eran condesas ni tenían castillos? ¿Cómo que no había títulos nobiliarios de por medio, sus padres no habían sido gobernadores ni fundadores de nada y encima hablaban como gringas? Seguro eran unas nacas.

Muy guapa, de ojos azules y tez blanca, siempre tenía los labios pintados de rojo y el peinado señorial de abuela de clase alta. Perfumada y arreglada, con su cigarro en mano, charlaba y juzgaba a diestra y siniestra, protegiendo y cobijando siempre a sus hijos varones. No fue muy cariñosa conmigo, me parecía que siempre guardaba la pose y cuando se acercaba a mí probablemente era por sugerencia de su hija; sus nietos favoritos siempre fueron los hijos de su única hija, Gala.

Diagnosticada con trastorno bipolar, arrastró a su hija y sus tres hijos al mismísimo infierno. Casualmente todos le salieron alcohólicos. La última vez que la vi fue hace unos dieciséis años en su lúgubre departamento. El que olía a llanto y desesperación. Iba metida en una bolsa negra con los pies por delante, la llevaban a la morgue.

Y mi abuelo paterno, el esposo de Tita Yeya... ¿se llamaba Jaime o Carlos? Siempre tengo que preguntarle a la hermana de papá para asegurarme, tampoco me importa mucho, sé que el apellido es Cortés y con eso basta. Murió joven (cuando mi papá tenía algo como seis años) de un golpe en la cabeza por una caída de las escaleras, se fue a dormir y a morir.

Se casó Silvia, se casó mi mamá. Siendo dos hermanas que se casaron con dos hermanos los hijos de ambos matrimonios llevarían los mismos apellidos como si fuéramos todos hermanos. Mis papás se casaron en Los Ángeles, California. En la única foto de su boda, mamá lleva un traje elegante azul marino, con un *bouquet* precioso de flores blancas y papá está vestido con un traje café, lleva el pelito un poco más largo que los Beatles, ya usaba la barba y bigote que lo caracterizan (nunca se la quitó porque tiene la piel tan suave y perfecta que con ese pelo largo le preguntaban: «¿Qué quiere de tomar, señorita?»). En la imagen a color hay pocos invitados, entre ellos Abue Nena que, aunque no le divirtió que mamá se casara tan, pero tan joven, decidió dejarla hacer su propia vida porque sabía que ya no le quedaba tiempo.

Mamá no sabía mucho de nada más que de música, y como nadie le explicó bien la historia de los pájaros y las abejas, pues le caí de sorpresa. Siempre tengo una prisa endemoniada, así que me instalé en ella pocos meses después de la boda. Seguro se enfermó de mí porque constantemente le preguntaban cuándo se aliviaría. Estuvo meses pensando qué carambas iba a hacer con un bebé siendo ella todavía una niña, pero le ilusionaba que su primogénito fuera un niño. A la fecha no se me ha antojado cambiar de sexo.

# Capítulo II

Los Ángeles, 1982. Madonna grababa su primer disco. Vivíamos temporalmente en la que considero mi primera casa. Un proyecto de grabación mantenía ocupado a mi papá y su amigo millonario, el que sí podía darse el lujo de dedicarse a la música. No tenía nada que ver con la realidad financiera de mi padre en ese momento. Hacía tan solo unos años, papá se había despedido de sus hermanos y de su madre, Tita Yeya, para quedar a su suerte. *Homeless*. Mi abuela paterna —*borderline* no diagnosticada— decidió vender la casa para enlazar a su única hija con alguien de abolengo. Se aprovechó del buen apellido Cortés y pagó el *cover* de entrada a una familia de la aristocracia en México, dejando a dos de sus hijos en situación de calle.

Mamá y papá crecieron como *juniors* consentidos, pero llegaron a la edad semiadulta sin fondos en las cuentas de banco familiares; querían mucho, pero no sabían ganar tanto —o nada—. Simplemente no les inculcaron el trabajo duro; les enseñaron a estirar la mano nomás, y vaya si eso no les complicaba la vida que habían empezado juntos.

Papá era muy talentoso en el piano y muy inestable emocionalmente. Su primer intento suicida llegó a los diecisiete años. Desconozco si le estaba yendo bien o mal en el negocio de la música. En esa época empezó a construir el estudio de grabación que le robaría todo su tiempo, esfuerzo y aliento. Un estudio que nadie ha visto, que sigue en proceso de construcción y que siempre está próximo a estrenarse. El mismo en el que grabaría el disco que lo catapultaría a la fama y lo haría, en su mente, merecedor de un Grammy.

En su adultez temprana, con veinticuatro años, le llevó dos meses darse cuenta de que mi llanto le resultaba odioso. No lo dejaba curar en paz su cruda por alcohol y sábete qué otras drogas que hubiera consumido. Lloraba frenéticamente junto conmigo. Entraba en pánico. Me imagino que, en ese estado, es peor que insufrible tener a una bebé que llora porque no se siente bien, porque tiene frío, porque quiere más leche o porque se hizo pipí. Para solucionarlo y terminar con su sufrimiento, decidió de forma impulsiva vaciarme un vaso de leche helada en la cara por atreverme a emitir aquel sonido.

Esto lo sé por mi madre, quien me contó cómo pasé de un llanto fuerte y fastidioso a un chillido más agudo y potente. Emitía sonidos cual criatura del inframundo. Mamá se enojó muchísimo con él, pero en lugar de reprenderlo, decidió meterse al instante a la regadera conmigo y bañarme con agua caliente. Trató de sacarme del trauma irreparable. Mi salvadora. Mi Madonna.

A mamá siempre le gustó vestir a la moda. Usaba como inspiración el estilo de Madonna, Cher y Cindy Lauper. Nada conservador, siempre juvenil y un poco alocado. Seguramente me sacaba a pasear en brazos por L.A. porque dudo que les hubiera alcanzado para comprar una carriola. Vestida icónicamente de la década ochentera, caminaba sobre el paseo de la fama en Hollywood mientras soñaba con ver su nombre escrito en una de esas estrellas.

Me imagino que la apuesta por Los Ángeles no salió muy bien porque hay fotos de mis papás conmigo, al año y medio de edad, de regreso en la Ciudad de México. Vivíamos cerca de mi agüela en San Jerónimo, en la que considero mi segunda casa. En los retratos aparezco de bebé con pelo *punk*, un *mohawk* natural. Rebelde, rebelde, como la canción de Bowie. Eso sí, en todas las fotos salgo sonriendo porque fui muy risueña y alegre. Fea, pero simpática. Mi *mojo* los primeros años de vida.

Recuerdo que papá se bajaba del auto a cerrar las rejas de un estacionamiento que tenía una bajada pronunciada. Mamá dice que es imposible que recuerde eso; yo tenía menos de dos años. Creo que es porque me daba vértigo estar en el coche con la calle tan empinada por delante y tener a papá entre una reja y el coche. Tal vez desde entonces tenía miedo de que le pasara algo malo a papá. Vivía con miedo.

La música no dejaba suficiente para mantener a dos cabezas y media. A mi agüela le desesperaba vernos carentes de tanto. Su intención era poner a trabajar a mi papá, ponerle un negocio, pero el giro fue más que desatinado. Una pollería. En serio, mi agüela pensaba que el príncipe Cortés, de cuyas venas manaba solo sangre azul, iba a atender una tienda de pollos rostizados. A Tita Yeya seguro le dio el soponcio una vez más. Por supuesto que platicaría con él para disuadirlo de semejante emprendeduría: «Eso es cosa de gente humilde». Veneno en forma de delirios de grandeza. La empresa duró lo que nos tardamos en consumir el pollo del primer surtido.

Los años siguientes estaríamos consiguiendo *gigs* musicales y grabando *jingles* publicitarios junto a un nuevo socio de papá. Mamá retomaría sus estudios en el Conservatorio Nacional de Música, mismos que había interrumpido por mi lanzamiento a la vida. Me gustaba cuando me llevaba con ella a sus clases. Hiperactiva desde muy pequeña, me esforzaba mucho para portarme bien al menos una media hora. Mamá me daba permiso de llevar a mi chango-come-plátano. Y ella llevaba un plátano para mí, que era su chango.

—Debes estar calladita, a la gente no le gustan las niñas latosas.

Mi mirada se perdía en la altura del techo, tan alto como el cielo. Vi un violín enorme, más grande que mamá. Un violonchelo.

—¿Eso qué es?

—Un arpa —dijo mamá. Ah, sí, la que tocaban las ninfas en la caricatura.

—¿Y eso?

—Un saxofón.

Pero hubo un sonido que no solo me mantuvo quieta, me dejó perpleja. Mi pequeño cuerpo se estremeció y hasta los olanes del vestido se erizaron.

—Coquito, te presento al piano de cola. Suena como el de mamá, pero mejor, más fuerte.

—Dile, mamá, que se lo cambiamos por el que tenemos en casa.

El piano vertical Petrof de mi madre llegó a ella gracias a una tragedia. Una pareja joven (él de veinte, ella de diecinueve) salió una noche a la carretera rumbo a Monterrey, llevaban a una bebé de dos años. El trayecto desde la Ciudad de México era largo y no hicieron caso a las sugerencias de sus familiares de esperar al día siguiente para evitar viajar cansados. Es del tipo de decisiones que al momento parecen buenas, pero que no solo resultan lo contrario, sino que tienen consecuencias fatales. El joven al volante se quedó dormido. Su esposa, dueña del Petrof, murió junto con él y dejaron huérfanos a la pequeña y al piano. Mi tía bisabuela Angustias los conocía, y tiempo después del accidente se enteró de que pusieron el instrumento a la venta. Un piano nuevo, precioso, brillante, color madera, con vetas y teclas de marfil. El bisabuelo Fidel, con su amor por el arte y la música, decidió regalárselo a Silvia.

Otro error de juicio: Silvia jamás se posaría delante de un piano por más de tres minutos si no recibía a cambio una adoración y aplauso del instrumento hacia ella; así de absurda era la decisión de regalárselo. Mi mamá, en cambio, con su pequeña constitución, sus dedos finos, sus enormes ganas de reconocimiento y la memoria de la que se goza a los siete años, demostró que era más que merecedora del valioso objeto. Día tras día se sentó disciplinadamente a estudiar en el taburete del mismo color y material que el instrumento de cuerda, buscando recuperar en vano la atención perdida de Abue Nena.

En mis recuerdos, muchas veces mamá está sentada al piano con la cara triste. Estoy segura de que ponía en el piano todo el dolor que cargaba. Era —y sigue siendo— su compañero de catarsis, un amigo que la ha acompañado desde que puso un pie en México. Siempre me gustó escucharla tocar; mueve las manos con elegancia y pone la cara igual que los grandes intérpretes. Se transforma en algo más, se fuga hacia un lugar desconocido y queda solo ella con su música. Ese conjunto de cuerdas, martillos, teclas y madera café brillante la acompañaría casi todos los días de su vida. Es como un miembro más de la familia, solo que no participa del intercambio de regalos de fin de año.

Luego de todas las mudanzas por las que pasó (subiendo y bajando de un camión, siendo cargado con mucho esfuerzo por ocho hombres que hubieran deseado ser al menos cien, dos pisos para arriba y dos para abajo, después ocho pisos para arriba y ocho para abajo, luego cuatro pisos para arriba y cuatro para abajo, atravesando un jardín y cruzándolo de regreso, maniobrando para meterlo entre columnas y puertas angostas y luego sacándolo, viajando hacia una ciudad para luego regresar a México), puedo asegurar que ese piano se volvía cada año más pesado por las emociones que mamá imprimía en él; los mudanceros no sabían que lo que cargaban era su sufrimiento. Transportaban hasta al fantasma de la primera dueña, quien tuvo que morir para iniciar a ese bello instrumento en su viaje sensible; ella no lo abandonaría por completo, al parecer el piano tiene un embrujo porque quien lo toca se queda poseído por él. Más de una vez hemos visto una aparición de la mujer muerta en el accidente. Y quedamos atónitos cuando su descripción coincidió con el aspecto real de la fallecida; mi mamá había visto fotos de la antigua dueña y, sí, llevaba el pelo corto como el fantasma. Me pregunto si mi mamá rondará el piano después de partir de este plano, ojalá lo haga, sería lindo poder visitarla aun después y trascender la muerte para encontrarnos nuevamente en la música. El piano es amor, creo que por eso sigue vivo. Es algo como el pegamento que une a esta familia.

Mamá tomaba clases de piano por la tarde con el Director del Conservatorio: Joaquín Amparán Cortés (hasta su nombre tiene un ritmo y una música propia). Debo haber tenido unos tres años y mamá, veintiuno. Me llevaba una maleta con muñecas Barbie y múltiples cambios de ropa. Vístete, desvístete. Pantalón y blusa. Falda y tacones. Cambio de peinado. ¡Obedece, muñeca del demonio! Descargaba mi frustración de forma kinestésica, amenazada de no decir ni una sola palabra o emitir un sonido que hiciera que mamá se enojara conmigo.

Al maestro le hacía gracia verme luchando con las muñecas, creo que le parecía un animalito curioso. Mientras mamá aprendía a mejorar sus estacatos, yo me sensibilizaba ante la música. Una especie de estimulación temprana no planeada. Sin saberlo, sembraba en mí una predilección por el arte. Me implantó un chip. Ahora bailo al instante e involuntariamente al escuchar un buen ritmo, como muñeca de cuerda. Y, gracias a esto, puedo sintonizarme el humor *à la carte* según mi selección musical.

El dinero seguía sin alcanzar, de modo que mamá tomó un trabajo de maestra de inglés en un colegio cercano. Yo aún no entraba al kínder. Si no encontraba con quién dejarme, me llevaba con ella y aplicaba la misma estrategia del changuito con el plátano sobre el escritorio. Allá íbamos. Me asustaba cómo me veían sus alumnos. Como cuando llevaban un perro a la salida de la escuela y generaba una conmoción general. «Mira, un perrito, qué lindo y qué chiquito, ¿cómo se llama?». No me toques, sí muerdo y fuerte. Me gustaba y me asustaba ser el centro de atención. Si tenía qué comer, estaba tranquila (nada ha cambiado). Y veía a mi mamá dar la clase, supongo que algo del idioma se me iba quedando, aunque esto lo descubriría años después porque ella no me hablaba en inglés casi nunca, al menos no a esa edad. Cuando se enoja, habla en su idioma nativo. Se le sale como un *spanglish* y mezcla palabras anglosajonas con el castellano. *«I'm fed up with you kids!»*, y también dice: *«Hey, Coco, this is really important, listen to me»*. Por eso sus hijos hablamos mal, usando las palabras en inglés que nos quedan más cómodas. Ni soy de aquí ni soy de allá.

Cada vez que platicaban de cosas de adultos, mi tía y mi mamá hablaban en ese idioma. No entendía ni pío. Sonaba bonito y soñaba con hablar inglés para entenderlo todo. Teníamos algunos familiares desperdigados en Los Ángeles, Mexicali y Tijuana, por eso mi prima es cachanilla. A mis tres años fuimos a Estados Unidos a visitar a unos parientes de mi agüela. Cuando llegamos a casa de la tía de mamá, la vi muy diferente a la nuestra, me gustó mucho. Blanca, con los muebles nuevos, y tenía unas ventanas grandes por donde entraba una luz casi cegadora. Olía diferente. Bonito. Como a perfume de flores. Las caricaturas eran mejores porque me hacían reír mucho, y, aunque hablaban en inglés, me encantaban. El cereal también era más rico, sabía a cereal del bueno. Era de colores y me daban mucho. Todo el que quisiera, no como en casa, donde solo podía servirme un plato y medio. Además, me dijeron que iríamos a Disney a conocer a Mickey; eso me tuvo tan emocionada que me costó mucho trabajo irme a dormir.

Cuando llegamos al parque, ya estaba puesta con mi gran intensidad en mi pequeño cuerpo de niña *toddler*.

—¿Ya va a llegar Mickey?

—No, todavía falta.

—Mamá, ¿cuándo va a llegar Mickey Mouse?

—Aún no, Coco.

Preguntaba cada tercer cuarto de hora cuándo aparecería el famoso ratón. Entonces, para aplacar mis ansias, me compraron un globo azul con la forma de la cabeza de Mickey, lo llevé amarrado en la muñeca hasta la hora de dormir. No recuerdo si alcanzamos a ver el desfile donde saldría o si desistimos, pero de cualquier forma la pasé fenomenal en el lugar mágico. Me subí a todos los juegos de diversiones permitidos para pulgas de menos de un metro de altura. En las fotos salgo prendida a mamá y a la tía, muy pendiente del globo, símbolo de mi felicidad y euforia.

Cuando mamá dijo que iríamos a comprar ropa nueva, estaba emocionada. Casi siempre me tocaba ponerme vestidos usados de mis primas. De primera calidad, pero de segundo o tercer uso. Así que esto fue una muy buena sorpresa. Me compraron muchos vestidos de esos que tienen vuelo cuando das vueltas. Muy bonitos y nuevos, o sea que los iba a estrenar. Uno tenía un moño negro de terciopelo, otro un babero blanco en forma de rectángulo, hecho de una tela almidonada, y el último tenía hasta abajo un encaje muy lindo. Procuré tener mucho cuidado de no romperlos, aunque al mismo tiempo quería dar vueltas como trompo de la felicidad que sentía. Estando ahí, en Estados Unidos, veía que mamá estaba contenta y me hubiera gustado que fuera siempre así porque muchas veces estaba triste y lloraba. Ojalá nos hubiéramos quedado a vivir ahí, total, a papá lo veíamos poco porque andaba casi todo el tiempo de viaje.

La Nena también fue una señora muy llorona. Se encerraba en su cuarto seguido y solía dejar a sus dos hijas solas, como a veces hace mamá conmigo. Un día se enfermó. La tatarabuela Epigmenia le dijo que tenía que checarse el vientre porque veía que «algo malo le crecía por dentro». La Nena no fue al doctor y se murió.

Oculta bajo su cama, con el cadáver de Abue Nena postrado arriba, no sentí miedo ni dolor ni tristeza; estaba escondida y sentía la alfombra que me picaba en los pies y en las manos. Era de color rojo y sobre la superficie había marcas profundas de otros muebles que probablemente movieron de lugar. Pasaba los dedos por las huellas que dejaron y sentía el recuerdo del tiempo que fue. Tenía un juguete en la mano. Levanté la sábana que me ocultaba para dárselo a mi prima Katia, pero no me escuchó. Ni ella ni yo entendíamos bien qué estaba pasando. No quería interrumpir a los adultos; cuando gritaba, se enojaban y me regañaban, así que hablaba bajito, como cuando no quieres que suene tu voz, pero sí. El llanto de mi mamá y de mi tía era desolador. Escuchaba sollozos y la respiración interrumpida de las dos. Era tan pequeña que la muerte no representaba nada para mí y la acepté como vino; así como llegó, se instaló en la familia y nunca volví a ver a mi Abue Nena. Vivió solo cuarenta y cuatro años. Fue víctima de un cáncer "servicoterino" o algo así, muy malo. Mi mamá y mi tía seguían llorando a mares, con veintiuno y veintitrés años de edad.

Lo que sea que yacía arriba de mí una vez fue mi abue. ¿Por qué tendría miedo de ella, aunque estuviera muerta? Solo estaba muerta. Era todo. Era así. Ella, aun muerta, me quería, y cuando se sentía mejor, íbamos a la playa. Me sentaba en su regazo en una silla blanca con reposaderas para brazos bajo una gran sombrilla blanca y roja. Mamá me solía dar una cajita de cereal Zucaritas, mi favorito. Sentía la brisa del mar, el calor del sol y los brazos de mi abuela acariciándome. Me daba cuenta de que me quería mucho cuando me cargaba y reía a carcajadas por las ocurrencias que salían fuerte, muy fuerte, fuertísimo, de mi pequeña boca ruidosa. Como cuando le dije a mi bisabuelo que no lo iba a invitar a mi pastel de cumpleaños porque era un metiche, o cuando le dije a mi papá:

—Tú de intención no eres nada, eres pura cochinada.

¿A dónde se había ido mi prima? Yo seguía bajo la cama de la muerta y quería que Katia viniera conmigo para que jugáramos. Esa podría haber sido una casita en la que habríamos podido jugar siempre. Era muy segura. Cabíamos sentadas porque era muy alta, casi como una mesa, no había necesidad de estar acostadas con la cara al piso. Pensé en aprovechar que estaban ahí mi mamá y mi tía para preguntarles si querían jugar conmigo. Aunque tal vez pronto sería hora de comer. Me gustaba cuando mi agüela me daba café con leche, avena en leche con azúcar y canela, galletas integrales con pasitas, arroz con leche, gelatina de almendras, croquetas de papa con jamón, paella y también fabada; todo lo que hacía me gustaba mucho. Decía que era una comelona. Aunque en ese momento no olía a nada rico de comer, toda la casa olía más bien a desesperanza.

La casa estaba en un lugar llamado Rancho Cortés, en Cuernavaca. A veces me quedaba a dormir con mis agüelos porque mi mamá debía resolver asuntos. Cosas de adultos. Mi agüela me decía que no debía dormir cerca de mi agüelo y una vez me regañó muy feo porque yo insistía en que mi lugar era en medio, pero ella quería que yo durmiera del lado del buró. Sus amenazas sonaban como si quisiera protegerme de algo o de alguien, probablemente del abusador de niñas. Al abusador le faltaba una pierna y le sobraban inseguridades. Ante su baja autoestima, justificaba sus perversiones con seres indefensos. Sus desviaciones, en mi caso, las cometería a plena luz del día. A los tres años, mientras mi agüela cocinaba, él me sentó sobre su escritorio, me subió el vestido, me empezó a acariciar las piernas y me pidió que le platicara algo. Yo posé mi mirada en el piso. Vi detenidamente los dibujos de sus zapatos bostonianos en piel. El patrón parecía de flores. Luego el celuloide se quema y no puedo ver más esa película ni quiero hacerlo. Escuché a mi agüela tocando la puerta y gritando furiosa, preguntaba por qué estaba el seguro puesto y vi que su cara estaba más roja que los jitomates que escogió esa mañana en el mercado. Me preguntó si estaba bien y yo me asusté por la violencia con la que me sacó de la biblioteca. Me pidió que nunca más me separara de ella y me llevó a la cocina. Yo solo fui una pequeña espectadora de la conmoción. Me sentí como un peluche con el que jugaban y llevaban de un lado a otro, no entendí nada. Tuve que permanecer sentada en la mesa de la cocina, donde solo se escuchaba el hervir del contenido de las cazuelas. Con la barbilla en mis manos, acongojada, vi a mi agüela llorar con desesperación. ¿Por qué estaría tan triste? ¿Querría comer galletitas de canela con leche o remojarlas en el café? Eso le gustaba, pero vi difícil sacarla del lugar en el que estaba. Me distrajo una inusual y extraña sensación de contacto con el asiento de la silla. Ahí me di cuenta de que había perdido mis calzones.

# Capítulo III

Diecinueve de septiembre de 1985. Un funesto temblor sacudió a la Ciudad de México. Yo me encontraba como El Tigre de Santa Julia, sentada al WC. Tenía tres años y medio. Vivíamos en la que considero mi tercera casa (un techo por año vivido, dice el conteo) en la calle de Salvatierra, en Lomas de San Ángel Inn. Esa pequeña vivienda, bastante modesta, tenía dos recámaras y un baño en la parte superior. Sala-comedor-cocina diminutas. Eso sí, contaba con un gran jardín en el terreno de al lado —para Coquito—, en el que apenas se podía caminar, deja tú correr, porque el pasto alcanzaba casi un metro de altura. Temo que, de haberlas buscado, hasta iguanas y serpientes podría haber encontrado. Como era mi costumbre, fui al baño a primera hora de la mañana y sentada al excusado sentí que empezaban a moverse las cosas. El piso, el asiento, las paredes, el espejo de arriba del lavamanos, todo comenzó a golpear fuertemente con la pared. Solo pude gritar:

—Mamá, alguien está moviendo la casa.

Mi madre salió disparada del cuarto, me cargó y me llevó escaleras abajo a la terraza del frente; al instante nos alcanzó papá, mientras el piso seguía meneándose feo. Cuando me estreso digo toda suerte de estupideces.

—Papá, dile a los señores que ya no empujen la casa porque se está cayendo. —Y mi padre, que aún tenía cara de preocupación, soltó una risa temerosa.

Yo, encima del estrés por vivir mi primer temblor, estaba tectónicamente preocupada porque al salir del baño no tuve tiempo de asearme y sabía que mamá iba a regañarme más tarde por eso. Hacía tan solo unos días me había hecho prometerle que pondría más atención en mi higiene personal, y no quería decepcionarla. Una especie de mecanismo de defensa ante el traumático evento. Vamos a preocuparnos por otra cosa que no sea el hecho concreto, generemos una cortina de humo que nos haga evadir.

En esa casa viví varias aventuras inventadas, como siempre, por mi gran imaginación de *forever alone*. Era tan independiente y los grandes me daban el avión tan seguido que se me ocurrió subir un piso hacia mi recámara por mi carrito de supermercado lleno con todos mis juguetes. Quería enseñarles a los mayores mis valiosos tesoros, seguro así me pondrían atención porque mis objetos eran sencillamente fascinantes. Tardé como un segundo en irme cuesta abajo por el peso del carrito. Rodé todas las escaleras sin barandal. Afortunadamente caí en una trayectoria recta, ya que, si me hubiera ido hacia el precipicio, hubiera tenido seguro un descalabro. Ese día me salvé, pero con el carácter inquieto que me caracteriza, era cosa de probabilidad y estadística el abrirme el coco. La variante de hiperactividad era significativa en el estudio de la pequeña primate que era yo.

Una noche veíamos con mamá *El Chavo del Ocho*. Me encantaba el programa y a veces me daban permiso de dormir más tarde para poder verlo. Con mi retención de atención muy baja y mi hiperquinesia alta, al poco tiempo de empezar el programa ya estaba saltando en la cama haciendo maromas y brincos de considerada dificultad, incluso para una atleta profesional. Mamá se había levantado al baño y ya comenzaba su rutina desmaquillante cuando escuchó los brincos. Conociéndome, se asomó y dijo:

—Te vas a caer si sigues brincando así, ten cuidado.

Pensé: «Mamá está exagerando, no sabe nada». Y continuaba impulsándome cada vez con mayor celeridad y fuerza, hasta que en un salto con triple mortal hacia atrás —así lo imaginaba—, impacté a toda velocidad con el filo de la cabecera que tenía un borde metálico. ¡Sopas! Me frenó el buró y la lámpara con el inconfundible llanto postrancazo que lanza una niña lastimada. Pobre mamá, tuvo que salir volando de noche y sola al centro médico cercano para que me cosieran con doce puntadas la nueva frente de alcancía que me diseñé. Terminando la sutura, que me dolió muchísimo, y yendo de regreso camino a casa, le dije a mamá:

—Ya no quiero ver *El Chavo del Ocho* nunca más.

Después de todo, en mis razonamientos, él era el culpable de mi distracción y lo que ocasionó el accidente. La lección fue: siempre culpa a alguien más por tus errores, es más fácil y te evita tener que disculparte.

Llegó el momento de entrar a la escuela. Mamá decidió que la mejor era la que quedaba más cerca. Así, sin saber mucho, me metió a una de niñas ricas que también, al parecer, ya era reconocida en la alta sociedad por las llamadas "mujeres de bien" que de ahí egresaban. Me había entrenado un par de meses en un kínder de Atlamaya llamado Pequitas, por sugerencia de la coordinadora del colegio al que iba a entrar. No fuera a ser que, en lugar de pegar bolitas en el papel, me bebiera el pegamento y me comiera los pompones o no entendiera el idioma español si no provenía de alguien que fuera mi madre. Para acabar pronto, «el animalito debe tener entrenamiento previo porque no queremos que nos dé mucha lata». Bien, tenía solamente tres años, pero desde los dos hablaba y conjugaba verbos mejor que algunos adultos. Era prácticamente un loro. Cuando me preguntaban mi nombre, respondía rápidamente: «Coco-Cocodrila-Coquito»; me parecía que había que decir todos los nombres de jalón. La misma coordinadora le hizo firmar un documento a mamá, en el que se decía que mi progenitora sería la única y exclusiva responsable si yo no daba el ancho y no absorbía los conocimientos a la velocidad deseada. Sucedía que, dada mi edad, me correspondía entrar hasta el siguiente ciclo escolar, es decir, iría un año adelantada y las probabilidades de que me reprobaran serían bastante altas. Entre que mamá me creía perspicaz y ya estaba algo cansada de cuidarme, decidió darme la oportunidad de comenzar, desconociendo que ese lugar se convertiría, por un lado, en una base sólida y estructural de mi personalidad y, por el otro, que me haría consciente de todas las carencias de nuestra casa.

A veces me llevaban de paseo en auto. El Datsun automático fue un coche que mi agüela le regaló a mamá porque no quería que anduviera con la niña, o sea yo, en camión. De color verde. Ojalá fuera verde botella elegante, pero no; era verde avispón como tornasolado, brillante y definitivamente espantoso. Seguro eso pensó mi papá, el *junior*, al verlo.

—¿No encontró tu abuela un color más feo en toda la agencia?

Los interiores eran gris clarito de tela suave como terciopelo. El asiento de atrás quedaba para mí solita. Enorme, como una cama para gente grande; cuando iba ahí, me sentía una canica en una caja de zapatos, rodando sin control. Los pies no me llegaban al piso, ni siquiera podía doblar las rodillas. Tengo varias fotos mentales de mis primeros recuerdos sentada ahí atrás.

Para su pequeña hija hiperactiva, les sugirieron al menos una de estas cosas: sillas de niños, sillita de bebé, silla para auto, huevito, autoasiento, alzador, asiento de bebé, asiento de carro. Compraron el que pudieron, que de seguro no tenía nada, y de todas formas yo fui orgullosamente el primer *crash test dummie* de los dos adolescentes que me subían con ellos al coche. Lo bueno es que una vez salí proyectada hacia la palanca del Datsun automático y frené con mi pequeña frente; así adquirí un aspecto de niña-mujer enojada con el entrecejo pronunciado. El chipote que me salió y se solidificó meses más tarde me sirvió para dar un aspecto más triceratops en el kínder. El moretón tardó mucho tiempo en quitarse, todavía me quedaba la bola en la frente y, como desde pequeña aprendí a adaptarme a las circunstancias, decidí que me gustaba el respeto y el miedo que inspiraba mi apariencia entre los compañeritos de juego. Si antes no querían jugar conmigo, ahora menos. Cansada, entonces, de su rechazo, puse en marcha el plan: "Conviértete en la mejor *bully* que puedas ser", y empecé a convencerlos a golpes de que siempre sí querían jugar conmigo. Gracias, Datsun, por catapultarme a la fama y al éxito.

La escuela quedaba muy cerca de mi casa, nos íbamos caminando. Mamá decía: «Está solamente a dos cuadras». Me gustaba mi uniforme a cuadros verdes y mis zapatos blancos con calcetas a tono. Además, tenía un cinturón rojo y pensaba que era muy bonito porque combinaba con las delgadas líneas rojas apenas perceptibles en la cuadrícula de la tela. Mamá me dejaba a la entrada y ni siquiera el primer día de clases hubo angustia ni llanto por la separación. No me sentía triste de dejar a mamá, más bien estaba emocionada por la novedad. Al entrar al salón me enamoré del inconfundible olor a crayolas. Los materiales me llamaban mucho la atención, había rompecabezas y bloques de madera de formas diversas, y también instrumentos musicales. Al fondo del salón había un friso que decía "Kinder II Purple", mi manada por el resto del año escolar.

Disfrutaba estar a diario en la escuela, quería incluso que hubiera clases en sábado y domingo, pero he de confesar que la despertada, la vestida con el uniforme y la peinada restirada a la Carlos Gardel eran un verdadero martirio para mí. El solo hecho de estar en la escuela me encantaba, hubiera deseado tener una varita mágica o un teletransportador que me hiciera aparecer ahí sin el tortuoso proceso para llegar. Claramente me gustaba porque era un lugar seguro. Había reglas y límites, había estructura. Te ponían atención. Un lugar abismalmente distinto a mi casa. Teníamos clases de religión y cantábamos canciones de Dios, del "Sol en la mañana" y de "Beber es un gran placer". Cantábamos con pandero en mano en todos los ensayos de la estudiantina, dos o tres veces a la semana, más el evento público del fin de semana. Me gustaba pegar letritas de pasta en el papel para luego colorearlas con plumones de agua, me gustaban las estrellitas en la frente que me ponía la maestra. Lo confieso, a mis treinta y nueve años todavía busco que me las pongan.

Entre mis memorias culpógenas está la vez que incriminé a una compañera, que era odiosa, en un acto de mi propiedad intelectual y ejecución. Olvidé ir a hacer pipí antes de salir de casa por la mañana y cuando llegué a mi precioso salón de clases, me di cuenta de que necesitaba ir al baño. Fue una sorpresa porque el llamado de la naturaleza arrancó de cero a cien, así nomás; los segundos pasaban rápidamente y traía el tanque lleno. Quería liberar ese dolor en el vientre, pero sabía que no iba a alcanzar a llegar a los mini baños al fondo del largo pasillo escolar. Tomé una decisión precisa, como conductor de la Fórmula 1, y supe que había que hacer parada de *pits*, pero no en mi lugar; no, eso era totalmente delator. Pararía en el lugar de la escudería de la competencia, la niña que peor me caía, y dejaría fluir esa incomodidad rápidamente antes de que la maestra y otras compañeras entraran al salón. Una vez cumplido el crimen, me fui caminando rápida, fresca y tranquilamente a mi lugar. La presunta culpable, una niña a la que le decían Magos y cuya fotografía yo había tachado del anuario, llegó a su lugar y puso cara de sorpresa. Por fortuna la maestra no supo distinguir si era sorpresa con culpabilidad y mandaron a la inocente apodada Magos a la Dirección. A temprana edad descubrí que podía portarme mal y no ser castigada si contaba con suficiente astucia, así que me dediqué a ser traviesa y a romper constantemente los límites que los adultos trataban de imponerme.

Mamá me dejaba encargada en casa de alguien más un día sí y otro también. Yo hubiera preferido irme a mi casa, pero así eran las cosas entonces. Había una vecina, Barbi, que vivía en la casa de al lado y tenía un hijo al que le decían Pollito. El esposo se llamaba Polo y yo a veces tenía pesadillas con él, prefería que no estuviera en casa cuando mamá me dejaba ahí. También me dejaba con su mejor amiga de entonces, que vivía enfrente, o con alguno de sus hermanos, pues tenía muchos. Una vez uno de ellos abrió la puerta del baño mientras yo me bañaba y se quedó ahí viéndome desnuda mientras me platicaba cosas durante largo rato. Con mi carácter volátil le pregunté sarcásticamente si no se daba cuenta de que me estaba bañando y le ordené muy enojada que cerrara la puerta por fuera. También me dejó encargada en casa de una amiga de Abue Nena, Anacleta o algo así, una señora muy gritona. Sudaba crema Nivea. Su maquillaje me asustaba y siempre estaba pegosteosa. Tenía un nieto que era malo conmigo porque era más grande y quería que jugara juegos que a mí no me gustaban como enseñarnos el pipí. De todas las casas, esa era la que menos me gustaba, sentía angustia cuando llegábamos ahí. La peor ocasión fue una vez que decidí no despegarme de mamá para que no pudiera dejarme, pero me llamó la atención un juguete nuevo y fui a descubrir de qué se trataba. Cuando me di cuenta, mamá ya había desaparecido, dejándome otra vez ahí. Sentí horrible. Fue una condena, como si los segundos duraran horas enteras. Cuando llegó por mí, me puse a llorar y le pedí que por favor nunca más me llevara a ese lugar.

En el kínder había lo que yo consideraba muchos eventos sociales. Demasiados. El festival navideño, el de la primavera, el día del maestro, el día de la madre, el día del padre, el fin de clases, el Halloween y otros igual de odiosos. Cada evento representaba una oportunidad de ver que papá no los consideraba suficientemente importantes. Bueno, que a mí no me consideraba relevante. Mamá hacía su mejor esfuerzo para salir temporalmente de su depresión, levantarse de la cama e ir a aplaudirme. Además, conseguía que mi vestuario fuera decente y hacía magia con el presupuesto. En un Halloween hubo consecuencias de la irresponsabilidad de papá y yo no tuve disfraz para el festival, las compañeras de clase iban muy producidas; casi tenían maquillista y peinadora personal para hacerles constantes retoques y mostrarse superiores. La *crème* de la *crème* desde el kínder. Cómo se habría sentido mamá de desesperada que, al mediodía, en pleno recreo, fue a llevarme un gorro negro de bruja escaldufa con pelos tiesos que parecían canas grises y grifas. Era de pésima calidad y se podía leer "Hecho en Taiwán". *Good enough*. Por entonces había en la tele un programa llamado *Odisea Burbujas*, que yo veía con fascinación, donde salía un personaje antagónico llamado el Ecoloco. Así que decidí que en lugar de ser la Bruja No. 17 del colegio, sería el mismísimo Ecoloco. Quedé sumamente satisfecha con mi disfraz de ese año. Las otras niñas no entendían mis ideas y me consideraban algo loca, o totalmente desquiciada, pero me satisfacía vivir en mi mundo. Las diferencias ya se notaban de manera abismal, el disfraz era solo un testigo más de mi rareza.

¿Mencioné que la casita de Salvatierra se encontraba a dos cuadras de Televisa San Ángel? Viviendo tan cerca del semillero del mundo del espectáculo mexicano, mi padre pudo codearse con ingenieros de sonido y *managers* de cantantes famosos de la talla de Luis Miguel y otros. Parecía que la carrera de papá como músico iba tomando forma porque consiguió un contrato a tres años con un grupo musical llamado Flans. Él tocaría los teclados en las grabaciones de sus discos y en los conciertos de la gira internacional durante los siguientes seis años. Tal parece que el dinero comenzó a fluir porque de la pequeñísima casa en San Ángel Inn nos mudamos a la que considero mi cuarta casa en San Jerónimo. En la calle de Santiago con número 161. Era una casa de un solo piso, rodeada de jardín y árboles frutales, sobre todo higueras, con una hiedra que crecía por segundo a lo largo de la barda. En los meses cálidos la temperatura era agradable, pero en invierno te helabas. Con la llegada de diciembre se instalaba también la tundra en tu propia recámara. Diario me ponía una bata gruesa para poder dormir sin frío. ¿Cuál calentador?

Mamá me apodó "Hulk". Decía que me ponía como él, verde de coraje y que no escuchaba razones. Solo soltaba golpes. Tal vez sí era pariente de Hulk. A los tres años rompí mi triciclo rosa imitando al hombre verde con los autos. Mi vehículo era todo de plástico con una llanta negra gruesa adelante, tenía estampas de flores a los lados; lo cargué y lo aventé, lo arrojé al piso, no una, sino dos veces hasta que se partió en dos. La llanta de plástico se abrió y el manubrio, que antes había sido decorado con flores de papel crepé para el desfile de la primavera del kínder, quedó todo chueco. Estaba enfurecida porque mis papás me habían sacado como a un perrito al patio mientras ellos discutían encerrados en la casa. Querían estar a solas para poder gritarse a todo pulmón y decidieron deshacerse de la enana que gritaba con ellos tratando de controlarlos. Me frustraba mucho no ser del mismo tamaño que los adultos porque sentía que sí tenía la fuerza. A ese par había que vigilarlos bien de cerca porque no eran muy responsables ni se comportaban como adultos, por eso yo tocaba y arañaba la puerta para que me abrieran, pero no lo hacían. Al día siguiente, cuando salí a jugar al patio, vi con arrepentimiento mi pobre triciclo, víctima de mi ira descontrolada; recordé que era mi compañero de juegos y con tristeza deseé no haberlo roto, sabía que no iban a reponerlo. No pude pedirle perdón porque ya estaba muerto. Lloré su ausencia abrazada a mi perro Sax —llamado así por el Saxofón—, hundida en el pasto de un metro de altura y recargada en la pared de ladrillo, verdosa y enmohecida desde hacía varios años, que creo que antes había sido de color blanco.

Fuimos a Mexicali a visitar a unos parientes de mi tía bisabuela, eran muy chistosos, hablaban bien fuerte y con un acento diferente. Reían a carcajadas. Golpeaban la mesa al hablar. Soltaban groserías cada dos palabras y decían chistes que no entendía. Me dijeron que el hermano de mi agüela, Fermín, era mi abuelo, pero yo a ese señor no lo conocía. Jamás lo había visto. Su casa era diferente de la mía, mamá me dijo que eran gente del campo. Tenían un patio atrás donde había gallinas. Nosotros en México teníamos un perro de mascota, así que eso de las aves me pareció muy simpático. Me gustaba perseguir a las gallinas, aunque traía vestido y se ensuciaba con la tierra que respiraba. Mis calcetas blancas ya eran cafés y sentía el polvo hasta entre los dedos de los pies. Mamá me dijo que no persiguiera a las aves, pero me encantaba verlas revolotear y cacarear asustadas, quería comprobar si me daban un huevo de regalo. Escuché a los adultos decir que había dos horas de diferencia con la Ciudad de México y por eso mamá dijo que ya estábamos cansadas, pero yo seguía sin entender por qué; yo no estaba cansada y no quería irme a dormir, pero mi agüelita me explicó que al día siguiente teníamos que madrugar porque nos íbamos a subir a un avión para regresar a la Ciudad de México. Entonces nos despedimos de los señores y los niños que dijeron ser mi bisabuelo, mis tíos y mis primos, para nunca más volver a verlos. O sí los vimos, como media vez.

El sabor de esa desmañanada para tomar el vuelo guajolotero de las cuatro de la madrugada fue mi primer contacto con el sentimiento de atolondramiento, pesadez y cuasi-cruda que inevitablemente me provocaba mal humor. Antes no quería irme a la cama, pero en ese momento lo único que quería era dormir. No quería ver a nadie, no me importaba nada, les imploré que me dejaran dormir; qué querían esas señoras que decían ser mi mamá y mi abuela, «déjenme en paz».

Ay, pero qué bonito se veía todo desde el avión. Las casas se hacían pequeñitas y me imaginaba que ahí vivían humanos chiquitos con los que podía jugar y hacerlos como yo quería. Me hubiera gustado poder hacer eso con los adultos, decirles a mi gusto qué hacer, cuándo hacerlo y cómo, porque la mayoría de las veces o no me hacían caso o no hacían lo que yo quería y decían mentiras, muchas mentiras. Sabía que tendría que acordarme de eso conforme fuera creciendo y no olvidarlo nunca, los adultos mentían, pero cuando creciera, sería diferente. Pensaba si podría acordarme, si debía escribirlo en algún lado. ¿Por qué se les olvidó lo que es ser niño y decir la verdad? Yo no quería ser adulto nunca.

# Capítulo IV

Mamá es guapa y sobre todo carismática, como buena Leo. Le gusta arreglarse y ser el centro de atención. Su hermana Silvia, mi tía alocada nacida en Acuario, modelaba en desfiles y la fotografiaban para campañas de ropa importada. Su belleza de Europa del Este y estatura paraban el tráfico. Ya entonces mamá y Silvia se revelaban muy distintas: una era alta y la otra no, una era explosiva y la otra más tímida, una desbordaba seguridad y la otra no tanto. Mi madre quería un pedazo de fama y también necesitaba ganar algo de dinero porque la pobreza en la que nos tenía sumergidas papá era ya algo insoportable. Así que hizo caso a la sugerencia de una amiga y decidió presentarse en un *casting* para un comercial de televisión. Ahí empezó su carrera como modelo; no solo era seleccionada, sino que se convirtió en una de las mamás más solicitadas para aparecer en anuncios de lavadoras, detergentes, bebidas calientes, bebidas frías, bebidas alcohólicas (con Saúl Lizaso, el argentino guapísimo), lavadoras, supermercados con promociones en el mes de julio, botanas, tiendas departamentales, *you name it*. La veía salir feliz y arreglada a los *castings* y me daba curiosidad ese mundo porque cuando regresaba a la casa tenía un aroma diferente. A mí me olía a mundo, a la experiencia de algo mágico que yo también quería probar. Quería saborear esa independencia y alegría.

Un día, saliendo de la escuela, me pidió que la acompañara a una prueba. Yo llevaba mi uniforme de cuadros del kínder y observé a mamá posar frente a la cámara, decir su nombre, mostrar sus perfiles, sus manos y actuar como que estaba limpiando muy contenta algo en su casa imaginaria. Me encantó la atmósfera de fantasía. No había nada ahí, pero mamá lo inventaba, definitivamente se parecía a jugar con la imaginación y yo también quería hacerlo. Terminó su turno y le pregunté:

—Mamá, ¿puedo hacerlo yo también?

Ella me vio con ternura y me dijo:

—Estás muy chiquita, no sabes.

Y la chava que estaba grabando el *casting* le dijo:

—Déjala que lo haga, vamos a ver qué tal le va.

Yo sabía que había llegado el momento para sacar la canción del "Pío, pío, pío" y todo mi repertorio hipnotizador de serpientes, el mismo que usaba con los adultos; también sabía que tenía que ver siempre a la cámara como hacía mamá y, si me alcanzaba la genialidad, ser chistosa. Mientras lo hacía me sentía feliz, tenía toda la atención. Toda la atención. Días más tarde mamá recibió una llamada que la puso muy contenta, le dijeron que las dos saldríamos juntas en un comercial del limpiador de pisos Maestro Limpio; fue el primer trabajo que tuve, a los tres años y medio. Precoz y con mucha prisa, característico de mí.

Recuerdo cuando me encerraba en mi casita de tela, la que tenía unos conejos pintados. A los seis años ya podía armarla sin ayuda de un adulto. Me creía autosuficiente y emancipada. Armaba la estructura de tubos plásticos y usaba cinta transparente uniendo las piezas donde debería haber una T, la que se comió el perro y dejó inservible. Ingeniera *amateur* en acción. Robaba el pequeño televisor Panasonic en blanco y negro de la cocina para equipar mi nuevo hogar. Metía mis dos almohadas, una cobija y mi linterna (siempre preparada ante la pavorosa oscuridad, aunque fueran las 9:00 am). Mi cerebro, desde entonces con TDAH no diagnosticado, se ayudaba con frases como «para desayunar necesitas cuatro cosas: 1) un plato, 2) el cereal, 3) la leche, 4) una cuchara». Como mamá estaba dormida me servía en el plato todas las veces que quería hasta llenarme mientras veía caricaturas.

He-man y She-Ra, Princesa del Universo, una pareja poderosa de guerreros con espadas que peleaban apenas en calzones, pero nunca se les salían las partes. «*Thunder, Thunder, Thundercats, ooohhh*». Los héroes felinos que salvaban al mundo del pavoroso Mumm-Ra. Yo quería ser Leono, el líder del grupo, quien además tenía una espada por la que se podía ver "más allá de lo evidente". Hubiera dado mi vida por tener esa espada y ver el mundo oculto de los adultos. Anticiparme, revisando qué regalos traería Santa Claus y básicamente adelantándome a cualquier situación sorpresiva de las que solían asustarme viviendo con mi familia. También veía *Halcones Galácticos*, de lo más *cool*. Con sus alas de metal y muy modernas, luchaban en el espacio contra Monstruón. Me encantaban las preguntas que hacían al final, como una trivia fácil del sistema solar, y procuraba contestar las tres preguntas, aunque por lo general solo le atinaba a una. *Gigi* era una caricatura de una niña que, con una varita, podía convertirse en una mujer de cualquier oficio. Adoptaba unas curvas pronunciadas de mujer; se volvía enfermera, maestra, veterinaria, maga, doctora, conductora de camión, maquinista y cualquier cosa que se necesitara en el momento. Quería una varita de esas. Quería ser adulto y gobernarme sola.

En total me pasaba como cuatro horas viendo tele los sábados y los domingos por la mañana. Éxtasis total… hasta que salía el abominable mensaje de Partidos Políticos y se ponía la pantalla en azul. Eso significaba que tenía que salir de mi *safe zone* o de la casita de tela, devolver el televisor a la cocina y entretenerme afuera, en el mundo de los grandes, que me parecía aburridísimo y donde las horas pasaban terriblemente lento. En serio, los caracoles del jardín pasaban mucho más rápido. ¡Eso! Salía a buscar caracoles babosos tratando de no pisarlos. Había muchísimos y me sentía mal cuando accidentalmente escuchaba tronar sus casitas debajo de mis zapatos. Me preguntaba qué guardaban ellos en sus casas. Cuándo habían decidido empezar a cargarlas. Y pensaba en convertirme en un caracol porque no necesitaban de nadie.

A mamá le encantaba dormir, era su actividad favorita. ¿Por qué estaba tan cansada si yo con dormir en la noche tenía suficiente? Ella se despertaba tarde por la mañana y luego dormía por las tardes. ¿Tenía un trabajo del que yo no estaba enterada? Yo la veía en casa conmigo todo el tiempo. Algo raro estaba pasando. Dormía como si trabajara doble turno en una mina o como diablera en la central de abasto. Odiaba que durmiera tanto. Invariablemente después de comer me decía: «Me voy a echar un sueñito», o a veces, si había algún adulto cerca, le decía: «Me voy a echar una jetita», y yo le decía: «No, mamá, no, por favor; no te jetiés». Le rogaba que no se durmiera. Me arrastraba con ella al cuarto. Ella me decía: «Péiname mientras me duermo y así te entretienes o hazme una trenza». Me aplicaba esa solución muchas veces, pero a mí me parecía aburridísimo, agonizaba por estar sola. Además, el hacerle la trenza me tomaba dos minutos, y ella dormía dos horas o más. Por ahí más o menos empecé a practicar la agresividad pasiva. La aplicaba según me diera la gana, como una forma sutil de venganza. Me hubiera fascinado saber hacer rastas en ese momento y dejarle a mamá la cabeza llena de nudos imposibles de deshacer para que se despertara así de linda. ¡O raparla! ¡Mejor aún! Tendría una sorpresa amorosa que le habría dejado su hija mientras ella dormía plácidamente. ¿Te gustó tu nuevo look, mami?

En otra de sus siestas largas se me dio por meterme al baúl con tapa donde guardaba mis juguetes. Me escondí para que cuando mamá despertara, tuviera lugar un juego forzoso de las escondidillas. ¿Qué dije de las agresiones pasivas? Ya me estaba convirtiendo en experta y solo tenía seis años. Esto lo supe después, pero mamá me estuvo buscando durante al menos un par de horas dentro y fuera de la casa. Con los vecinos, en toda la cuadra, preguntando a los guardaespaldas del señor rico de al lado, iniciando así una búsqueda grupal. Estaba a punto de llamar a la policía cuando se le ocurrió abrir la tapa del baúl y dijo:

—Ya la encontré. Por favor, avisa a todos que ya apareció. ¿Por qué te metiste aquí a dormir, Coco?

Y le dije:

—No sé, creo que estaba aburrida y quería que me buscaras. —Y vaya si lo logré. Para entonces, la KGB ya tenía un perfil completo de mi pequeña persona, buscada como la primera niña criminal en Latinoamérica.

¿Si me portaba mal? Sí, me portaba mal. Y me he portado mal desde siempre. Las citas semanales de llamada de atención para mi madre empezaron en el kínder. La maestra le decía: «Su hija es muy inquieta, su hija no pone atención, su hija habla mucho, su hija se distrae, su hija les pega a otras niñas, su hija termina pronto sus trabajos y es mala influencia para las demás compañeras». Y si terminaba pronto, ¿de quién era el problema? ¿Mío o de la maestra porque tenía que darme otra asignatura? Vaya forma de pensar: si una niña hacía las cosas bien y rápido, había que corregirla. Y, teniendo en cuenta cómo eran las monjas de entonces, faltaba poco para que le pidieran sutilmente a mamá que me amarrara y me llevara con bozal. Hannibal-Coco.

A este delito se le sumaba la vez que tomé prestada la caja de alhajas de mamá —más bien, accesorios baratos—. Encontré unos aretes grandotes metálicos de media luna. Decidí que necesitaban un retoque porque estaban un poco despintados, así que los perfeccioné con un plumón negro de agua y mamá tuvo la cara con manchas negras varias veces en el día. Se las limpiaba y volvían a aparecer mágicamente. Cuando llegó a casa, me dijo:

—Me estaba preocupando de traer manchas negras en la cara, pero luego me di cuenta de que *alguien* me había hecho el favor de pintarlos. —Y se rio conmigo, sin regañarme por mis ocurrencias.

En la misma caja descubrí un diente de leche mío y decidí cobrar doble por él, ponerlo debajo de la almohada y pedir que dejaran el rescate mientras dormía. Mamá dulcemente siguió el juego y me pagó con algunas monedas. Me alcanzaba para comprar unas palomitas o churritos al día siguiente en la escuela. Me encantaba llevar dinero, me hacía sentir poderosa y me daba amigas por quince minutos.

Me robaba los esmaltes de uñas de mamá para pintarles trajes tipo sadomasoquistas a mis Barbies. Bikinis con brillantina dorada y medias de liguero; luego les cortaba el pelo y decidía que se convertirían en hombres porque a mamá nunca le alcanzaba para comprarme un Ken, el novio de Barbie, y yo quería que mis muñecas tuvieran novio. Se veía un poco extraño con el *outfit* masoquista. Al final, dejaba los envases de barniz vacíos en su lugar de origen para que mamá no se diera cuenta, aunque las brochas se veían un poco maltratadas y como explotadas después de tantos diseños alocados. Por ahí, mamá me contó la historia de cuando ella era pequeña; dijo que agarró la colección de perfumes de Abue Nena y se los puso a las muñecas de su hermana. Le pusieron una regañiza a Silvia de la que no se pudo olvidar nunca. Los golpes, insultos y gritos de mi abue llegaron hasta la luna y mamá, aliviada por un lado y culpable por el otro, agradeció tener la brillante idea de no ponerlos en sus propias muñecas. Suerte que a mí no me pegaban.

A veces me subía a la higuera del vecino y me comía todos los frutos. Seguro regañaron a mamá porque no era la primera vez, pero es que sabían tan ricos; después de todo, había heredado de mi agüela la predilección por comer frutos trepada a un árbol.

Robaba monedas o cambio que hubiera por ahí y me iba sola hasta la tiendita de la esquina. Por supuesto, no le compraba nada a mi mamá. Bueno, a veces un balón de chocolate relleno de rompope o un conejito Turín porque la ponían contenta unos minutos.

En el último año de kínder seguía siendo bastante agresiva con las demás. En el recreo jugaba a las coleadas con otras niñas malas. Terminar toda raspada me hacía sentir bien, como que me limpiaba de culpas. La principal: no ser merecedora de afecto. Después, las nanas nos ponían Mertiolate color rosa en la herida y nos hacían figuritas con un cotonete en forma de flor o de corazón. Me provoqué raspones a propósito solamente para obtener el dibujito. "Formar mujeres *borderline*" debía ser la misión del colegio.

La coordinadora del kínder era una mujer solterona y malencarada (a ella y demás maestras las llamaban consagradas de Cristo). La amargada de Cristo decía cada semana que me portaba fatal, que agarraba a "sueterasos" a las otras niñas, o sea que golpeaba a mis compañeras con mi suéter, usándolo como fuete. A mí me parecía una genialidad inventarme un arma con un objeto que no tenía nada de punzocortan-te. En la cárcel de mi alma era necesario sobrevivir como delincuente. Que alguien me las pagara por todas esas cosas que no me gustaban y me hacían sentir diferente de las demás.

Mamá, fastidiada por la situación, tuvo una plática conmigo y me explicó que, si seguía siendo agresiva y pegando a mis compañeras, no tendría amigas. Me quedaría sola en el patio; faltaban muchos años de escuela por delante y yo debía pensar si quería acercarme a las otras niñas con esa actitud. No sé qué truco o embrujo usó, pero para la primaria y con el cambio de uniforme al azul marino con cuello blan-co, el que usan "las niñas grandes", cambié mi conducta para bien. No tanto como para ser reconocida, pero sí lo suficiente como para dejar de pegar y tratar de ser más amigable (detestaba estar sola y me gusta-ba la posibilidad de atraer amigas, así que puse de mi parte).

Dentro de los pecados capitales, a mi entender, está el de fumar. Crecí en un ambiente en el que el humo aparecía casi como sólido, podías servirte rebanadas de humo en el estudio de grabación donde trabajaba papá. Cajetillas y más cajetillas vacías. Ceniceros apestosos llenos de colillas, exhibidos como si fuera una actividad verdaderamen-te deliciosa. Papá podía prender un cigarro tras otro sin usar un encen-dedor; era una chimenea humana. Por fortuna, mamá nunca fumó y pude seguir sus pasos. Yo veía que algunos adultos se metían humo en el cuerpo y lo expulsaban con cara de placer. Siempre querían más, no menos. Como papá acostumbraba dejar colillas de cigarro por todos lados, una vez me encontré un cigarro prendido en el lavamanos. Le quedaba poco tiempo para que el fuego llegara al filtro así que rápida-mente cerré la puerta del baño y me di permiso de probar esa delicia. Jalé con todas mis fuerzas el humo hacia mis pulmones, inhalando des-pués una gran bocanada de aire. Pasaron unos segundos y, desilusiona-da por no encontrar el éxtasis prometido, comencé a toser como en ataque de tosferina mezclada con náusea y ganas de escupir un pulmón. Luego me vino un mareo espantoso y cuando quise salir del baño, papá me dijo medio entre risas y medio enojado:

—¿Te fumaste mi cigarro?

Y yo no podía ni hablar. ¡No podía ni respirar! Entonces contestó:

—Qué bueno, para que aprendas qué se siente; ya veo que lo disfrutaste mucho.

A partir de entonces nunca quise volver a probar un cigarro, así que garantizo que esta terapia funciona para niños menores de siete años o hasta de dos; tan pronto sepan respirar y sostener un cigarro, se les puede traumar fácilmente. Deberían intentarlo. Nunca le agarré el gusto.

Muy pocas veces íbamos a comer a casa de mi abuela paterna, quien vivía con mi tío Chadi, el hermano enfermo de papá. No me gustaba ese departamento. Olía a cigarro y a tristeza encerrada. Tita Yeya nos daba de comer alguna carne y preparaba sus famosos frijoles sonorenses con queso. Los niños comíamos en una mesa pequeña que montaban para que no molestáramos a los adultos. La duración de la comida me parecía eterna y tan pronto terminaba de comer, me encerraba en el cuarto del tío Chadi para leer su colección de historietas de Archie y algunos libros de Roger Hargreaves. Buscaba entre los comics algún libro vaquero, como el que vimos mi prima Katia y yo aquella vez que nos escapamos con los albañiles de la casa de Rancho Cortés en Cuernavaca, pero el tío Chadi no leía de esos. Ahí sentada, el tiempo se me iba rapidísimo. Mis primos jugaban entre ellos y tardaban un par de horas en notar mi ausencia, y cuando alguien lo hacía, inmediatamente escuchaba a mi tío Chadi gritar:

—Cocodrila, no estás husmeando en mis comics, ¿verdad?

Y yo salía como bala del cuarto procurando dejar los libritos lo más parecido a su orden habitual sabiendo que ahí tendría un refugio la próxima vez que nos invitaran. Cada visita era parecida a la anterior y nunca faltaba el momento en que alguien de la familia dijera: «¿Ya vieron la foto de Pato de bebé con Coquito al lado? Son idénticos, como dos gotas de agua». Al menos podía ver a papá en el espejo. Aún lo veo.

Katia es la hija mayor de Silvia. Crecimos muy unidas. Es un año y medio mayor que yo. Nos apellidamos igual, Cortés Balázs, y compartimos como el sesenta por ciento de material genético. Siempre la he querido como mi hermana mayor. Protectora y cariñosa; hubo una temporada larga en la que yo fui la menor de las primas y primos en las dos familias. Katia velaba por mi bienestar e impedía injusticias; yo me apoyaba en ella para todo. Cuando estábamos solas, ella era la líder, y cuando yo quería sublevarme, se aseguraba de recordarme mi lugar. Yo quería imitarla en todo. En los juegos infantiles de su casa, donde solo había un columpio, me decía:

—Apártamelo que voy al baño.

No había nadie más que pudiera tomar el columpio en su casa, pero yo era feliz de seguirle la corriente. Una vez de vuelta, ordenaba:

—Ya regrésamelo. —Y yo que la pasaba muy bien ahí le contestaba que no mientras me columpiaba fuertemente—. Bájate o te bajo.

Y yo me impulsaba más fuerte. Entonces ella se paraba frente al columpio y estiraba el brazo con el puño cerrado, dirigiéndolo a mí. La gravedad y la inercia hacían el resto. Me sacaba el aire y todas las ganas de columpiarme.

Era una mezcla entre protectora y madre superiora. Amiga del alma con toque de figura dominante. Pasamos muchas tardes y fines de semana en compañía de la otra. A veces se exasperaba conmigo porque yo era muy miedosa. Nunca quería estar sola. Cuando mi prima Vera dormía con nosotras en la cama *king size* de Katia, yo siempre quería dormir en medio. Siempre. En mi irracionalidad infantil juraba que el raptor de mis pesadillas solo se robaría a las niñas que dormían en la orilla. Que el monstruo que vivía debajo de la cama asustaría primero a las que durmieran al lado de los burós; la que estuviera en medio iba a estar a salvo.

El Conde Contar. Me gustaba ese segmento de *Plaza Sésamo*. Me gustaban los números. Era buena en cálculo mental en la escuela. Cuando iba en primero de primaria, le dijeron a mi mamá que podría ser de las mejores del salón y llegué a estar como quince minutos en el cuadro de honor. Decían que era inteligente, pero que necesitaba dirección y ayuda en casa con las tareas, y que mi conducta dejaba mucho que desear, así que había que domesticarme. Mamá me dijo que, si me daban la banda de excelencia —que era como ganar el primer lugar en las olimpiadas académicas—, me llevarían a Disney. No me lo podía creer; así que durante las primeras semanas le eché muchas ganas a la escuela, hice todas mis tareas, boleaba mis zapatos con las calcetas en el instante previo a la revisión, procuraba estar atenta y no platicaba con las compañeras. Esto me duró tal vez un par de meses o menos. Después la emoción se diluyó, el sentimiento de constante soledad y de falta de dirección se incrementó, y mandé al demonio el compromiso. Mamá no dio seguimiento, así que yo tampoco. Al cuerno con Disney.

Mis primas tenían unos juguetes bien padres. Tenían muchos. De los nuevos. De los que salían en la tele anunciados ese mismo año, no los del año pasado. Yo quería de esos, al menos uno. Quería ir a jugar con ellas para que me los prestaran. Había algunos que no me dejaban tocar porque eran sus favoritos, y los subían a los estantes más altos solo cuando iba de visita; pero había otros que, si le insistía lo suficiente a mi tía para que me los dieran, hasta me los regalaban. Aunque mi prima lloraba, qué importaba, ella tenía muchos y, si ponía cara de víctima, me los daban. Quería sus disfraces, sus muñecas, los vestiditos de las Barbies, los juegos de mesa, pero sobre todo quería el Nintendo. ¿Cuánto tendría que haber llorado o hecho de limosnera para que me lo hubieran dado? Tan pronto terminaba de comer, subía como rayo corriendo las escaleras para pasar toda la tarde frente al videojuego. Sabía que no me lo iban a regalar, pero al menos que me lo prestaran. Había otro juguete que me encantaba, era como una calculadora con el Monstruo Come Galletas; te preguntaba cuántas galletas había comido y cuántas le quedaban. Katia lo odiaba. Le dijo a mi tía que no servía y que estaba descompuesto porque el Come Galletas siempre le ponía cara triste y hacía sonar una nota fea cuando ella lo jugaba. Conmigo siempre sonreía, aplaudía y me pasaba al siguiente nivel.

Desde que me lo dieron no pude soltarlo. Cuando mi tía supo, regañó a mi prima por mentirosa, pero más por burra, y me lo regalaron. Me preguntaba si me darían el Nintendo ganándole en todos los niveles también.

Alguna vez quise manejar el auto consentido de mamá, el Atlantic azul metálico. Con las llaves en mano lo prendí y comencé a moverlo hacia atrás, decidida a ir al McDonald's porque ella no me quiso llevar. Por fortuna, la vecina, viéndome sentada al volante, me quitó las llaves y me dijo que me metiera de inmediato a casa. Mamá nunca se enteró de esta última hazaña porque la vecina le entregó las llaves del coche a la joven que trabajaba limpiando la casa. Raquel, mi confidente, me ayudaba diciéndole mentiras blancas a mamá.

Soñaba con manejar. La importancia que le daban al auto en mi casa era inmensa. Lo cuidaban mucho. Veía cómo casi lo adoraban; nada más faltaba que le prendieran veladoras alrededor y lo beatificaran. Recuerdo la vez que una camioneta de carga le chocó fuertemente al Atlantic. Mi mamá ni siquiera le había dado un recargón con otro auto al estacionarse. Fue en el cruce de avenida San Jerónimo y la calle Hermenegildo Galeana, frente a la legendaria panadería con el peor pan. Podrán imaginar la furia de mamá al sentir el golpe —conmigo de copiloto— y luego ver al otro conductor darse a la fuga. Ahí fui testigo de la potencia del motor y de la velocidad máxima a la que llegaba el auto. Mamá se fugó a otra dimensión y una mujer loca al volante decidió seguir a la camioneta que nos había golpeado. No se estilaba ponerse el cinturón, el brazo de mamá hacia el trabajo. «Ojalá tenga buenos reflejos esta vez», pensé aterrorizada. Una persecución así en el periférico tal vez fuera plausible, pero hacerlo en las calles angostas, empedradas y empinadas de San Jerónimo no era la mejor idea. La persecución duró unos siete minutos que se sintieron como dos horas y finalmente el conductor de la camioneta impactó fuertemente contra un poste. Iba en estado de ebriedad y se bajó dispuesto a golpear a la mujer y a la niña que lo habían perseguido. Menos mal que con el estruendo los vecinos rápidamente salieron de sus casas e impidieron una tragedia mayor. Una señora me ofreció un pan, dizque para el susto. La única frase que pude pronunciar:

—No es de la panadería de la esquina, ¿verdad?

# Capítulo V

Mamá no me gritaba, tampoco me regañaba feo ni me pegaba. En eso mis papás eran pacíficos, no había violencia. Indiferencia sí que les sobraba, porque los dos vivían en sus mundos narcisistas. Una sola vez me pegaron. Ni si quiera recuerdo qué hice, pero seguro me lo merecí. Papá me puso en su regazo para darme una nalgada, me pegó de una forma sutil, casi con cariño, y yo en un arrebato de bravuconería le dije:

—Pues no me dolió.

Entonces me bajó el pantalón y me dio a palma llena la que recuerdo como la única y más dolorosa nalgada de mi existencia; me atravesó la cadera y me dejó chueca toda la semana. Todavía puedo sentir la nalga roja y el flujo de sangre pulsando fuertemente en la zona.

Cuando cumplí ocho años me enteré que mis primas se iban a Disney World. Qué afortunadas. Ni siquiera sacaban buenas calificaciones. Mi mamá entonces estaba peleada con mi tía, siempre peleaban y luego se hablaban, eran huérfanas y solo se tenían la una a la otra. Su relación siempre fue complicada. Mi mamá le pidió a mi tía que me llevara porque significaba mucho para mí. Y me llevaron. Fue muy divertido. Íbamos mis tíos, mis dos primas y yo, con la familia del comandante. El comandante era un hombre gordo y alto. Algo tenía que ver con la policía en México y ahora sé que, por entonces, mis tíos consumían drogas seguido. Sepa qué negocios turbios pudo haber ahí, por suerte no sé nada.

El hijo del comandante también era gordito; muy, muy, muy apegado a su mamá. Lloraba como nene y tenía un ojito que se iba a pasear. A mi prima Katia y a mí nos fastidiaba que nos mandaran al gordito de encubierto como "prima número cuatro". No queríamos andar de nanas de nadie. Se nos ocurrió subirnos a una lancha con pedales, el niño estaba aterrado como lo estaría un gato rodeado de agua, y se aferraba al chaleco salvavidas, mismo que mi prima y yo nos quitamos tan pronto estuvimos lejos de las mamás. El bodoque lloraba ante una posible muerte por ahogamiento. Nosotras también llorábamos, pero de risa porque no solo lo subimos a la fuerza a la lanchita, sino que lo pusimos a pedalear para que nos paseara. Creo que al niño finalmente le hizo bien ir con nosotras. Le quitamos el manto sobreprotector y asfixiante. Además, le hicimos quemar unas mil calorías. Logró liberarse del miedo y se rio mucho. Lo vi ser libre. Llegó muy sonriente con su mamá, tal vez sonreía porque había terminado su tortura con las niñas. No se quitó el chaleco salvavidas hasta el día siguiente.

Lo primero que llamó mi atención una vez en tierra fue la gorra de Daisy que llevaba puesta mi tía. El mundo se detuvo y yo solo quería una cosa. Hipnotizada por las pestañotas negras de hilo acrílico y el moño rosa mexicano de corona, no tuve que decir nada para que al día siguiente mi tío llegara con gorras de Daisy para todas. «Mamá, creo que morí y estoy en el cielo». Quería quedarme a vivir ahí. Fuimos a todos los parques de la zona, los temáticos, los de agua, los de juegos mecánicos, los de estudios famosos; la pasé sensacional y mi amor por Disney creció al infinito. La vida tenía formas de recompensarme y darme lo que me faltaba, como ese viaje. No era una de las mejores de la escuela, no me portaba bien, pero logré ir al paseo sintiendo que había alcanzado el pico más alto del Everest. Lo único que me generó mucha inquietud fue ver la devoción que el papá de mis primas les tenía. Conmigo también era muy cariñoso, pero había algo único en la forma de adorarlas que a mí me generaba mucha envidia. Yo peleaba mucho con la menor de ellas precisamente porque era su consentida, y su única hija consanguínea. Qué tenía ella que no tuviera yo. Y la aventé al piso porque me moría de envidia. Encima lloraba como si mereciera aún más atención. Golosa de afecto.

Cualquier cosa podía pasar llegando a casa. Mi lugar seguro seguía siendo la escuela y es que mis padres se encargaban de darme muchas sorpresas. Algunas buenas y otras simplemente incomprensibles. Una vez me tocó entrar a la casa, dejar la mochila en la jardinera —mejor conocida como botadero de triques— y, al voltear, percatarme de que ¡la casa no tenía muebles! Y como en mi familia solían darse enigmas del tipo *Resuélvalo usted mismo*, *Clue* o *Elige tu propia aventura*, era lógico que nadie me explicaría dónde estaban, quién se los había llevado ni por qué. Así que decidí preguntarle a Raquel, mi confidente, qué había ocurrido con todo. Ella se rio con pena y me dijo:

—Ven, acompáñame.

Cuál fue mi sorpresa al llegar a la azotea y ¡encontrar todos los muebles ahí arriba! Todo. Los sillones, el comedor, las lámparas de mesa —que incluso ahí arriba prendían—, los tapetes y hasta la decoración. Todo en el mismo lugar, pero un piso arriba. Estaba tratando de procesar esta locura cuando apareció mi mamá por las escaleras y dijo:

—¿Qué te parece, Coco? Dice tu papá que ahora vamos a vivir al aire libre, en la naturaleza, ¿te gusta?

Había algo de ironía en su voz, reconocía a su niña interna que no podía de la risa con toda esta situación. A mí también me pareció gracioso porque era demencia pura, o estado maníaco por bipolaridad, como le llaman los psiquiatras. ¿Cuántos de los papás de mis amigas habrían intentado esto? Genial, tal vez pronto podría acostumbrarme a vivir como Tarzán, pero definitivamente habría que pensar qué haríamos con la lluvia. Tampoco hay escusados, ¿esos los usaríamos abajo?

Lo más raro de todo esto es que la comida estaba casi lista y las tres mujeres teníamos hambre, así que bajamos a comer a la cocina como si fuera un día cualquiera en la vida de una familia normal. Alguien cerró la puerta abatible, la que tenía la ventanita tipo submarino, y dejamos de ver el vacío de la casa. Todo había vuelto a la normalidad tapando el sol con un dedo. Así me enseñó mamá a procesar las cosas, haciendo como que en verdad no están y comiendo algo rico para pasar el momento desagradable. Utilizando a plenitud el *comfort food*. Qué suerte que a mi papá no se le había ocurrido subir toda la cocina aún. Ese día tuve algo más que un buen pretexto para no hacer la tarea.

—Coco, dice que es Jesucristo.

Mi papá le había dicho a mamá que él era ÉL. *The One and Only*, el Hijo de Dios Padre, el Cordero de Dios que quita el pecado del mundo. Pobre mamá, tan tremendamente inocente e ingenua. Y papá, hay que decirlo, no ayudaba con ese *look* de barba y bigote oscuro, piel blanca clara lechosa y cabello largo castaño a la *Jesus Christ*. No le creí absolutamente nada el performance, pero mamá tenía sus dudas.

—¿Y si lo es, Coco? No nos vaya a partir un rayo.

—Pero, mamá, Jesús no tuvo hijos. Ni digamos una niña rebelde y mal portada, hereje que nunca va a misa. Nada de esto cuadra y papá está actuando extraño una vez más, ¿no te das cuenta?

El diagnóstico de trastorno de bipolaridad le cayó a papá unos dieciocho años después. Fueron doscientos dieciséis meses de consumo de drogas sin freno, alcoholismo, manías y depresiones en las que nos hundió a mamá y a mí. Vivimos con él la mitad de ese período donde abundaban los pleitos, los gritos, el llanto y la desesperación. La escena de cuando papá aventó una taza de café hirviendo que se estrelló contra la pared, con mamá llorando tirada en el piso también fue por esa época.

Embarazadísima de mi primera hermana, mi madre estaba cerca de un punto de quiebre por el matrimonio en el que estaba metida. Harta de la falta de responsabilidad y compromiso de mi padre hacia nosotras, de sus largas giras musicales y de sus desmanes, mamá sospechaba que él consumía sustancias, pero en su mundo de unicornios nunca conoció la marihuana, no sabía cómo se veía ni cómo olía. (Diametralmente opuesta a mi experiencia, que cuando olí por primera vez la *MaryJane* supe al instante que se trataba del inconfundible olor a papá, era *Eau de Mon Père*). En su enojo comenzó a hacer una limpieza en el estudio de papá y encontró una bolsota negra llena de yerba perfumada. Muchísima mota. Como para que papá y todos sus amigos fumaran diario tres veces al día y les durara para unos seis meses. Mamá sospechó que el contenido no era bueno y decidió subir a la azotea junto al paquetón, munida de un encendedor. Sí, la iba a quemar toda pensando que eso volvería loco a papá en cuanto buscara su tesoro. Cabe mencionar que en esa época nuestro vecino de al lado, pared con pared, era nada más y nada menos que el Secretario de Gobernación, quien, antes de ostentar ese cargo, había sido Comandante de la Dirección Federal de Seguridad en la presidencia de Díaz Ordaz. Así que los alrededores de la casa del señor, incluida la mía, estaban constantemente vigilados por un cuerpo de guardaespaldas armados que vivían frente a mi dulce hogar.

La quemazón comenzó y a los pocos minutos teníamos a todo el cuerpo de seguridad en la entrada de la casa. Alarmados, tocaron el timbre hasta descomponerlo y le preguntaron a mamá, panzona por su embarazo y con cara de niña, si sabía algo del fortísimo olor que venía de su casa. Ella dulcemente dijo que no sabía nada, que solamente descansaba ahí en compañía de su hija y que a ella también le llegó un hedor extraño, pero que no tenía idea. Les pidió que la mantuvieran informada porque su esposo no estaba en México y le asustaba la idea de que un drogadicto anduviera suelto cerca de ella y su familia. Los pobres sabuesos quedaron más que desconcertados. Aseguraban que el olor provenía de ese sitio, pero, influenciados por la imagen dulce de mi mamá, terminaron convenciéndose de que seguramente sería otra casa donde quemaba yerba el pacheco mayor.

En la casa de mis tíos Martel Cortés viví algunos de los recuerdos más lindos que tengo de la infancia. Quería vivir ahí, ser parte de esa familia de mi lado paterno. Su casa, la más bonita. Llegabas por una avenida muy amplia llena de palmas, ahí todas las calles se llamaban Sierra algo. Tenían un portón que daba entrada al estacionamiento que abría mágicamente con un control a distancia, como el de la tele. Y cuando entrabas, veías cuatro o hasta cinco autos último modelo brillando, sin una partícula de polvo encima. Incluido el deportivo negro de mi tía, el Nissan 300ZX, que corría como el diablo. Las mesitas de la entrada, lo que ellos llamaban el *hall*, tenían oro y mármol, y encima había un reloj también de oro. En la sala color marfil, impecable, había adornos, ceniceros, cajitas de plata relucientes y un cuerno de chivo en forma de cenicero encima de la mesa de centro. El comedor estaba dividido por unas puertas elegantísimas de madera de caoba con vidrio y cuando la mesa estaba puesta con los cubiertos de plata, se contemplaba una elegancia superior a la de la Reina Isabel II. Mi tía tenía un botón en el piso, debajo del tapete persa del comedor, con el que podía llamar a las sirvientas haciendo sonar un timbre. Las chicas de la servidumbre a veces venían y otras no, sin importar lo desesperada que estuviera mi tía. Cuando las veía llegar, con su impecable uniforme, corriendo acaloradas con las charolas de los platillos siguientes, podría asegurar que mi tía se había prendido al timbre o incluso les había mentado la madre a timbrazos hasta espantarlas.

Los tapetes eran del Sha de Irán. Tal vez mi padre se los embolsó en alguno de sus viajes de gira a Marruecos y Medio Oriente, y se los dio a mi tía. El baño de visitas olía a los eucaliptos secos que ponían en un vaso grande de vidrio. Cuando entraba y prendía la luz se escuchaba el extractor de aire que pusieron para que los invitados se sintieran más cómodos. Me gustaba el sonido, como ruido blanco, porque cuando cerraba la puerta, el tapiz acolchado fungía como barrera y podía aislarme por un momento del resto de la familia. Todo en esa casa me parecía perfecto. Cada objeto tenía su lugar, siempre el mismo, planeado y asignado, no como en mi casa, donde parecían caer al azar, desordenados y rotos. Ahí nadie arreglaba lo que estaba roto. En cambio, acá la decoración era exquisita, hasta el aire era mejor. En Navidad, mi tía ponía un árbol que decoraba precioso, y desde tres cuadras antes de llegar a su casa ya olía a pino. Toda aquella opulencia... Había cuatro o cinco regalos por persona, yo no podía esperar y buscaba desesperadamente alguno que dijera mi nombre. ¡Sí, hay uno con mi nombre! Qué alivio… A mis primos les llegaban muchos regalos de Santa Claus y a mí, en cambio, cada año me parecía que Santa Claus era o medio tonto o medio malo. Mis calificaciones eran mucho mejores que las de mis primos y yo recibía solo una cosa, a veces dos, pero si llegaban dos entonces uno seguro era seminuevo. Como la bici azul que usé muchísimo. Pobre Santa Claus, después entendí que en mi casa hacía milagros y que fui muy afortunada de no encontrarme nunca un calcetín con caca, como me decía mi mamá que encontraría si me seguía portando mal.

Me aterraban los *rottweilers* que tenían en su mansión; cuando los compraron seguramente pensaron: si una de esas bestias alcanza para dar terror, por qué no tener cuatro. ¡Cuatro! Y que las visitas la pasen mal cada que vengan, porque hay que ver cómo ladraban esos perros, siempre furiosos con la gente de afuera. Me hubiera gustado que se llamaran Mafaldo, Zapote, Cosquillas y Gordo, algo lindo, pero estos podrían más bien ser El Chapo, Satanás, Mario Aburto y O. J. Simpson… Eran peligrosísimos; mis tíos decían: «No te hacen nada, no tengas miedo», mientras el perro ladraba desgañitándose y lanzándote furiosamente babas a la cara. Yo no era la única que les tenía pavor. Uno de ellos por poco y me manda al más allá. Estábamos en el garaje y nos íbamos con mi tía a la clase de karate o de catecismo de alguno de mis primos cuando una de las malditas gárgolas vivientes me atacó, me empujó, me tiró al suelo y se puso encima de mí. Pensé que me mordería la cara o el cuello, «este es el fin, adiós, mundo cruel». Cerré los ojos y escuché la voz de la Virgen María o de mi tía.

—¡No, (nombre de la bestia del inframundo), quítate! ¿Estás bien, mi Coquito?

Definitivamente quería a mi tía Gala como a una figura materna en los momentos en que mamá no andaba cerca. Fue mi referencia de buen gusto y educación. Rubia, de ojos azules, siempre arreglada y perfumada. Una señora en toda la extensión de la palabra. Usaba ropa elegantísima, bolsas y tacones de diseñador con alguna que otra joya discreta. A donde fuera, paraba algo más que el tráfico. No le veías una uña rota o mal pintada y tampoco la encontrabas nunca sin maquillaje. Espectacular en todo momento, carismática y muy divertida.

Su esposo Federico me enseñó a nadar y, durante años, fue lo más cercano a una figura paterna. Mi prima Katia y yo lo adoramos, es un santo. La hermana de papá se casó con él por instrucciones expeditas de mi abuela paterna. Esa vez que vendió la casa. Seguro que mi abuela vio un partidazo en Fede y le pidió a mi tía que mandara al cuerno al otro noviecito papanatas, lo que bien hizo. Es lo que se le puede llamar un tipazo, y fue el mejor antecedente masculino que Katia, mi hermana y yo tuvimos cerca para distinguir a un buen hombre de cualquier otro patán, mentiroso, pinta cuernos, alimaña o rata de dos patas que se nos atravesara en el camino.

Los Martel y los Cortés nos reuníamos a comer un día a la semana: los jueves. A mí, esos días me parecían fantásticos porque además de ver a todos mis primos, ya solamente faltaba un día para el fin de semana. Tita Yeya y el tío Chadi se la vivían en casa de Gala. Tres de los cuatro descendientes de Yeya llevaban a su prole. Mamá y yo llegábamos sin papá porque él rara vez estaba. Se contaban siete adultos, ocho nietos más los amiguitos del colegio, la servidumbre y la hija de la sirvienta que a veces salía a jugar con nosotros. Un familión, mucha comida, muchos cigarros y mucho alcohol para pasarla bien. Las dos primas inmediatas a mi edad eran Katia y Vera, formábamos un trío de variedad que "amenizaba" —o agonizaba— la tarde. Al final de la comida hacíamos un show que los adultos calificaban como jurados de competencia de baile. Gala decidió llamarnos "Las tres Cortés" y nos catalogó como: 1) La bonita, 2) La graciosa y 3) La inteligente. ¿Por qué siempre me tocaba lo peor? Yo no quería ser la inteligente, es como el premio de consolación. Además, significaba que era fea y opaca. Yo quería ser la bonita, eso parecía ser lo más importante para todos. Papá decía que era la inteligente y la bonita; cuando bebía ron con Coca Cola me decía cuánto me quería y a veces me besaba en la boca. Aunque esto último no me gustaba nada.

Más o menos en esa época confirmé que mi cerebro cuenta con un poderoso imán para pelotas. Atraigo todo tipo de objetos redondos y voladores utilizados en los deportes. Llámese pelota, bola, balón, bolita, esférico, ovoide. De ping pong, tenis, fútbol, voleibol, waterpolo, básquet, béisbol, cricket... invariablemente me dan en la cara a toda velocidad. Por lo mismo, mi selección de deportes en la escuela era evitando a toda costa estos cuerpos. Encontré en el atletismo un redentor. Se me da el individualismo, siempre solitaria o con una amiga nomás. Cuando había que escoger equipo, era de las últimas en ser elegida tanto en la escuela como con mis primos en las reuniones familiares. Que me eligieran al último, para mí, significaba que era la menos merecedora de afecto. No sé por qué, pero cuando me iban a dar un pelotazo, gritaban: «¡Ahí está el pan!». Y sigo sin poder cachar un *frisbee*, un par de calcetines, un juego de llaves, o un rollo de billetes de mil pesos.

Hasta los seis años y medio fui la más chica de toda la familia Cortés. Seis primos y primas mayores que yo. El mayor me lleva ocho años, así que era constante objeto de bromas, burlas y a veces de *bullying* familiar. Los primos grandes tenían las mejores ideas junto con sus amigos de la escuela y las primas chicas éramos los sujetos de sus experimentos y prácticas *hooliganescas*. Una vez se les ocurrió que Katia podía volar si le amarraban un cordón a la cintura. Tipo la cuerda de la mujer maravilla o el lazo del Llanero Solitario. La idea era aventarla del barandal de la escalera hacia el piso de abajo y demostrar que podía volar. Tuvieron a bien amarrarle el mecate y darle tantas vueltas como fuera posible, como cinturón de kimono. La parte del lazo que supuestamente iba a sujetarla y evitar el golpazo con la escalera era de vuelta sencilla. A nadie se le ocurrió darle doble o triple circular al mecate de soporte, después de todo, era mágico. Bueno, a volar a la de una, a la de dos y a la de... golpe seco contra el piso. El mismo sonido que haría al caer un costal de papas desde tres metros de altura. No hubo grito o llanto porque a Katia se le salió todo el aire con el golpe. Exhalaba como moribunda mientras los demás reían como idiotas. Yo estaba asustada y corrí hacia ella. No hubo huesos rotos y, aunque hubiéramos necesitado ambulancia, los adultos no vinieron inmediatamente al rescate. Ellos siempre estaban bebiendo, fumando, hablando y haciendo cosas realmente importantes; además, ¿a quién le gusta cuidar niños?

Cuando me dijeron que iba a tener una hermanita, no cabía de la emoción. Había estado sola durante mucho tiempo y me ilusionaba compartir mis horas de juego con alguien más. Fantaseaba con esa amiga que jugaría conmigo a las traes, a las Barbies, a armar pistas de carreras para autos y un sinfín de curiosidades que había planeado para nosotras. Mi sorpresa fue grande cuando me dijeron que ya había nacido mi hermana, me la presentaron en un moisés diminuto, que contenía algo del tamaño de una rata mediana. ¿Qué era eso? Encima fue rubia y nació como bebé de anuncio porque fue por cesárea. Yo en cambio me abrí paso a la antigüita y quedé toda maltrecha, o eso decía la foto que me tomaron en el hospital. Mi hermana fue deseada y planeada, llegó al mundo cómodamente. Yo caí a la fiesta sin invitación. La ratita no tenía ninguna gracia particular, solo dormía. La observé durante un par de horas y con gran decepción pregunté:

—Pero, ¿cuándo va a jugar conmigo, mamá? Es muy pequeña y no puede cachar el balón todavía.

La espera se hizo eterna y un día abandoné la esperanza de estar acompañada… Ese envoltorio solo chillaba, comía, hacía mucha popó y me quitaba la poca atención que tenía de mamá. «Oiga, ¿dónde se pueden devolver a las hermanitas?».

# Capítulo VI

Me acostumbré a pasar las tardes entreteniéndome sola. No fue difícil regresar a mis acostumbradas travesuras. Salía nuevamente a buscar caracoles, a trepar árboles, a esconderme en la hiedra. A buscar insectos cara de niño detrás de la enredadera, a molestar al mastín napolitano para que me persiguiera, a buscar al hijo del vecino, Mauricito —más bien, Mastodoncito—. Iba a persuadirlo de meternos a la covacha de su papá, la que parecía casita de muñecas, donde en lugar de juguetes y caramelos, guardaba artículos del mundo ferretero. Me bastaba poco para ingeniármelas, (sigo siendo buena para encontrar qué hacer aun sin compañía). Tal vez por eso me salió en el examen de orientación vocacional que sería buena astronauta. Hazme el chingado favor.

El vecino en realidad era el dueño de la propiedad que mis papás rentaban. Un señor ya grande que vivía con su esposa, su hija Santa y Mastodoncito, el pilón. El hijo que parecía su nieto. Estoy segura de que el papá de Mauricio me alucinaba y le decía que no se juntara con esa chamaca traviesa, inquieta y latosa que iba por todos lados vestida de flamenca. «No le importa enseñar los chones al jugar juegos reservados para el género masculino». Llegaba de la escuela toda despeinada. No me daba vergüenza, al contrario, portaba orgullosamente el símbolo de la diversión pura. Para mí, la acción y el movimiento intenso siguen siendo igual a la felicidad absoluta. Los bigotes de leche con chocolate o de Coca Cola me daban cierto valor, los portaba orgullosamente como Pancho Villa. Salía bigotona a la calle a buscar a mi perro Sax o a andar en bicicleta por las calles empedradas de San Jerónimo. Mamá quería que usara vestido y yo le daba gusto, pero llevaba debajo un pantalón por si jugaba fútbol o algo más rudo. Mi vestimenta predilecta; nadie usaba un *outfit* así más que yo. No me daba miedo andar sola. Llegaba caminando a casa de una amiga de la escuela, la que vivía a unas seis cuadras, sin invitación por supuesto. Me aparecía en casa de la vecina de enfrente, la mejor amiga de mamá, para ver si su hijo de dos años quería ponerse de portero y que yo le anotara más de un gol. Lo hacía comer pasto y cuando me cansaba, lo invitaba a jugar al doctor, aunque yo no supiera bien cuál era el chiste de ese juego ni por qué lo jugaban los demás.

Naturalmente, mi hermanita fue creciendo y experimentando por sí misma las singularidades de la familia. Una vez, la pobre se quedó atorada en la red del corralito donde dormía. Uno de los broqueles de oro quedó atrapado en la red y permaneció así, llorando durante varias horas hasta que mamá regresó de su salida al cine para encontrarla. Mamá se sintió culpable, mucho, pero el daño ya estaba hecho. La bebé se sintió abandonada por un largo rato y quedó afónica de tanto llorar.

Luego tuvo su primera experiencia con las largas siestas en las que se sumergía mamá por las tardes y ahí descubrió lo que es la soledad acompañada. Años después, estábamos mamá, mi hermana y yo en la cama y, como de costumbre, mamá ya estaba dormida. Mirelle tenía frío y, sin darse cuenta de que yo estaba despierta, empezó a decir:

—Tengo frío, tengo frío, tengo frío. —Solita empezó a jugar con la frase y la repetía en eco solitario—. Tengo frío, frío, frío, frío… —Haciendo su voz más suave cada vez hasta desaparecer por completo como en *fade out*.

No se le quitó el frío, solamente se le olvidó porque en su lugar quedó el aburrimiento y el abandono. Esta hermana muy calladita y, a decir verdad, medio maquiavélica no hablaba nada, pero en su cabeza se gestaban enormes planes para conquistar al mundo. Sus primeras manipulaciones asertivas fueron con nuestro hermano menor, pero de eso hablaré más adelante.

Tengo miedo. Cuanto más lo pienso más miedo me da, escucho mi corazón latir y siento palpitaciones en las orejas. No me gusta la soledad de mi cuarto, la noche es muy oscura y siento que algo me observa desde ese hoyo en la puerta del closet, que lleva años ahí y donde debería de haber una chapa. Quiero ir con mamá, pero todas las noches me dice lo mismo, que me regrese a mi cama; además, no puedo moverme del terror. Estoy segura de que adentro del closet hay alguien que va a salir y me va a hacer algo malo. Quiero ir con mamá, pero no me puedo mover. ¿Eso que está ahí es una araña gigante? No la vi cuando estaba la luz prendida, pero sí, es una araña muy grande y comienza a moverse. Por favor que no se acerque a mi cama. Necesito que venga mamá, le voy a gritar muy fuerte. No puedo gritar, siento que, si hago algo, lo que sea, van a venir la araña y el monstruo del closet. No te duermas porque, si te duermes, se van a aprovechar de tu sueño y te van a matar. ¿Por qué este cuarto es tan frío? ¿Por qué no tiene estrellitas *glow in the dark* en el techo como el cuarto de mis primas? Seguro esas me ayudarían a ver un poco más. Siento algo feo en el corazón. ¿Dónde está mi ángel-de-la-guarda-mi-dulce-compañía y por qué no puedo verlo? ¿Por qué mi cuarto está tan lejos del cuarto de mis papás? Si tan solo estuviera al ladito del mío, tal vez tendría el valor de correr hacia ellos, pero odio ese pasillo largo y oscuro, el techo es muy alto y cuando camino por ahí, siento que alguien me ve y me persigue, como si las paredes se hicieran más largas mientras camino. Si algo me persigue, no podré correr porque mis pantuflas se atoran en la alfombra que está como despegada del piso; hay una parte que tiene una rajada y ya me he tropezado varias veces ahí. ¿Y si entra un ladrón? Se encontraría primero con mi cuarto y no podría gritar fuerte para que me escucharan. Quiero ser más chiquita otra vez y dormir en el cuarto al lado de mis papás, donde duerme mi hermana… a ella le dan amor y la cargan. A mí ya no. Yo soy la grande, muy grande porque le llevo casi siete años. Y tengo miedo.

Solitaria y melancólica... Nací con un hueco casi permanente en el alma. Desde los siete años me iba caminando a la tiendita de la esquina en el empedrado de San Jerónimo; a veces también me iba caminando al gimnasio *Nelson Vargas*, que estaba a tres cuadras. En el trayecto soñaba, me imaginaba cómo sería si me convirtiera en Nadia Comăneci, si mis papás se sentirían orgullosos, si mis amigas de la escuela irían a echarme porras, si saldría en la tele y cómo se sentiría ser famosa.

Otras veces tocaba el timbre de varias casas y corría lo más rápido posible para desaparecer en la esquina; me parecía emocionante frente al aburrimiento eterno de la niñez. Caminaba sobre una barda larga y angosta de piedra, los brazos perpendiculares al tronco para mantener el equilibrio, como hacía sobre la barra en la clase de gimnasia. Un día se me ocurrió cortarme el dedo y escribir "M U E R T E" en la pared blanca de un vecino, justo al lado del timbre. Muchas veces había tocado ahí, sin esperar ver a nadie. Me escondí detrás de la barda de mi casa y quedé fascinada al ver la cara del señor al leer lo que parecía un mensaje narco. ¿A qué niña se le ocurre hacer eso? ¿Lo habré atormentado? ¿Qué habrá pensado? El hombre debió verme porque unos días después papá me preguntó por qué había hecho eso y yo atiné a decir:

—No sé, estaba aburrida.

Hacía otras cosas extrañas como comer piedritas que parecían de cemento. Las buscaba en el jardín, cerca de la banca de concreto, y en las piedras que había a lado de la higuera. Las chupaba con deleite para luego tragarlas. Desde que vi *La historia sin fin* se me quedó grabado el personaje que comía piedras. Una vez que las probé me gustaron, así que seguí haciéndolo como hasta los ocho años. Tal vez me volvería igual de fuerte que él, pensaba, y un día sería de piedra.

Mamá me dijo que nos iríamos a vivir con mi agüela a su departamento de avenida Contreras en San Jerónimo, mi quinta casa. Nunca mencionó la palabra divorcio ni separación, solo dijo que papá no estaba invitado. Ahí yo solo tenía una hermana y creo que ella no funcionó muy bien de gancho para que papá mejorara como proveedor del hogar ni fue inspiración para que se hiciera responsable. Qué rara forma de pensar tenían las señoras de mi familia… creían que un hijo generaría motivación, euforia de vivir y poderes sobrenaturales, pero no se les ocurrió que habría unos cuantos problemas y mayores exigencias económicas.

Para entonces ya me había dado cuenta de que mi pequeña pariente no jugaría conmigo a nada, pero, en cambio, yo sí podría jugar muchas veces con ella. Le presionaba el entrecejo hacia abajo para darle un aspecto de bebé enojada y me moría de la risa. Le tapaba el sol con las dos manos y su sensor de luz integrado —y poco ejercitado— hacía que abriera los ojos al máximo porque al parecer alguien le había apagado la luz, pobrecita. Cuando notaron que mi hermana no gateaba, la llevaron al pediatra y le detectaron un problema que, de no corregirse, la haría caminar desnivelada toda su vida. Al parecer, el fémur no se había unido correctamente a la cadera y tenía que usar un aparato como un pañal de plástico rígido parecido a un cinturón de castidad. Sentadita con el armatoste, era común que se fuera de lado porque sus piernas no podían sostenerla erguida y esto hacía que se cayera constantemente de lado, como en cámara lenta. Mamá corría a salvarla cada vez que veía que su güerita se iba de lado. Yo, en cambio, más floja, a veces le aventaba cojines o grandes peluches calculando la trayectoria y justo por debajo de donde caería su cabecita. A veces nadie se daba cuenta y la encontrábamos acostada viendo hacia el techo. Mi hermanita ya estaba acostumbrada, y a veces incluso se reía cuando se daba cuenta de que empezaba a caer lentamente hacia la alfombra.

Vivimos con mi abuela en ese departamento por unos meses, pero luego nos mudamos con Silvia, la otra *borderline* no diagnosticada, a su casa en La Herradura. Mi hogar número seis. Mamá sabía que la escuela era mi única ancla verdadera, y que podía someterme a todo tipo de cambios, pero que bajo ninguna circunstancia debía cambiarme de colegio. Entonces vivíamos a veinte kilómetros de mi escuela, y mi tía le pagaba a un chofer para que me llevara diario hasta avenida Toluca. Hacíamos como una hora y veinte minutos en hora pico, un verdadero fastidio. Llegaba toda acalorada y transpirada porque al auto del chofer de milagro le rodaban las llantas y, por supuesto, no tenía aire acondicionado. Cuando mamá me preguntaba si quería ir al colegio de mi prima en La Herradura, recibía la misma respuesta: «¡Que NO me quiero cambiar de mi escuela, mamá!». Ella trataba de persuadirme diciendo que le parecía más divertida y menos disciplinada porque el sistema Montessori distaba del enfoque tradicional y semimilitarizado de mi colegio. A mí me daba mucha estructura y no quería alejarme de él. Además, me parecía que era la mejor escuela porque siempre arrasaba en las competencias académicas y deportivas entre los colegios de los Legionarios de Cristo. Por cierto, en esa casa vi por primera vez una revista pornográfica violentamente explícita; tenía nueve años.

Alguna vez que papá intentó regresar con mamá, le puso un estéreo Pioneer muy bonito al coche. Por entonces estaba de moda equipar los autos con aparatos caros. Mamá no mordió el anzuelo, pero le agradeció el gesto y poco después regresamos a la casa de Santiago, en la colonia San Jerónimo, donde vivían mis amigos caracoles y seguía existiendo el ganso-policía que me gané en la feria. Esta casa ya había aparecido en el conteo así que, aunque hubo una pequeña mudanza, no cuenta como casa siete.

Al ganso-policía decidí llamarlo así porque, al perseguirnos, graznaba fuertemente y me sonaba como una patrulla en plena persecución. Vivió demasiado. La mayoría de las mamás esperan que el pobre animalito muera de hipotermia o desnutrición al cabo de unos días, pero este se parecía a mí, traía resiliencia o ganas de sobrevivir para pelear con algo o alguien y se la cobraría al primer inocente que se atravesara por su camino. El ganso perseguía a todos y le mordía los talones al que no corriera lo suficientemente rápido, o sea a la mayoría. Mamá no quería deshacerse de él, por más problemas que nos trajera. Yo estaba llegando al tope de mi tolerancia porque todas las mañanas y todas las tardes debía correr desde y hacia la casa por las piedras enmohecidas, resbalosas y húmedas, perseguida por la pinche ave con mordidas que me llegaron a sacar puntos de sangre. Cuando mamá vio la última mordidota, le llegó el fin al ganso. Decidió regalárselo a la muchacha de la limpieza para que lo hiciera pipián, mole, caldo o lo que se le antojara. No se tentó el corazón y del coraje hubiera sido capaz hasta de comerse un taco de ganso.

Papá seguía desesperado por regresar con nosotras. Estaba en plena comprensión de que su familia lo era todo para él, aunque probablemente le bastarían dos semanas para cambiarnos por sus pachangas, y mamá estaba decidida a divorciarse de él. No voy a entrar en muchos detalles, solo sé que mamá salió embarazada en una visita que papá, en estado de ebriedad y consumo de otras drogas, hizo a la casa cuando ya estaban separados. Mamá me dijo que él la forzó a hacer algo que ella no quería y que amenazó con golpearla si no cedía. Un par de meses después, se le veía decaída, parecía un muerto viviente y otra vez estaba sumida en una tremenda depresión. El producto de ese abuso fue mi primer hermano, quien, al ser concebido en un estado alterado por drogas y tener fuerte carga genética de enfermedades mentales, nacería con un trastorno esquizoafectivo, el cual le diagnosticarían treinta años más tarde.

Cuando mi hermano Pato nació, me pareció increíble poder tener a alguien del género masculino en el esquema matriarcal de nuestra familia. ¡Abue Nena estaría tan contenta de tener un nieto finalmente! Tan pronto me dejaron cargarlo, me dio mucha ternura. Era un burrito de bebé envuelto en cobijas apretadas. Solo se le veía la carita. Le susurré al oído que lo cuidaría siempre y que no dejaría que algo malo le pasara. Hermanito, me tienes a mí. Bienvenido a la familia Balázs. Puedes decirles Balázs-Perdidas.

Mamá hizo un librito de recuerdos del bebé en mi honor. En sus escritos me describe como parlanchina y comelona. Más bien tragona, devoradora de todo, ¡una Koblenz! También dice que fui muy apegada a papá, que siempre quería estar con él y que, a pesar de ser pequeña, me quedaba horas sentada en su estudio escuchándolo ensayar. Ahí pasaba de ser la niña inquieta y parlanchina a un fantasmita que observaba. A veces siento que tengo alma o mente de vidente. Aunque mi esposo diría algo más elegante, como que tengo rasgos de personalidad esquizotípica. Sin embargo, yo lo veo como una habilidad para ser intuitiva e incluso adivinar las cosas antes de que pasen. Creo que eso fue lo que me pasó con papá: era mi adoración, fue mi primer amor del sexo opuesto. Decían que me veía idéntica a él de niño, me decían "Patita" y yo siempre quería que se quedara más tiempo, pero viajaba mucho con sus giras musicales. Pienso que esta gran necesidad de estar con él fue una de esas clarividencias que se me manifestaron de pequeña. Por dentro tenía la angustia de que un día iba a perderlo y que lo perdería para siempre. Y así fue, dejamos de vivir en la misma casa cuando cumplí nueve años, y lo vi muy poco a partir de entonces, cada vez menos. Y escuché a mi mamá al teléfono decir que él la había abandonado con tres hijos. ¿Abandonado? ¿Eso quería decir que ya no iba a volver? ¿Ya no me iba a traer regalos de sus giras? Cuando alguien abandona a otro alguien, ¿de quién es la culpa? ¿Ya no iba a jugar conmigo a las Barbies? Papá era el más divertido jugando conmigo a las muñecas, más que mamá, porque a ella le gustaba decir que tenía la muñeca más bonita y eso me hacía enojar. Papá se entregaba por completo al juego, les hacía unas voces extrañas y roncas que sonaban como a mujer enferma de tos o algo así. Nos divertíamos tanto que no me importaba que la boca de papá oliera a algo raro cuando hablaba. Ese olor que tenía al día siguiente de una fiesta con amigos. Un olor etílico podrido, pero casi siempre olía así; entonces me acostumbré y pensaba que así olerían todos los papás.

Me gustaba cuando salíamos al jardín y nos metíamos en un *sleeping bag* recostados en el pasto. Las luciérnagas y las estrellas nos daban un espectáculo hermoso. Yo quería ser una luciérnaga. Libre. Luminosa. Mientras centelleaban las lucecitas, él sacaba un cigarro que olía muy raro y me hacía preguntas como: «¿Qué ves en ese conjunto de estrellas?, ¿cuál es tu favorita?, ¿alcanzas a ver las que son más rojas?».

—Mira, ahí hay una, a lado de esa grandota. ¿Sabías que esos seres de luz están lejísimos y que hay algunos que ya desaparecieron, pero los seguimos viendo porque su luz viaja millones de kilómetros y eso toma mucho tiempo? ¿Sabías que a eso le llaman el Cinturón de Orión?

Y yo te contestaba que no, que en eso sí te equivocabas, esas tres estrellas eran los Reyes Magos, que estaba totalmente segura y tú te reías. Un cinco de enero me hiciste salir al jardín de noche para comprobar con mis propios ojos que los camellos de los Reyes Magos habían dejado sus huellas en el pasto. Me preguntaste:

—¿Alcanzas a ver esa huella? Es del camello de Melchor.

Yo no veía nada, pero mi mente se ajustaba rápidamente y después lograba ver huellas en las paredes, en el techo y hasta en el cielo estrellado. Lo que tú me dijeras era la verdad absoluta. Nuestras almas siempre hablaban a pesar de la distancia. Definitivamente te prefería por encima de mamá.

Cuando era de noche y me hacías falta, veía esas tres estrellas; recordaba que me habías dicho:

—Cuando las veas brillar, significa que te quiero y que estoy pensando en ti.

¿Por qué ya no ibas a venir? ¿Ya no me ibas a cantar la canción que me compusiste? ¿Ya no nos querías? ¿Había hecho algo malo? Prometí estudiar más y portarme bien, juré ya no estar en el cuadro de horror.

La huella del abandono no se borra nunca, por eso se llama así, te deja una marca imborrable. La he arrastrado toda mi vida. La quise borrar, tapar, maquillar, olvidar, odiar, pero ese mal recuerdo queda impreso como en concreto. No sé de arquitectura ni de materiales, pero una vez que este componente se agrieta o se le hace un hueco, ya no hay forma de regresarlo a una pieza entera. Lo que le pongas no va a sellar parejo como el bloque original y el único remedio es volverlo a hacer. ¿Qué haces si un bloque de persona se agrieta? ¿Cómo compones ese hueco? ¿Cómo me vuelvo al origen y me vuelvo a hacer? ¿Cómo le doy al comando *undo*? La última vez que vi a mi papá fue hace casi veinte años. Sé que sigue vivo.

# Capítulo VII

Como seguíamos teniendo poco dinero, llevaba el uniforme corto a la escuela (ya necesitaba una renovación). Cuando nos visitaba mi agüela, llegaba en su auto: El Corsar. Lleno de comida, yo no sabía por dónde empezar el festín. Me tomaba dos vasos de leche fría, un mango, un plátano, un cuarto de kilo de queso oaxaqueño, mientras mi abuela se reía y le decía a mamá:

—¿A dónde se le va la comida a esta niña? Parece biafreña: flaca y panzona.

Mi agüela era especialista en decir cosas filosas... te soltaba la verdad de una y sin lubricante. Por eso, ella y papá nunca se aguantaron: mi agüela le leía la cartilla en tres minutos. Lástima que su visita no duraba más que unas horas, me gustaba cómo ejercía conmigo el rol de figura materna. Experimentada. Sabia, a su manera, pero yo confiaba en ella. En cambio, nuestra verdadera mamá, ya con tres hijos, tenía apenas veintiocho años y vivía en Narnia.

Por entonces, la forma de ingeniármelas para hacerme el desayuno no bastaba para alimentar a tres. Los bebés no desayunan cereal con leche, comen huevito con jamón o algo así. No contábamos con mamá por las mañanas porque se levantaba tarde de su hibernación y a mí me daba pena escuchar a mis hermanitos pidiendo atención desde su cuarto. Entraba y Pato inmediatamente me echaba los brazos, muy sonriente. Aprendí a cambiar pañales a los diez años; por ahí mi hermano tendría casi dos así que le faltaba poco para dejar el pañal. De cualquier forma, en las mañanas olía espantoso, mejor soportar el tormento tres minutos que tres horas. Así que me amarraba un mameluco en la cara, como si trabajara en una empresa de control de plagas, y me disponía a cambiarle el pañal apestoso al chamaco que solo se reía de mí al verme así. Mi otra hermanita también se reía y esperaba pacientemente a que terminara la tarea desagradable porque sabía que después vendría el desayuno.

La primera vez que prendí la estufa y puse huevos con jamón en un sartén logré librarme de alguna quemadura... lástima que los huevos no corrieron con la misma suerte; al servirlos en el plato, mi hermanita se echó a reír y dijo:

—Están quemados.

A lo que yo respondí:

—Ponles cátsup y sabrán mejor.

Así comimos algo carbonizado que nadaba en salsa de tomate azucarada, pero era mejor que seguir con hambre. Luego fui calculando el tiempo y el resultado fue mejor que los huevos benedictinos del restaurante San Ángel Inn, o eso me decía para no renunciar al trabajo.

Mirelle ha de haber tenido unos tres años y medio, y Pato casi dos cuando me los encontré jugando en su cuarto entretenidísimos con un botecito de corrector líquido blanco para máquina de escribir. Los muebles, las paredes, las colchas, la cuna, los juguetes y todo Pato estaban llenos de Liquid Paper. Lo más extraño fue que Mirelle, impecable y calladita como siempre, le había puesto a Pato, que aún no caminaba, el botecito y la brocha en las manos para que cuando mamá entrara, se revelara al supuesto autor material del acto. Y así fue como mamá descubrió por primera vez que su segunda hija atentaría siempre y discretamente en contra de la seguridad y el prestigio de su único hijo, el mismo que habría hecho muy feliz a Abue Nena por portar un pene en lugar de una vagina, pero al que nunca conoció.

Cachamos a Mirelle dándole de comer a Pato un caracol enorme y baboso, metiéndole leche de higuera en los ojos, untándole polvo picapica en la espalda y tapándole la enorme boca llorona con un calcetín para que no lo escucharan llorar. *Frau* Mirelle forjó un mundo entretenido y a veces peligroso para su fiel escudero Pato. En cambio, él la adoraba y la seguía hasta el fin del mundo como Sancho al Quijote. Su unión y cariño comenzó entonces y afortunadamente permanece.

Hace unos años usaba el *ringtone* de *Los Locos Addams* para las llamadas de mi mamá (solíamos ser una familia seminormal, al menos esa era la historia que yo me contaba). Vivíamos felices haciendo cosas de todos los días como meternos en casas abandonadas para explorarlas, ver las paredes enmohecidas y con manchas color óxido —que también podrían haber sido de sangre— y platicar entre nosotros para descubrir la mejor teoría del asesinato ocurrido en el lugar. Nos parecía normal que el mastín napolitano del vecino mordiera ferozmente a nuestros invitados. ¿Qué otra cosa, si no, hacen los perritos? Podíamos quedarnos despiertos hasta altas horas de la noche viendo películas de terror desmedido, como si fuera el programa familiar del domingo. Cazábamos conejos, perros y gatos para luego desollarlos vivos y comerlos de botana. Con estos verdaderos placeres, ¿quién querría ir al parque a comer sándwiches y comprar globos? Puaj, qué asco.

Mi casa en estado de abandono también parecía embrujada. Con espejos y distorsiones de la realidad únicos. Cuando creías que pasaban cosas, en verdad no pasaban; o si pensabas haber visto algo raro, rápidamente un adulto te creía tonto y te inventaba un cuento chino o te ofrecía un dulce para que te olvidaras de la escena. Típico de mi familia y del mundo al revés normalizando o negando la existencia de la mierda. Quién quiere vivir en una casa decorada como de revista de arquitectura cuando se puede vivir en una que alberga muebles de segundo y tercer uso. Una con auténtica personalidad ecléctica. Presume la alfombra rota y goza de marcas de filtraciones en los rincones, puertas sin chapa, ventanas que nunca cierran, jardineras llenas de computadores, teclados sucios y aparatos viejos. Las casas de mis amigas ricas eran todas iguales. Todas perfectas y combinadas de piso a techo, limpias en cada instante, y con una plantilla de empleados atentos. La mía era única en su estilo. Lo sé por las caras que ponían las mamás cuando recogían a mis compañeras de clase y porque al día siguiente pocas querían seguir hablando conmigo.

En ese hogar peculiar solía encontrarme a papá, casi inconsciente, tirado en el piso. En su estudio de música. Cubierto con una cobija que claramente alguien más le había puesto encima. El olor a cigarro era fuertísimo, había botellas de alcohol y cerveza vacías sobre sus mesitas, bocinas y teclados... Era evidente que había bebido mucho, aunque mamá me pedía que lo dejara dormir; que porque estaba muy cansado por tanto trabajo. Y si estaba agotado, ¿por qué no llegó a su cama? Eso hacía yo cuando estaba cansada. Jamás me había dado un brote de abatimiento que me impidiera llegar al cuarto y me hiciera caer desmayada *in situ*. Bueno, a veces dormía en la sala cuando había invitados, esos que se quedaban a escuchar música por largas horas. Demasiadas. Yo rara vez podía quedarme despierta tanto tiempo como ellos. Entonces, tal vez no tuviera nada de malo dormir en el piso del estudio. Los raritos de afuera hacen cosas como dormir siempre en sus camas. A lo mejor papá solo buscaba ser original.

Yo misma formaba parte de las rarezas de esa casa; no quería ser lo que de niña consideraba "el sexo débil". Siempre tuve predilección por los juguetes de niños, los superhéroes masculinos, las naves de *Star Wars* de mis primos y los cochecitos. Prefería jugar con mi primo que con mis primas; despreciaba a mi propio género porque me parecía inferior. Era consciente de las diferencias, de las ventajas y desventajas. Del poder ejercido.

Me hubiera gustado conocer la primera ley de Newton, la de la inercia, un poco antes. Específicamente a mis diez años, en el rancho de mis tíos. Éramos unos salvajes y ese rancho fue como nuestro oasis de travesuras. Se llamaba Huichilac, no Huitzilac. Nosotros inventamos el libertinaje infantil, si es que eso existe. Fuimos unos pillos. Montábamos a caballo, andábamos en bici, salíamos a comprar dulces a la tiendita de la carretera, nos subíamos a la barda que dividía al rancho del terreno vecino y caminábamos a lo largo y ancho de los ladrillos hasta llegar a la casa de las vendedoras de ollas de barro. Conocimos al papá borracho de las artesanas de barro y a su hermano, el que no usaba playera. Constantemente lo encontrábamos en calzones. Todos ellos nos veían como si fuéramos de otro planeta, pero siempre fueron amigables y amables con nosotros. Subíamos al monte, hacíamos una casa club de ladrillo. Nadábamos en la alberca. Íbamos a la presa donde se ahogó "El-perro-de-La-Sirenita", que era el nombre del pastor inglés divino que parecía que moriría de calor por su pelaje como de Hombre de las Nieves. Ordeñamos a alguna vaca mansa. Probamos leche bronca. Nos enfermamos. Perseguimos gallinas. Nos persiguió el borrego, que tenía más de cabrón que de borrego. Mis tíos jugaban al tenis mientras mis primas y yo los veíamos y recogíamos bolas. Ahí aprendí las reglas de ese juego y la velocidad a la que viaja una pelota después del saque. No, ahí tampoco aprendí a alejar las pelotas de mi cara.

Un día, mis tíos les regalaron a mis primos un Go-Kart de gasolina y todo. Me gustaban tanto los coches y más aún los Go-Karts. Pedí por favor que me dejaran manejarlo, pero era la última en la línea de sucesión al asiento del cochecito. Seis antes que yo, y no bastaba con eso, una vez más aplicarían la ley del más débil, y no solo no me dejarían manejar, sino que una vez que estábamos todos adentro del ruedo, se les hizo buena idea perseguirme con el pinche cochecito.

—Corre, Coco, nosotros te perseguimos, vamos a ir despacito.

Me faltaba la nariz para parecer payaso de rodeo, pero definitivamente sentía que llevaba el disfraz y la peluca puesta, y hasta escuchaba en mi cabeza la música de circo. Ellos venían felices en el coche mientras me perseguían, o tal vez no, porque vi que venían llorando, pero parecían muy divertidos. Lloraban de risa. Yo solo corría y no encontraba escapatoria porque el ruedo tenía paredes altas (si los caballos no podían saltar eso, yo menos). Me empecé a cansar, pero escuchaba el motor detrás de mí, las piernas me empezaban a fallar:

—¡Párense, ya me cansé! —comencé a gritar mientras seguía corriendo. El ruido de la máquina hacía que mi voz desapareciera y yo seguía diciendo—. Ya no quiero jugar, paren.

Y como al tercer intento no vi que frenaran, decidí simplemente detenerme, frené en seco y ¡tras!, ya tenía las llantas encima, me plancharon como estampa. Por suerte el ruedo tenía lodo fresco y caca de caballo suave, así que solamente quedé sepultada en aquella mezcla... Así de inocentes fueron nuestros juegos. No, ese día no manejé el Go-Kart.

En ese rancho pasaban cosas inusuales, misteriosas. Como cuando desapareció Katia. Descubrimos un hoyo de unos tres metros de fondo en la parte trasera del jardín. Cabía un adulto parado. Estaba lleno de agua verdosa y maloliente, ubicado cerca de la barda de ladrillo y donde el jardín ya iba como de bajadita. De ancho debía medir algo como la panza del tío Chadi, o sea menos de un metro. Nunca entendimos la función del boquete y el sitio era extrañísimo. Nos retamos entre primos a saltar el hoyo sin tocar el agua que lo llenaba. No parecía muy grande, así que todos pasamos la prueba y poco a poco nos fuimos acostumbrando a él. El hoyo estaba tan integrado al jardín que probablemente caminamos sobre él y su agua sin darnos cuenta. Una tarde de regreso de ver a nuestras amigas del barro, mi tía nos llamó a comer casi a gritos; estaba molesta porque nos habíamos tardado demasiado. Ya estaba oscureciendo. Al escuchar que nos iban a castigar, corrimos a toda velocidad y, mientras corríamos, mi prima se esfumó en el horizonte. Entró al charco limpiamente como clavadista profesional. Nadie la escuchó. A nadie salpicó. Veníamos cuatro y llegamos tres. Por suerte nadie murió ese día ni después, aunque mi hermano Pato sí estuvo en peligro de ahogarse en ese rancho. Se agarró como pudo del pasto o de las varillas, o de ambas, y no se ahogó en la cisterna. Tenía como tres años, y usó la segunda de las nueve vidas que creo que tiene.

Cinco de enero de 1992, domingo en la noche. Regresé del rancho, mis hermanos no habían venido conmigo y mamá me recibió en la casa. Vio que llevaba una pelota nueva y un libro de colorear en las manos y me dijo:

—¿Te adelantaron el día de Reyes tus tíos? —Asentí en silencio—. No pude comprarles nada a tus hermanos para mañana y no me gustaría que piensen que no les trajeron nada los Reyes Magos, ¿me darías la pelota y el libro para ponérselos a cada uno?

Sí, mamá.

Cuando eran pequeños, ¿alguien soñó que tenía sexo con Freddy Krueger o fui la única? Eso probablemente no sería lo extraño, sino que una niña de diez años soñara con tener una relación sexual y que sintiera placer durante el sueño. Aunque, ¿por qué con un monstruo? ¿Qué diría Freud al respecto? Ni muerta se lo contaré a nadie.

Por esa época mamá empezó su noviazgo con el que se convertiría en mi papá Eugenio. Lo rechacé de inmediato, y creo que a él tampoco le caía bien. ¿Y este quién era? ¿Por qué no estaba papá? ¿Por qué no le guardábamos su lugar hasta que regresara? ¿Por qué se encerraban en tu cuarto, mamá? Alcanzaba a ver ropa tirada en el piso por debajo de la puerta. Eso no me gustaba nada. Pensaba que si me ponía a tocar la puerta muy fuerte rompería el hechizo y podría tener algo de paz. Acusé a mamá con su hermana para que le pusiera una buena regañada.

—¿Hola, tía? Mi mamá está encerrada en su cuarto con un hombre y sé que están haciendo algo malo.

A correr. Desperté al Kraken y a los seres más espantosos de las películas de Guillermo Del Toro, incluidas las *tooth fairies*. Venían todos por mí. Mi tía, la *border*, me puso una chinga legendaria y dijo cosas como:

—Lo que están haciendo se llama sexo y prepárate porque no va a pasar una vez, sino muchas más, así que vete acostumbrando; eso te pasa por andar de chismosa. Para tu información, no solo se están besando, están teniendo algo que se llama coito y es muy placentero. Tu mamá merece sentir placer con el pene de un hombre que no sea el de tu papá porque esa relación ya no le satisface. Cuando terminen, le vas a ir a pedir una disculpa por todo este pancho que estás armando, ¿escuchaste?

No supe dónde poner todos los sentimientos que tenía en ese momento; no quería ser una niña mala, solo quería que alguien me explicara qué estaba pasando y me sacaran del alma la ansiedad y la incertidumbre de no saber nada de papá. En cambio, mi tía me dio demasiada información y me dejó más confundida que nunca. Un yunque de emociones. Fue una de esas cosas *"they just blow up in your face, madafaka".* Bombas Molotov-Balázs, marinadas durante años en ambiente hostil, pochadas con resentimiento, bañadas en indiferencia, espolvoreadas con mucho desamor y siempre sazonadas con un toque de locura. Nadie me explicó si estaban en una relación formal y duradera, ni si papá iba a desaparecer para siempre. Y sí, le pedí disculpas a mamá, aunque me encerré en casa y no los dejé entrar cuando regresaron de su tarde feliz hasta ya avanzada la noche.

Mamá quería que yo llamara a Eugenio "papá", pero eso me hacía sentir que había olvidado a mi papá para siempre; sería una traidora. Yo quería al papá que no tenía, al que se había ido, no a este impostor. Volví a dejar que la fantasía me arropara. Quería escapar de mi realidad. Fue por esa época en la que le pedí a mamá que me comprara un disfraz de la Mujer Maravilla en la Comercial Mexicana. En mi mente me veía muy linda como Lynda Carter. Bustier rojo, calzón azul y unas medias preciosas combinadas con botas rojas. La diadema haría juego con mi pelo castaño. Qué decepción me llevé al sacar el contenido de la bolsa y ver un pijama aguado con dibujo de un calzón-short azul y un top. Y para rematar: las piernas y los brazos color carne espantoso. Mi ilusión de fugarme era tan grande que me lo puse de todas formas. Traté de que los demás vieran en mí el disfraz que tenía en mente, y entonces salí de mi recámara para ser la Mujer Maravilla ante todos los presentes. Mamá tenía visitas y cuando salí del cuarto, uno de sus amigos me dijo:

—Ya estás grandecita para usar eso, ¿no?

Y empezaron a reírse. Reían a carcajadas. Me rompieron el corazón y me fui a llorar desconsolada a mi cuarto. Trataron de reconfortarme, pero el daño ya estaba hecho. Nunca más usaría un disfraz. Empezaba a entender que ya estaba grande y que podía ser ridiculizada si intentaba permanecer en la infancia unos segundos más de lo que me correspondía.

Ya no reconocía a mamá, cada vez le importaba menos. Se operó la nariz y se puso implantes en los senos. La acompañé a Liverpool a comprarse unos calzones. Les llamaban tangas. En mi opinión les faltaba material para cubrir las pompas y me parecían horribles. Mamá se arreglaba más, se bañaba en perfume y salía por las noches. Yo prefería que estuviera en casa como antes, aunque fuera dormida todo el día, al menos así podía tenerla vigilada de cerca.

Yo también quería amor. ¿El amor se encontraba consiguiendo un novio? ¿El sexo me daría cariño? Hasta la muchacha que nos ayudaba con la limpieza tenía novio, uno nuevo, lo sabía porque un día vi que lo metió a su cuarto. Yo también debía conseguirme un novio, pero no el niño de la casa de al lado porque ese se me quedaba viendo mucho y me mandaba cartas diciendo que estaba muy bonita y que quería ser mi amigo. Guácala. De seguro eso no era ser novios, sería algo mejor.

# Capítulo VIII

Febrero de 1992. Se acercaba mi cumpleaños número diez. Ya habían pasado los cumpleaños de la mayoría de mis compañeras. Yo era de las más chicas, si no la más, pero aún no lograban reprobarme de año. Mamá, a quien nunca le festejaron un cumpleaños en su infancia, se las ingeniaba para darme una fiesta inolvidable y hacerme sentir especial. El reto era hacerlo sin gastar un peso. A lo mucho unos cien, que serían cien mil pesos de aquel entonces, antes de los nuevos pesos. Fuimos con amigas y mis primos al parque que estaba al lado de la Escuela Superior de Guerra, en San Jerónimo, y llevamos los patines y tres tinas llenas de globos con agua para empaparnos entre todos. Se formaron dos equipos, y el que terminara hecho sopa perdería. Fue una hora de éxtasis total; carcajadas, gritos, caídas, derrapones, niños y niñas jugando en equipos mixtos. Me pareció que los niños eran los más divertidos... yo patinaba rápido como ellos y los alcanzaba para soltarles un globazo que podía reventar en la presa o rebotar y estrellarse en el piso. Había que planear bien el tiro para lograr el objetivo. Con mi característica personalidad competitiva, me encargué de mojar a cualquiera que se me atravesase, pero yo también recibí varios bombazos. Al final ganamos todos porque terminamos empapados y luego comimos el pastel que me habían regalado mis tíos Martel Cortés. Fue el mejor cumpleaños que tuve entre los tres y los veinte años, aunque el de los perritos circenses a los siete años y el del Mago Pactú a los tres también me encantaron.

En mi mundo, donde hacerme la víctima ya me ganaba muchas cosas, soñaba con tener la vida de alguien más. Quería ser una de mis primas, Katia o Vera, o una de mis amigas de la escuela. Imaginaba qué se sentiría vivir en un hogar perfecto. Constantemente me fugaba en la imaginación y me planteaba escenarios en los que mamá moría en un accidente y mis tíos tenían que adoptarme. Otro escape lo encontré en una promoción de las papas Sabritas, que ofrecía un viaje a Disney si encontrabas una estampa de holograma con el castillo de la Cenicienta. Yo comía y comía papitas buscando desesperadamente el papelito que me haría ganadora; con el que podría fugarme, encontrando trabajo en el parque de diversiones. Tenía tantas ganas de hallarlo que cuando gané uno de los premios secundarios, no solté en todo el día el holograma con la cara del Pato Donald. Mis dedos con condimento a queso sostenían la estampita como trofeo de guerra, y pensaba convencer a los de las papas diciéndoles que el Pato Donald valía lo mismo o más que la imagen ganadora. Lo presumí a mis compañeras de clase. A las niñas que iban conmigo en el transporte escolar. Lo venía ondeando desde la ventana y viendo cómo salía un arcoíris del holograma por el reflejo del sol, imaginando mi hermosa libertad. Y en un tope inesperado, de esos que hay muchos en la Ciudad de México, ¡puf!, se me escapó de los dedos. Lo vi volar hacia el asfalto, y por más que quise convencer al conductor de regresar, no pude recuperarlo. Llegando a casa le dije a mamá que estaba muy triste porque había ganado un viaje a Disney, pero que lo había perdido el mismo día. Por supuesto, mamá no me creyó nada.

Sí me creyó cuando le dije que Raquel, la chica del aseo, me había contado que estaba enamorada de mi papá Eugenio... debieron de verle la cara a las dos. Mucho después vi la película *Expiación, deseo y pecado*, pero esta situación fue justo así: una niña mintiendo, generando un problemón entre adultos que no sabían qué hacer ni con ellos, ni entre ellos, ni por ellos, ni para ellos, ni a pesar de ellos. Caos generado por mi mente diabólica y yo, como mosca muerta, escuchando todo y viendo la cara de Raquel, quien me quería descuartizar. La que sentía una inmensa curiosidad por tener novio fui yo, pero como no iba a delatarme, decidí cambiar los personajes en mi historia y ¡kaboom! También recreé Nagasaki e Hiroshima cuando le dije a mi mamá que no había nadie en casa de su hermana una vez que yo me había quedado a dormir ahí con mis primas. Siempre había fiestas en esa casa con mucho alcohol y drogas (esto lo supe después). Terminaban muy tarde. Y como yo era una miedosa que despertaba constantemente a los adultos en mitad de la noche, intenté despertar a mi tía para que me consolara por la pesadilla que tuve —la moví, la empujé varias veces, le hablé y le grité—, pero nunca respondió. Esto no pasaba con mamá porque ella jamás bebe ni fuma, mucho menos se droga. Me sentí terriblemente sola y cuando pasaba eso, entraba en pánico, así que decidí llamar a mi casa a las tres de la mañana para que mamá me escuchara. Le dije que estaba sola y que tenía mucho miedo. Mi mentira detonó un pleito entre hermanas e hizo que mamá y Silvia se dejaran de hablar durante años.

Un día me cansé del papel de víctima. Simplemente no funcionaba. No conseguía lo que quería. Estar de acusona con mis tías hacía que mis primas se resintieran conmigo y ya no me invitaran a jugar. Estar de sufrida me hacía ver ante mi primo y sus amigos como debilucha y ellos tampoco querían a una mariquita cerca —así me llamaban—. Ya ni siquiera lloraba para conseguir juguetes, y les había perdido el interés. Estaba entrando en la preadolescencia, que en mi caso empezó muy temprano. Como a los nueve años porque a los diez ya era señorita, o eso decía mi mamá, algo que me hizo sentir que debía de comportarme más adulta. Aún no estaba muy segura de cuántos orificios había en mi cuerpo, y definitivamente no me sentía lista para criar a un bebé, mucho menos para hacerlo, pero así eran las cosas.

Estaba cansada de bailar al son que me tocaban, y decidí que me convertiría en una guerrera como She-Ra. Sería fuerte y valiente para forjar mi propio destino. Recuerdo cuando mamá me dijo que nos iríamos a vivir a Cuernavaca con mi agüela. Sentí que todo mi mundo se caía a pedazos, como cuando en la *Historia sin fin* el Reino de Fantasía comienza a destruirse y el paisaje va cayendo poco a poco, desapareciendo. Me oprimía el corazón pensar que La Nada se lo llevaba todo... era tristísimo. Papá ya no vivía con nosotros, mamá tenía un nuevo novio que me caía gordo y encima esto de mudarnos. Esta vez no tendría más remedio que cambiarme de escuela. Una vez más, me encerré en mi cuarto a llorar durante horas. Luego comencé a mover todos los muebles, y con mi cuerpecito logré empujar el pesado mobiliario para cambiar todo de lugar. No me importó que la alfombra hiciera más dura la labor de moverlos, me costó muchísimo trabajo, pero como Hulk vivía dentro de mí, cambié de lugar el escritorio, la repisa, la base de la cama, el librero, y el colchón lo dejé al ras del piso. Luego fui por mamá para enseñarle cómo iban a ser las cosas ahora que todo estaba cambiando. ¿No te gusta, mamá? Y la expresión de ella fue una mezcla de espanto —«¿Qué coño pasó aquí?»— y "no puedo regañarla ahora que está tan triste". Se quedó pensativa y me dijo:

—Me gusta mucho, sé que estás muy triste y que te encanta tu escuela. Sé que te duele todo esto, has llorado mucho, ¿verdad? Tienes ojos de sapito. Mañana tenía pensado ir a Cuernavaca a arreglar unos asuntos, ¿quieres venir conmigo?

Sí quería ir, siempre me gustaba acompañar a mi mamá a donde fuera. Y aunque al día siguiente no fui a la escuela, lo mismo me puse el uniforme; no fuera a ser que se me olvidara mi identidad por ir al lugar ese extraño al que mi mamá quería que nos mudáramos. Me dije: «Nunca olvidaré quién soy ni de dónde vengo, *I'm still Jenny from the block*». Después de manejar en carretera un tiempo que me pareció eterno, en el que solo se veía verde claro, verde oscuro, verde militar, verde bandera, verde musgo, verde grisáceo y verde aburrido, comenzamos a ver muchas flores de muchos colores, esas buganvilias que se convertirían en algo que mi hermana Mirelle y yo siempre relacionaremos con mi agüela. El lugar era bonito y hacía calorcito. Casualmente —aunque no tenía nada de casual porque mamá había orquestado todo—, fuimos a conocer una escuela que se llamaba igual que la mía de México. Solo de entrar supe que no quería ir ahí... era espantosa, no tenía nada de academia y todo de calabozo. *Next.* Por favor, mamá, esta no me gusta. Fuimos a otra llamada Wellington: «Meh». No me disgustó, pero tampoco se me hizo maravillosa. Le di una espantosa equis y pronosticaba que mi vida sería miserable de ahora en adelante.

—Vamos a ver una tercera opción, se llama Discovery School, es bilingüe y al parecer hay muchos niños hijos de estadounidenses.

A mamá le encantaba eso, y a mí me hacía recordar un poco a mi escuela en la Ciudad de México, donde el inglés era muy importante. Cuando entramos, vimos un jardín precioso y una alberca azul cristalino. Mamá dijo:

—Mira, Coco, tienen alberca como en tu escuela, tal vez den clases de natación. Mira, Coco, los salones son bonitos y también tienen clases de computación como te gusta. —Cierto, una de las últimas actividades que hice con papá fue dibujar con el programa Paint en su flamante Mac—. Mira, Coco, acá no usan uniforme, puedes ponerte la ropa que quieras.

Y me hizo un guiño travieso. De acuerdo, eso estaba muy lindo, pero...

—Mira, mamá, aquí hay niños, no solo puras niñas como en mi escuela de ahora.

Creo que ese fue el punto de inflexión y el parteaguas: la posibilidad de convivir en la escuela todos los días, TODOS LOS DIAS con el sexo opuesto, me fascinó. Esa fue la clave para que la *Cuernavaquedad* se instalara en mí tan profundamente a solo dos horas de estar allí. Después de todo, dicen que los Piscis somos ultra contreras; sería el sereno, pero yo pertenecía ahí.

—Mamá, ¿a qué hora me puedo quitar este uniforme ridículo?, no quiero que nadie me vea con él.

# Capítulo IX

Fue en Cuernavaca donde comencé a apreciar los libros. A los once años. Había demasiado tiempo libre por las tardes y diez libreros grandes con enciclopedias, novelas, diccionarios, libros de historia del arte. Todos de mi agüelo. Los adopté y formé una biblioteca personal. Hojeaba con curiosidad enciclopedias de animales y me asustaba al deslizar los dedos sobre las nítidas imágenes de las escamas de víbora. Aprendí de otras culturas. Vi pueblos aborígenes que cazaban y pescaban desnudos frente al río. Mujeres con aros en el cuello como jirafas, o con platos en el labio inferior. Mujeres tapadas de pies a cabeza en templos que parecían sacados del cuento de *Alí Babá y los cuarenta ladrones*. Vi montones de arte romano, barroco, renacimiento, esculturas prehistóricas y vasijas milenarias. Terminé de fisgonear los libros con imágenes. Quedaban los que solo tenían letras. Semiaburridos, pero era peor entregarme por completo al hastío. Primero leía una página o dos buscando alguna referencia sexual que pudiera ilustrarme en esos temas que tanta curiosidad me daban, pero no encontraba mucho. Luego me topé con el título *Historia de una prostituta* y lo comencé a leer. Mamá se carcajeó al ver mi selección de lectura, pero no me censuró. Lo leí todo. Me enteré de un par de cosas de las que no tenía idea y me permitió entender por qué algunas mujeres desempeñaban ese oficio. Mamá notó que me llamaban la atención los libros y me sugirió leer *Un mundo feliz* de Huxley. Uy, este tampoco tiene dibujos. ¿De qué tratará? La portada no le ayuda, veamos las primeras hojas. Me enganché. Me fascinó pensar que la sociedad podría estar subdividida en categorías marcadas, y el soma, EL SOMA que todos tomaban. ¿Algún día yo tendría que tomarlo? La ciencia ficción me cautivó. ¡El libro fue escrito en 1931! De ahí continué leyendo *Tom Sawyer*, cuentos de los hermanos Andersen, de Edgar Allan Poe y otros que no recuerdo. En la lectura descubrí una fuga perfecta a mi nueva realidad.

En mi casa número siete, me costó algo de trabajo acostumbrarme a vivir no solo con mi agüela, sino también con su hermana Angustias —"La india bonita"— y su esposo Ramón. Puro septuagenario. Fue como mudarnos al asilo Mundet, pero sin ayudantes ni enfermeros vestidos de blanco y con todo el olor a gente mayor. *Odeur de Rance.*

Papá ya no vivía con nosotros y mi nuevo padrastro todavía seguía viviendo en la Ciudad de México. Empecé a ayudar a mamá con las órdenes de la casa. Me estaba convirtiendo en un buen sargento porque a ella se le daba ser un transatlántico con mis hermanos. Su argumento solía ser: «A mí nunca me hacen caso», y por eso debía ser yo la que metiera orden. Cuatro recámaras, la mía al lado de los viejitos. A juzgar por el volumen, no escuchaban la televisión. Tardé dos noches en desesperarme y entré furiosamente a su cuarto diciéndoles que no me dejaban dormir.

—Ya no son horas para ver la televisión, y menos con este escándalo.

Al matrimonio le entró un ataque de risa, apagaron la tele y yo finalmente pude dormir. Mamá me regañó al día siguiente. Dijo que vivíamos en casa ajena. Yo pensaba que podías llamar tu casa al lugar en donde pasas la noche, pero ahí aprendí que estaba equivocada.

"La ciudad de la eterna primavera", así bautizó alguien a la ciudad de Cuernavaca. Mamá decía que, por los baches, era la ciudad de la eterna brincadera. Podías ver el *slogan* en anuncios espectaculares, escucharlo en la radio y verlo en la tele. Y yo me preguntaba si eso sería cierto. Deseaba que lo fuera. En la ciudad de México padecía el invierno en nuestra frigo-casa de San Jerónimo. Buganvilias. De todos colores, por todos lados. Aves que no tenía el gusto de conocer. Mariposas blancas, naranjas, amarillas. Laureles, jacarandas, tabachines. ¡No usaba suéter para ir a la escuela! Me sorprendieron gratamente las noches cálidas. Los grillos se escuchaban como en concierto. Llovía con ganas. Con el verano llegaron las luciérnagas y trajeron el recuerdo de mi padre. Hermosos puntitos de esperanza en la noche. Decenas de destellos en sincronía. ¿Quién las organizaba a todas? ¿Cómo sabían para dónde ir? Eran tan lindas, tan autónomas. Y, sin embargo, solo se podían apreciar plenamente en la oscuridad. ¿Cuándo vendría papá por mí?

Disfrutando que mi prima Katia también se había mudado a la misma ciudad, transcurrían los fines de semana, los cuales solíamos pasar juntas. Mamá pasaba por Katia y nos llevaba a la pista de patinaje. Íbamos a los Go-Karts o a dar una vuelta en Plaza Cuernavaca, la última novedad. Ahora tocaba salir con mi agüela. Nos trajo por una nieve de limón fresquísima con un ligero sabor amargo de la cáscara, no hay mejor nieve que la de los Helados Virginia. Amo esta ciudad de la eterna primavera.

La tía Cortés, hermana de papá, venía a visitarnos a Morelos. Comíamos todos juntos en el *Baaltek*, restaurante del papá de Katia. En una de esas visitas, mi tía me dio un chaleco de piel que había comprado en Liverpool, en el "Tristito" Federal, también conocido como Ciudad de México. Dijo que era un regalo que me mandaba mi papá por mi cumpleaños, aunque él ni siquiera había llamado. Ella siempre andaba procurándome y tratando de que la relación con papá no se congelara, porque fría ya estaba. Ese chaleco me encantaba, era color café oscuro y olía a piel de verdad; además, era de una marca de mezclilla norteamericana. Vaya calorón y yo vestida en piel. Ya hacían treinta y seis grados. No había sudor incómodo para mí mientras portara orgullosamente un regalo que me había mandado papá, aunque en el fondo supiera que era mentira. Lo usé hasta los quince años, o más.

En una de las esporádicas visitas del Cometa Papá, cuando aparecía de regreso de sus giras musicales, me trajo de regalo un collar largo de plata, muy bonito, con una cadena gruesa entrelazada formada por varios hilos. Del collar colgaba un dije, una bola brillante y hueca, también de plata, que al agitarla hacía un sonido como el de las hadas de las películas, unas campanillas etéreas. Me dijo que lo usara siempre, que cada vez que sonara significaba que me quería y pensaba en mí. Amé profundamente ese collar. Cuando me sentía sola lo hacía sonar, y cuando lo extrañaba, también, intentando que esa música llegara a sus oídos y viniera corriendo hacia mí, pero no lo alcancé con el *tilín-tilín*, o quizá papá traía los audífonos con el volumen alto porque nunca llegó. Tanto el chaleco como el collar fueron objetos muy preciados para mí, pero el tiempo hizo de las suyas y su significado se fue diluyendo, como en mi cabeza desapareció el recuerdo de la foto mental que tenía de él. Me rompió el corazón, ya estaba fuera de mi vida por completo.

Otro de los regalos que me hizo al regresar de una gira musical con Flans, hacía ya varios años, fue una muñeca de Miss Piggy de peluche. Era admirable el detalle con el que estaba hecha la ropita, tenía sus guantecitos con encaje, un vestido rosa con olanes, pestañas postizas de acrílico negro que resaltaban sus enormes ojos azules y un hermoso gorrito por donde asomaban las orejas de terciopelo. Mi agüela también consideró que era una muñeca muy bonita, tanto que convenció a mi mamá de guardarla en una vitrina para que se conservara mejor. ¿A quién se le ocurre guardar una muñeca en una vitrina? ¡No es como que la dueña se hubiera muerto! Ahí estaba y quería jugar con MI peluche que me había regalado MI papá. ¿En verdad no me la iban a dar? OK. Y cuando desperté, el gato se había comido a los canarios de mi agüela porque alguien —yo— no le hizo el favor de guardarlos. Fin.

Mamá descubrió un supermercado donde hay comida congelada, su favorita para una excelente nutrición infantil. Cuando mi agüela no cocinaba, nos daban pizza, *nuggets*, papas fritas, hamburguesas, todo congelado, precocido, prefrito, prehervido, casi predigerido. Si hubiera podido mantenernos a todos con suero intravenoso con tal de no cocinar, lo hubiera hecho. Era feliz con la magia de tener la comida lista en dos minutos solo metiendo las hamburguesas ya armadas al horno de microondas; ignoraba el peligro de que, si te equivocabas de potencia, se endurecían como piedras y podíamos usarlas como armas para matarnos entre hermanos. Pato fue el primero en lanzar una al aire y hasta mamá supo que no eran muy comestibles, se rio con nosotros y también aventó una al plato jugando. Otro día nos dio fresas con crema, pero como no las había descongelado previamente, eran como rocas de fresas bañadas con crema. Nos volteamos a ver entre nosotros decidiendo quién sería el primer valiente en decirle a la chef que su postre estaba raro, pero ni tarda ni... bueno sí perezosa, nos dijo que nos las comiéramos; ya era costumbre que cuando mamá "preparaba" la comida en estado depresivo, la única certeza era que habría sorpresas o que probablemente quedarías con hambre, pero nunca dirías: «No me gustó», porque podrías romperle el corazón.

Volvamos al Discovery School, donde rápidamente me sentí como pez en el agua. La integración fue fácil, el proceso darwiniano no requirió miles de millones de años. Ya había dicho que la convivencia con los del género masculino me tenía muy entusiasmada y las niñas eran simpáticas. Me hice amiga de Francine, una rubia muy inteligente de grandes ojos azules, que inmediatamente me tendió la mano y me enseñó cómo eran las cosas en la escuela. La mayoría de los chicos no eran maliciosos, sino un poco más tranquilos que los de la Ciudad de México. Más inocentes que los amigos de mis primos, seguro. ¡Podía vestirme como quería! Me encantaban las playeras con gráficos coloridos y los shorts tipo *biker*; eso y mis tenis Keds. La moda del momento. Me sentía libre sin uniforme, sin clases de moral, sin consagradas regañándome por hablar o por no llevar las manos atrás en el pasillo; pero, sobre todo, por tener compañeros de banca. ¿Dónde habían estado todo este tiempo? Eran divertidísimos. Eran rebeldes. Le decían a la maestra cosas que en mi escuela anterior las alumnas jamás se hubieran atrevido siquiera a pensar, ¡y acá las maestras se reían con ellos! Era lo más buena onda esa escuela.

Los primeros días jugué al póker. Fui muy callada. Traté de observar y conocer a todos sin revelar mi juego. Me impresionaba que me miraran constantemente por ser el bicho nuevo del salón. Quería encajar pronto para quitarme la etiqueta de "la nueva". Sin embargo, cumplido el primer mes, cuál fue mi sorpresa al escuchar a la maestra de español decir:

—Ya tenemos el cuadro de honor, y en primer lugar está Coco Cortés.

Santo Dios, mi cara. Vi con una mezcla de terror y sorpresa mi nombre en una cartulina con estrellas y estampitas de colores. WTF. ¿Quééééé? Jamás fui de las primeras del salón. Bájenme de ahí en este instante. Al ver mi cara, la maestra no pudo evitar reírse y le contó el evento a mi mamá. Me tardé unas dos semanas en corregir el error y salir por completo del *spotlight*. Fiuf. Al siguiente mes ya estaba fuera del podio. Mismo caso en el cuadro de honor de inglés, aunque ahí afortunadamente quedé en tercero porque había norteamericanos e ingleses que manejaban el idioma mucho mejor que yo.

Todas las maestras se mostraban pacientes y parecían amar su trabajo, incluida la coordinadora de inglés. Muchas eran casadas, de allí la diferencia con las monjas del otro colegio. *Ooops*. En una ocasión publicaron un concurso de poesía para toda la primaria. Participé inspirándome en la consonancia de las letras de mis canciones favoritas. Rima esta línea y la siguiente. El ritmo de la música marcaba la entonación. No me resultó difícil porque, aunque el inglés no era mi idioma materno, sí me era familiar. En el poema decía, con algún tipo de gracia, que me gustaban los instrumentos musicales y que amaba la música. No lo recuerdo completo, pero cuando publicaron al ganador, me cayó nuevamente por sorpresa ver mi nombre en el primer lugar. Esta vez sí me gustó. La coordinadora también tenía cara de asombro y antes de pegarlo en el friso, me volteó a ver a los ojos, se acercó y en voz baja me preguntó:

—¿Lo escribiste tú sola o alguien te ayudó?

Sentí que había hecho algo malo. Efectivamente, le había pedido a mamá que me lo revisara, pero solo me corrigió una palabra y la reemplacé con mis propias ideas. Lo juro. Puse cara de confusión y recordé que en México no ganaba nada en la escuela. La maestra se detuvo a pensar un momento y finalmente lo puso como decoración en el salón. Me sentí muy bien. Supe que en esa escuela valoraban mis ideas. No cabía en mí.

En los recreos generalmente se separaban los géneros. Esto me daba oportunidad de platicar y conocer a las demás niñas, pero todo cambió cuando alguien tuvo la maravillosa idea de llevar unas canicas al descanso de mediodía. La fiebre llegó para instalarse. Nos invadió a todos los de quinto grado, y empezamos a llevar nuestras bolsitas llenas de esferitas traslúcidas, tornasoladas, gigantes. Canicones. Construimos caminos en la tierra para hacer carreritas y apuestas emocionantes. Negociamos para intercambiarlas. Las más padres valían por dos o hasta tres de las normales. Las transacciones no se firmaban en papel, simplemente chocábamos los puños para cerrar el trato. Sin saberlo, establecimos la oferta y demanda. Y, por si fuera poco, descubrimos un mercado negro entre los de sexto grado, que traficaban canicas por tareas.

Luego vino el concurso estatal de *Spelling Bee*. Al ser hija de una gringa y venir del régimen de terror de las monjas, en el que podías recibir reglazos por desconocer la respuesta, parece que la nueva escuela había depositado cierta fe en mí. Me encantaba deletrear, me recordaba a los ejercicios de cálculo mental de primaria en mi antiguo colegio. Era competitiva y me gustaba ir dejando atrás a otros compañeros conforme pasaban las rondas. Por primera vez en la vida estudié. Estudié mucho. Repasaba la larga lista de palabras con mamá, que me las preguntaba al azar. El procedimiento era así: primero debía pronunciar la palabra, luego deletrearla, repetirla, y al final decir una oración que la incluyera para demostrar que conocía el significado. En verdad, mi ascenso se debía más a las reglas que al conocimiento del lenguaje, pues muchos se confundían y perdían su lugar en las primeras vueltas.

Los campeones competirían contra los elegidos del London School en la final estatal. Fue un lunes. Lo recuerdo porque el domingo me quedé estudiando hasta muy tarde con mamá, y de fondo teníamos el programa musical de los domingos por la noche. No, ese día no salió papá tocando los teclados. Al día siguiente me desperté con el timbre. Me había quedado dormida. Salté de la cama y, cual mujer araña, agarré rápidamente la mochila, aventando el pijama y tomando un *jumpsuit* del closet, aunque supiera que traía un hoyito justo entre las piernas. Me lo puse a brincos arrastrando los huaraches en lo que caminaba hasta la puerta del garaje. Cuando el chofer del transporte tocaba el timbre era porque estaba por dejarme. Iba decidida a continuar en el concurso porque mamá me regañaría si se enteraba que había perdido por haberme quedado dormida. Ya en la combi me di cuenta de que mi facha era peor que la de cualquier otro día. Decir que estaba despeinada era poco. No llevaba ni lunch ni dinero para comprar una mini pizza en la cafetería, pero iba feliz rumbo al campeonato. Me coloqué dentro de los cinco o seis participantes que estarían en la final. Mi escuela era local y la otra visitante, así que la emoción de los papás de nuestro bando era grande. Me alimenté de sus aplausos. Ronda tras ronda hice un esfuerzo por concentrarme y decir bien las palabras que me asignaban; se iban eliminando participantes.

Quedamos solo dos niñas en muerte súbita. Yo, con toda mi alma, quería ganar. Los segundos me parecían eternos mientras sacaban un papelito con la siguiente palabra. La deletreé perfectamente, pero no encontraba en mi mente el significado para poder armar la oración correspondiente, y con la presión del público y mis ganas de quedar como campeona, volteé disimuladamente a ver a mamá, quien me hizo discretamente una señal abriendo y cerrando la mano como una estrella tintineante. ¿Pulsando? ¿Agarrando? ¿Rascando? No le caché el *tip* y por eliminación directa quedé en segundo lugar. La niña del London ni siquiera tuvo que hacer un último esfuerzo para demostrar ser mejor que yo; ya lo era porque me había equivocado. La palabra era *glittering*. Vaya que me aprendí el significado, se me quedó grabado de por vida. Fue decepcionante perder frente a toda la escuela y darles el triunfo a los visitantes. Y ganar con trampa no es ganar. Mamá me reconfortó diciendo que el segundo lugar también era bueno. No mientas, mamá. Tú más que nadie querías verme ganar. Odio la mirada de lástima que me dan mis compañeros y las maestras. Que ni se me acerquen las mamás. No me consuelen. Odio a todos.

El Discovery me motivaba y me hacía sentir especial. Poco tiempo después publicaron un concurso de cuento para toda la primaria, idea de la maestra encargada de la biblioteca. La amaba porque en los talleres de lectura me ponía especial atención y me sugería libros que podían gustarme. La participación en el concurso era opcional y seleccionarían los mejores cuentos de cada salón. Durante el desarrollo de mi relato me escapé innumerables veces a la biblioteca, me iba de pinta con la Miss y ella se encargaba de explicarle a mis maestras de español y de inglés que yo estaba sumamente dedicada al proyecto. Platicábamos mucho. Era un proceso cien por ciento terapéutico. Formé una relación amistosa con ella porque me hacía sentir única y especial. Cuando llegó el momento de la premiación, escuché atentamente la lista de ganadores, pero mi nombre no estaba. Ni modo, no había ganado un lugar entre los mejores, pero al final la directora del colegio dijo que se asignó un lugar especial por esfuerzo y participación, y ese reconocimiento me tocó a mí. Aún guardo con cariño el cuadrito con una acuarela miniatura que me regalaron ese día. Y por haberme sincerado con la bibliotecaria, me gané un pase a terapia con una psicóloga recomendada por la escuela. Fui solo cuatro sesiones y la terapeuta le dijo a mi madre que efectivamente tenía un pasado doloroso marcado por el abandono de mi padre, pero que era lista y que con ese pretexto manipulaba bien a los adultos. Señora, yo a usted ni la conocía, por qué me expuso así y abrió mi juego sin preguntarme.

Mi papá Eugenio ya vivía con nosotros en mi séptima casa, la del asilo Mundet. Falleció Angustias, la hermana de mi agüela, y su viudo estaba próximo a partir para irse a vivir con uno de sus sobrinos. Viviríamos ahí solamente mi familia y mi agüela. Sonaba bien.

En mi casa seguían faltando fondos para sostener a los tres hijos Cortés porque a mi papá Eugenio se le vino abajo un negocio grande de construcción que planeaba hacer con el gobierno. La rivalidad entre él y yo continuaba como una guerra fría. Los permisos los otorgaba él, los regaños también los daba él y el sustento venía, obviamente, de su parte. Todo caía en su control. Para entonces, mi hermana Mirelle se había convertido en una niñita casi muda. Un fantasmita. Veía los pleitos en los que me enfrascaba con Eugenio para que se respetara mi voluntad de no llamarlo "papá", mostrándome lo más independiente posible a su estructura patriarcal. Mi actitud gritaba: «¡No te necesito!». Él respondía con castigos, privándome de regalos y de permisos para pasar tiempo con mis amigas. Fue duro y muy estricto conmigo.

Ya había cursado quinto y sexto año de primaria en la nueva escuela. Se acercaba mi graduación. La directora propuso recaudar fondos para la fiesta organizando la rifa de un reloj Rolex Oyster Perpetual, para lo cual cada alumno debía vender cincuenta boletos. Me dediqué a venderlos a cuanto familiar e invitado aleatorio tuviera enfrente. Quedaba un día para la rifa y me faltó encontrarles dueño a los últimos diez números de mi serie. Mi cara de preocupación hizo que mamá le pidiera a Eugenio que comprara el resto para ayudarme. Muy molesto, dijo que él no quería comprarlos, que no le interesaba la rifa y que no tenía dinero para esas cosas.

—No quiero esos pinches boletos.

Algo hizo mamá porque al día siguiente vi un sobre con dinero y una nota que decía: «Sí nos vamos a quedar con los boletos». La rifa se llevó a cabo una semana después. Comenzaron las llamadas telefónicas desde la escuela a mi casa. Eugenio nunca contestaba el teléfono porque temía que alguno de sus acreedores le exigiera pagar sus cuentas. Le debía dinero a cuanta persona pudo estafar. Entonces mamá negaba su existencia las diez de diez veces que llamaban buscándolo diariamente. Esta vez la secretaria de la directora del colegio quería confirmar que el señor estuviera en casa. Y mamá, como siempre, dijo que no, que no lo conocía y que ahí no vivía.

—Pero, señora, su esposo se ganó el Rolex de la rifa. ¿Está segura que ahí no vive?

Mamá le dijo a papá:

—Dicen que te ganaste el reloj de la rifa.

¿Qué? ¡Entonces diles que sí estoy! Se ganó el Rolex… Menos mal porque esto le alivió el coraje de haber tenido que pagar los boletos. Le costó algo así como mil pesos de ahora y lo usó durante los siguientes diez años. *Not bad.*

La Tita Martita. La mamá de Eugenio. Nos visitaba constantemente en Cuernavaca porque su primera nieta ya venía en camino. Sí, mamá estaba embarazada una vez más. Yo siempre la veía embarazada, ahora de su cuarta descendiente, que sería la segunda en ser planeada, o sea, *fifty-fifty* en el control natal. En una de las visitas, la Tita nos veía con curiosidad a mis dos hermanos y a mí, como animalitos silvestres. Intentaba catequizarnos contándonos cuentos sobre la Biblia y la infancia de Jesús porque ella era muy, muy, muy devota. Tejía calcetines de estambre para regalarlos a los pobres en Navidad. Preparaba dulce de cajeta envinada con nuez para venderlo y reunir fondos para el dispensario de enfermos de la Iglesia Católica de Coyoacán, que se llamaba ni más ni menos que Barrio del Niño Jesús. Iba a misa todos los días y era prima del padre Marcial Maciel. En Navidad, todos y cada uno de nosotros teníamos que arrullar al Niño Jesús antes de abrir los regalos, un momento que me parecía eterno. Cuando había algún problema, decía que iría a rezar el rosario para resolverlo todo. De ahí que viera la unión de su primogénito y una señora divorciada con tres hijos como una aberración, un acto que debía evitar a toda costa. A mi papá Eugenio le importaba un cuerno la opinión de su madre en ese tema, así que seguía siendo el proveedor de la casa, y estaba feliz de esperar un bebé con mamá. Lleno de ilusión, ganaba peso a la par que ella comiendo tacos, panuchos, pozole, fabada y demás platillos que mi agüela preparaba al dueño y señor del hogar. Solo que el dueño y señor era astuto y a veces omitía pagar algunos servicios en la casa, como el de la luz. Mandó a colocar un "diablito" como *bypass* para alterar la lectura del consumo de energía. Mi agüela y yo sabíamos que al prender la bomba hidroeléctrica y usar varios electrodomésticos o la televisión al mismo tiempo podíamos hacer que los fusibles estallaran por la sobrecarga, y corríamos peligro de quedarnos sin luz toda la noche. También culpábamos al dichoso "diablito" de alterar constantemente el flujo y la estabilidad de la corriente eléctrica de la casa.

Una noche, mi agüela —que no era nada católica—, la Tita y yo veíamos un programa de variedad en televisión. Sentadas en el comedor escuchamos un tronido fuerte como aviso a la inminente pérdida del suministro eléctrico en toda la casa. Mi agüela y yo, fastidiadas, dijimos al unísono:

—Seguro es el diablo.

Y la Tita, horrorizada, nos dijo:

—Ay, nooo, ¿por qué dicen eso? ¡Qué miedo! ¡No anden hablando del diablo porque se manifiesta!

Mi agüela y yo no podíamos respirar de las carcajadas que nos entraron. La señora, muy preocupada, iba a la cocina a buscar una vela que pudiera iluminarnos hasta el alma. Ha de haber pensado que, además de herejes, nos hacía feliz la posibilidad de terminar en el infierno junto a Luzbel y que seguramente en algún lado de la casa habría oculto un altar para la Santa Muerte. Qué barbaridad la familia de la fulana que será madre de mi nieta, no se puede hacer nada por ellos. Condenados todos.

# Capítulo X

Se acercaba el nacimiento de mi tercera hermana. La familia de Eugenio quería tenernos cerca, así que comenzaron los viajes de ida y vuelta desde Cuernavaca a la Ciudad de México. Cada quince días pasábamos el fin de semana en casa de los Titos, donde hacían comidones de treinta personas o más, y papá se servía las cubas bien cargadas. Me enseñó a servírselas y me las pedía "pintaditas", o sea puro ron con hielo y un chisguete de Coca Cola. Para la tarde-noche mi mamá y yo, como siempre, quedábamos aburridísimas escuchando la pachanga y las carcajadas de los borrachos, el que más, mi papá. Conforme se iba yendo la gente, mamá tendía unas camitas sobre un colchón inflable. Mis hermanitos y yo nos acostábamos a dormir ahí. Mamá ya estaba molesta y pronto se escucharía el pleito entre ellos, que se solía detonar al finalizar cualquier fiesta donde hubiera alcohol. En esos momentos yo quería inútilmente cerrar los oídos, escapar de la conciencia y no escuchar todo lo que se gritaban. Lo que me recuerda algo que dijo Javier Marías: «Los oídos no tienen párpados, es el único sentido que no puedes bloquear».

A veces mamá y papá salían, y nos dejaban al cuidado de los Titos en su casa. Yo trataba de vigilar a mis hermanos para que no rompieran o destruyeran algo, eran muy inquietos. Al principio no me encantaba quedarme en esa casa, pero luego descubrí que la Tita era una señora buena que nos iba tomando cariño y, como siempre fue muy compasiva, nos daba amor y buenos tratos. Sus ojos azules se mojaban como los míos al hablar de algún tema trivial que le daba alegría. Eso nos pasaba constantemente, y solo a nosotras. Me enamoré de su risa. La imitaba y trataba de fundirme con ella y sonar familiar, en el intento de que me adoptara inmediatamente. Llegué a desear que fuera mi abuela consanguínea, y la quise mucho. Su cumpleaños coincidía con el mío y más de una vez lo festejamos en compañía de nuestro familión. Decían que éramos las sensibles Piscis, pero ella no creía en esas cosas.

Por fin llegó el nacimiento de mi primer media hermana y, con el nacimiento, el bautizo. Yo le digo hermana igual. Como mi rebeldía seguía estando presente, decidí que no usaría vestido ni zapatos de tacón para la ceremonia, sino una camisa holgada y *jeans* combinados con zapatos bostonianos color café. Relamida hacia atrás con una cola de caballo, parecía todo un *gentleman*. Mamá me dejaba ser, quizás para darme algo de felicidad y curarse algunas culpas, o quizás para retardar más el florecimiento de una joven que podría recordarle su edad y su realidad en un cuerpo que envejecería tarde o temprano. Eugenio se limitaba a gritarme:

—¡Pareces dodo caminando así de jorobada, y mira nomás que patotas se te ven con esos zapatos horrendos!

No, no me cambié de ropa y en las fotos salgo con un *look* muy similar al de mi papá biológico: seria, los ojos tristones, *jeans* y cola de caballo como solía usar él. Todas las demás mujeres iban de vestido.

Mi cuerpo empezó a crecer rápidamente, aunque no por mucho tiempo. Me quedé chiquita y apenas alcancé el metro sesenta y uno de estatura. Pronto comencé a sentir que la torpeza se instalaba en mí. Eugenio decía que mi cerebro no registraba el nuevo largo de mis brazos ni mis piernas y que por eso tiraba todo. «¡Cómo eres torpe!», y me abucheaba cuando tiraba algo. «¿Eres mensa, o te haces?». Ahora me considero algo parecido a un Mr. Bean mezclado con Goofy. SIEMPRE se me caen las cosas. Cuando las recojo, tiro otras mientras se me enreda la bufanda que ya ensucié con el líquido que derramé en el piso, y que ahora quiero limpiar con el pie porque tengo las dos manos ocupadas con objetos que vaya a saber por qué estoy cargando. Así empecé la adolescencia, torpe, pero con iniciativa. Alguna vez que fuimos con mis hermanos a McDonald's, papá me encargó llevar todos los refrescos a la mesa. Claro que en mi cálculo mental no contaba que serían seis refrescos de litro y medio por los vasotes en que los servían. Al ver la gran charola me sentí temerosa, pero decidí que podría hacerlo. Sobre todo, no quería desobedecer a Eugenio. Cargué con mucho trabajo la pesada bandeja, me sentí como malabarista, di algo así como medio paso y me tropecé tirando los seis refrescos al piso. Todo el McDonald's se paralizó y volteó a verme. Silencio incómodo. Cuando volteó papá a ver el desastre, gritó:

—¡Ash! Ya tiraste todo, ¡qué tonta eres!

¿Por qué no me tragaste, tierra? El empleado del mostrador, que escuchó el regaño, detectó que yo estaba a punto de llorar y rápidamente le dijo a Eugenio:

—No se preocupe, señor, los refrescos tienen *refill* sin costo adicional; ahorita se los llevo a su mesa.

Igual me quedé sintiéndome tontísima el resto de la tarde o el resto de la vida, no sé.

Pertenecía más al equipo de los adultos que al de los niños porque yo ya no me metía a los juegos desde hacía al menos cuatro años. Cuidaba a mis hermanos para que no se lastimaran. En esa época no había celulares inteligentes ni aplicaciones que me distrajeran como para quitarles el ojo de encima. Marie, la bebé, aún era mini —tenía como dos meses de nacida—, y no participaba de esas actividades. Mamá decía que tenía reflujo y que no podía descuidarla porque corría el peligro de ahogarse con su propio vómito.

Yo sentía que esa bebé, mucho más que una muñeca, era como mi primera hija. Por supuesto, ya no me gustaban las muñecas, pero esa cosita chiquita me parecía muy linda y me daba mucha ternura. Pronto mamá me permitió ayudarla en sus cuidados. No podía bañarla sola, pero sí ayudaba a enjabonarla y a cuidarle el ombliguito, que algún día se iba a desprender solo. Eso sí, era algo chillona. Sumamente demandante.

Aunque bastaba ponerle la mamila en la boca y el asunto quedaba resuelto.

Una noche que estaban de visita en Cuernavaca la Tita y la hermana de Eugenio, los adultos decidieron salir de paseo y dejarme al cuidado de los niños. Yo no tenía más que doce años y me encargaban a tres niños. Una de seis, uno de tres y una de dos meses con reflujo. Recuerdo que las palabras de mamá al irse fueron:

—No la puedes acostar boca arriba porque se puede ahogar; si lo haces, que sea de ladito. En media hora se despierta y le toca su biberón. Después del biberón hay que sacarle el aire, no una, sino dos veces, es muy importante porque si no se lo sacas se puede ahogar y después de darle de comer hay que cambiarle el pañal.

Mi mente, obsesiva desde entonces, repetía en un orden extrañísimo: «No acostar boca arriba la mamila porque se puede ahogar, no, la niña. El pañal va de lado para que no le entre aire, ¿o era boca arriba? Se le saca la leche para que no se ahogue con el pañal. ¿Me pidió que calentara la mamila?». Me asustaba tanto la posibilidad de matar accidentalmente a mi hermana que decidí quedarme sentada y cargarla con su cabecita sobre mi hombro durante las tres horas y media que me la encargaron. Para mí pasaron a la velocidad de siete días completos con sus noches. No supe si le di de comer, ni si le saqué el aire. No la acosté y tampoco le cambié el pañal. Solo me quedé sentada comprobando que respirara y que no estuviera muerta.

Me gusta cuando viajamos en carretera. Mi mente se escapa. De la glorieta de la Paloma de la Paz a la caseta de cobro en México tenía cincuenta maravillosos minutos para pensar en lo que quisiera. Mamá ponía música. Íbamos en el flamante auto nuevo de Eugenio. Un Chrysler Phantom rojo con interiores en piel beige. A veces Mirelle y Pato se dormían, aunque Pato lo hacía de manera extraña porque acomodaba su cabeza entre el asiento de mamá y la ventana. No sé cómo lo hacía, pero dormía de pie. Esperaba que esa vez que íbamos a casa de los Titos, mamá y Eugenio no se pelearan. Ojalá no bebiera mucho. Las horas se fueron volando y otra vez me equivoqué, ya íbamos de regreso a Cuernavaca y venían discutiendo porque mamá decía que Eugenio estaba tomado y que era peligroso manejar rápido cuando se está en ese estado... yo hubiera dicho que es peligroso manejar. Llovía, cincuenta largos minutos de incomodidad para llegar a mi cama. Los niños estaban asustados. Mirelle lloraba. «Ojalá no choquemos».

Esa noche paramos a cargar gasolina. Nos llenaron el tanque. El auto de papá seguía oliendo a nuevo y al parecer se manejaba todo por una computadora oculta. Tal vez fuera una copiloto milagrosa. Yo lo único que conocía hasta ese momento eran los Volkswagen, donde todo era mecánico. Los seguros de las puertas y las ventanas ni siquiera tenían botones eléctricos. Cuando iba con mamá en su Atlantic, al bajar me decía: «Pon los seguros», y me acostumbré a hacerlo siempre. Una vez que llegamos a casa y estuvieron todos fuera del auto nuevo, tuve la amabilidad de bajar los seguros manualmente. Luego cerré las dos únicas puertas del coche y, sonriendo por mi buena acción, me fui a mi cuarto para alistarme a dormir. Se me hizo un poco extraño que las luces del auto quedaran encendidas, pero supuse que, al ser un auto tan moderno, sería algo normal, hacía todo solo. Empecé a escuchar los gritos de papá:

—¡¿Quién cerró el coche?! ¡¿Quién carajos cerró el coche?!

Mamá, sorprendida, le decía:

—No sé, todos están dentro de la casa.

Furioso, subió a mi recámara a preguntarme si había sido yo, pero habiéndolo escuchado tan enojado, ni de loca diría la verdad. Temía que me fuera a pegar, porque a Pato sí le pegaba. A mis hermanos también les preguntaron si habían sido ellos.

—¡Me lleva la chingada! Además, está encendido y le acababa de cargar el tanque de gasolina, voy a tener que ir con un cerrajero. —Eugenio se me acercó demasiado, invadiendo mi espacio personal e imponiéndose, me gritó—. ¡Donde me entere que fuiste tú, te las vas a ver conmigo!

Quedé muda de miedo. Me fui a dormir pensando que era culpable de un crimen y que no me lo iban a perdonar nunca. ¿Cómo podría

reponerles el tanque lleno de gasolina? Podría hacer panqués y venderlos en mi escuela. O hacer tareas y cobrar por ellas. O limpiar vidrios
en los altos. O echar pelotas. ¿Y si me pintaba de robot plateado y
pedía dinero? ¿Los tragafuegos se enferman del estómago? Necesitas
gasolina para eso. Ay, no.

En la dulce dinámica familiar en la que vivíamos, a mi papá Eugenio y a mí nos gustaba jugar algo que podía caer diez mil por ciento en
la agresividad pasiva, tal vez agresión completa. Nos entretenía hacerle
la maldad al otro y asustarnos. Él se escondía en cualquier rincón de la
casa de mi abuela y se quedaba muy quieto. No respiraba. Esperaba a
que yo pasara por ahí para salir de repente y generarme un sustazo. No
uno cualquiera, uno de verdad y con grito incluido. Esto comenzó a
convertirse en una competencia malsana. Yo también me ocultaba en
lugares inesperados para meterle un buen susto, pero él muy pocas
veces emitía sonido tras el brinco. Fingía no haberse asustado. Esta
dinámica hacía que anduviéramos por la casa caminando sobre cásca-
ras de huevo, como dicen los norteamericanos, o *walking on eggshells*.
Todo el tiempo con la paranoia porque el otro podía salir del cajón de
los cubiertos. De la gaveta del baño. Del cesto de ropa sucia en la la-
vandería. De la ventana en un segundo piso, con arnés claro. ¡Hasta
tenía miedo de que me fuera a salir del excusado! Mi ansiedad fue
creciendo y con ella mi malicia.

Una noche habíamos terminado de cenar y Eugenio me pidió, desde el descanso de las escaleras, que apagara las luces al subir. Yo odiaba ser la última porque debía quedarme abajo a oscuras. Corría como
alma que lleva el diablo, sintiendo con seguridad que Jason y el payaso
de *IT* venían detrás de mí. Solo tenía que voltear para confirmarlo. Al
subir escuché a papá decir:

—Ay, se me olvidó subir un vaso con agua.

¡Uy!, esto me daba una preciosa oportunidad porque él pensaba que yo
ya estaría en mi recámara. Con el miedo atragantado en el pecho y el corazón a mil por hora decidí apagar las luces. Me oculté en la oscuridad de la
despensa y me encomendé al ángel-de-la-guarda-mi-dulce-compañía.

Aguanté la respiración, agucé el oído y me dispuse a atacar como leopardo. Durante los segundos que tardó en bajar respiré profundo para poder gritar con todas mis fuerzas:

—¡Buuuuu!

Salté como "Pajarito", el toro que se brincó a las gradas, y él corrió igual de espantado que esa pobre gente en la corrida de toros. Gritó:

—¡Ayyyy, nena! ¡Qué sustazo! ¡No me hagas eso! ¡Casi me da un infarto!

Y se reía, pero lo vi visiblemente alterado. Le temblaban las manos. Fue la última vez que jugamos. Me vi subiendo al podio y recibiendo una medalla al primer lugar, vencedora absoluta de las Cabrolimpiadas.

Así me cobraba sus burlas y también lo hacía pasar ridículos en el trabajo. Era fácil. Eugenio es daltónico. No distingue la diferencia entre colores, confunde el café con el morado, el verde con el azul y adivina los colores del semáforo porque el de arriba es rojo y el de abajo, verde. Punto. Ve los colores casi tan mal como un perro, o peor. Como si la vida fuera en un solo tono. Entonces, cuando salía por la mañana a trabajar, si mamá no andaba cerca, salía apurado a preguntarme si los calcetines eran del mismo color. Mi moral flaqueaba un segundo, me aprovechaba de su vulnerabilidad y elegía los colores incorrectos. Uno morado y uno café porque me caes gordo. Uno azul y uno gris porque le gritaste a mamá.

Las películas que veía hasta esa edad eran de dibujos animados para toda la familia. Algunas con situaciones cómicas. Un enfoque rosa que mostraba la vida como algo constantemente feliz y divertido. Pero ¿cómo? ¿Dónde encajaba esa vida que teníamos? También comencé a interesarme por las películas *live action* y a verlas con mamá. Descubrí un género llamado drama. Destapé el poder curativo del llanto. La catarsis del espectador. Un día, sentados a la sala Eugenio, mi mamá y yo, nos topamos con el filme *Vida de este chico*, protagonizada por Robert de Niro y Leonardo DiCaprio. Trataba sobre un padrastro que abusaba de su condición de adulto frente a su hijastro, humillándolo, haciéndole bromas dolorosas, y maltratándolo psicológicamente. Así nomás y directo al blanco. No la vi venir. No pude contener el llanto y mamá supo perfectamente cuáles fueron las fibras que me tocó aquella cinta. Me abrazó ante la cara de disgusto de Eugenio, que no dijo una palabra y se mostró impávido ante mi catarsis. Como si todo fuera un invento mío. También, y por la misma razón, lloré a mares con *El laberinto del Fauno*, aunque esa película llegaría años más tarde.

# Capítulo XI

Todavía estamos en la séptima casa del conteo, donde vivía una leyenda mitológica, una bruja maldita y horrorosa que solo salía a la luz cuando los niños chiquitos se portaban mal. Cuando no se querían bañar. No querían comer. No querían obedecer. Vaya, cuando los niños eran niños, la bruja podía salir a su antojo. Decidí que, al ser mi primer gran personaje, merecía un nombre, decirle "La bruja" me parecía genérico y pobre. Iba a ponerle un nombre excéntrico y burlesco, la llamaría "Jeannette", como la ciudad donde nació mamá, en Pennsylvania. La terrible Jeannette obligaría a los niños a dormir al segundo, a obedecer *ipso facto* y a cumplir cualquier capricho que se me ocurriera. Jeannette surgió de una máscara espantosa que mamá me compró para un Halloween. Tenía la piel entre verde y berenjena. La cara llena de cicatrices por quemaduras de un pasado seguramente atroz, los pelos encanecidos y necios le daban el peor aspecto. Decidí tomar prestada una de las batas de mi agüela y ponerla en un gancho para que Jeannette tuviera hombros y cuerpo. Coloqué la máscara encima y mi personaje estaba completo. Luego se me ocurrió que sería en verdad aterradora si lograba que cayera como volando hacia la planta baja y que quedara suspendida del barandal en las escaleras. Conseguí un mecate largo en el taller de cachivaches trasero. La primera función sería ese mismo día. Aunque debía ensayar previo al estreno, así que probé varias veces el mecanismo y funcionó a la perfección. Solo debía esperar a que uno de mis hermanos tuviera pocas ganas de hacer caso para echarle encima a Jeannette. Casi tenía ganas de pedirles algo absurdo para poder estrenar mi monstruo, pero la venganza es un plato que se come frío. ¿De qué te vengabas, Coco? Pues de tener que cuidarlos porque mamá decía que eran mi responsabilidad.

Mamá iba a salir y me encargó a los niños. Era costumbre que a diario la ayudara con algo de los mocosos. Yo lo odiaba, pero ahora tendría a Jeannette de mi lado. Pensaba: «Ojalá mi abuela les sirva las patas o el hígado de pollo en el caldo, algo asqueroso que no se quieran comer». ¿Por qué hay sopita de pasta y *nuggets* de pollo? Sus favoritos. Demonios. Por si fuera poco, parecía que los bodoques sospechaban algo porque andaban muy obedientes. Entonces tuve que actuar. Apenas eran las cuatro de la tarde y los enanos se bañaban por ahí de las siete.

—Es hora de bañarse.

—Yo no me quiero bañar ahorita, quiero jugar otro rato —dijo Patito.

Me dije: «*It's showtime!*».

—Niños, tengo mucho miedo, ayer cuando estaba haciendo mi tarea, escuché la voz de una señora, alcancé a ver una sombra y parecía estar quemada de la cara; si deciden no bañarse y quedarse jugando, por favor tengan mucho cuidado, no se les vaya a aparecer.

—Qué miedo. ¿Estaba muy fea? —preguntó Patito.

—¿Cómo era la señora? —continuó Mirelle.

—Horrorosa —respondí—; si no quieren obedecer, ustedes saben, pero cuídense porque creo que es una bruja y busca a niños desobedientes para comérselos.

—¿Si yo te cuido a ti y tú me cuidas a mí mientras jugamos? —le preguntó Mirella a Pato.

«Esta se cree muy lista».

—Me voy a mi cuarto a estudiar. Cuídense de la bruja.

Subí corriendo las escaleras, aprovechando el lugar en primera fila que tenían los pequeños para ver el show. Mi anticipación de maldad era inmensa. Debía ser cuidadosa con mi montaje para que resultara como lo había planeado y los niños quedaran horrorizados. Solté el mecate y dejé caer el esperpento volador. Nada. Los niños estarían volteando hacia otro lado. Volví a subir a la ignorada Jeannette y esta vez lancé un anzuelo:

—Niños, ¿quieren venir a jugar?

Entonces solté el mecate. Pasó un microsegundo y se dejaron oír fuertes gritos. El llanto de ambos críos, que alcanzaron unos ciento cincuenta decibeles, rompieron todos los vidrios, ventanas y copas de la casa. La bruja iba a ser mi aliada para hacerlos obedecer cualquier cosa de ahora en adelante. Ay, cómo disfruto jugar con mis hermanitos. No con ellos, sino CON ELLOS. Podría hacer esto todas las tardes.

Salvo a Katia, veíamos poco a mis primas Balázs. A ella la veía porque vivía con su papá en Cuerna, pero no frecuentábamos a las otras hijas de mi tía Silvia. Aquella era la peor época de sus vidas: su mamá llevaba un par de años en recuperación por alcoholismo y drogas, por lo que habían quedado en vivir con su papá, también adicto, pero sin recuperación. Quedaron al cuidado único y exclusivo de las dos nanas, que fueron sus mamás sustitutas durante varios años. Vivían en un departamento en Polanco, eran dos niñas y un niño con Síndrome de Down, mi primo Soli, el que nació con alitas de ángel. Las niñas iban en una escuela pública cercana y no les ponían mucha atención. La más pequeña se accidentó a los cinco años. Mientras jugaba en su propia sala, rompió el vidrio de la ventana y cayó desde un tercer piso hacia la calle. Lo bueno fue que entre la calle y mi prima apareció el toldo de un local comercial que la salvó milagrosamente de una fractura o de algo peor. Mamá supo que las niñas estaban muy abandonadas y que en sus parrandas el papá invitaba a muchas mujeres a dormir. Las pequeñas acongojadas preguntaban si pronto regresaría su mamá. Mamá llamó a su hermana y le pidió que mandara a las dos niñas a nuestra casa para pasar el fin de semana en Cuernavaca. Lo que no sabíamos es que había epidemia de piojos entre los compañeritos de clases, así que llegaron a la casa con mucha comezón y sin ningún aviso del problema. Compartimos almohadas, peines y cepillos. Estábamos juntas todas las tardes. Como a la semana empecé a tener una comezón espantosa en la cabeza. Mientras estaba en la escuela me picaba fuertemente el cuero cabelludo con el lápiz. Quería perder la compostura, quitarme la cola de caballo y rascarme con todas mis fuerzas, pero me daba pena hacerlo. En casa era otra historia. Todas las niñas nos rascábamos la cabeza ferozmente hasta dejarnos una maraña de pelos voluminosa cual teporochas o cavernícolas. Hasta que mamá notó la conducta extraña y al preguntarme, dije:

—Es que tengo muchísima comezón en la cabeza.

La señora que nos ayudaba con la limpieza le dijo a mamá:

—A ver si no tiene piojos.

Indignada, mamá le contestó que eso era exclusivo de gente pobre. La señora, pacientemente, me tomó la cabeza, abrió una sección de cabello e inmediatamente, para horror de mi madre, apareció un negro y muy bien alimentado piojo. Abrió otra parte y saltó otro. Mis primas y yo estábamos infestadas. Mamá salió escandalizada y asqueada a la farmacia para comprar *shampoo* mata piojos que le pondría a todas y cada una de las niñas de la casa. Nos pusimos el producto. Lo dejamos reposar durante cuarenta y cinco largos minutos. Hubiera querido tener una máscara de gas en el proceso. Olía a mata ratas. Seguro mataría hasta a uno que otro perro chico.

Ese mismo día por la noche papá Eugenio se enteró del predicamento y decidió comenzar a tomarlo con humor. Como buen narciso, burlarse de la desgracia ajena lo hacía sentirse bien y sobre todo gracioso. Cada vez que pasaba frente a él me cantaba la canción de Pedro Infante que decía: «El piojo y la pulga se van a casar, y no se han casado por falta de maíz…». Me repateaba que cantara la condenada canción porque además de avergonzarme me recordaba que tenía bichos viviendo en mi cabeza, un verdadero asco. Le duró como un mes el chistecito, o más. Y siguió cantando la canción de tanto en tanto, cuando quería ponerme de buenas. Dos aplicaciones más del veneno en la semana y estaríamos libres del problema. Salimos victoriosas y sobrevivimos también a los piojos. Aunque a veces, cuando me da la más mínima comezón en la cabeza, me asalta el pensamiento de si no tendré piojos. Hay días en que todavía los siento y los escucho en mi cabeza. Nada de qué preocuparse. Ocasionalmente me comparten sus severas críticas sobre las películas filmadas por mis directores favoritos. Juzgan sin piedad las equivocaciones de los *49ers* de San Francisco porque, como yo, le van a los *Seahawks* de Seattle.

Mis primas se quedaron como un mes y medio en Cuernavaca, y mamá habló con Silvia para que mandara a alguien que las llevara de regreso a la Ciudad de México. Yo no hubiera querido separarme de ellas, pero así eran las cosas.

Mis clases de baile de jazz y danza contemporánea en Cuernavaca fueron, definitivamente, un acierto de mamá. Cada que había la oportunidad de bailar frente a alguien, solía quedar como el hombre de hojalata. Agitaba los brazos como si estuviera tratando de salir del agua. Horrible. En cambio, mi prima Katia bailaba como una ninfa y derrochaba *sex appeal*, incluso a los trece años de edad. Mamá sabía que las fiestecitas de baile empezarían pronto y, entre que le daba vergüenza verme y le apenaba mi situación, decidió investigar qué clases de baile habría por la zona. Durante un año y medio fui a menear la cadera. A caminar graciosamente haciendo *pas de bourrée*. A dar giros manteniendo la cara en un punto fijo. A deslizarme sensualmente como lagartija y a bailar casi como teibolera. Por las noches practicaba en mi cuarto el *kick ball change* y saltaba una y otra vez como en el Kozachok. ¡Funcionó! porque, al moverme, ya no parecía *white guy* en boda. No digo que me convirtiera en bailarina hipnótica de danza árabe, solo que me veía menos peor. Cuando llegó el final del curso, hubo una presentación a los padres de familia. Mamá me dio permiso de enchinarme las pestañas y ponerme un poco de rímel. Presioné tan fuerte el aparatejo rizador que me las dejé en un ángulo perfecto de noventa grados. Cuando parpadeaba las pestañas se me atoraban en el pliegue del párpado. Coco, la muñeca diabólica. Igual me sentía divina. Mamá se rio al verme y dijo que hubiera sido mejor hacerlo ella, pero que igual me veía muy linda. Además de mamá, al espectáculo fueron Eugenio, sus hermanos, esos, estos, ellas, aquellas, la Tita, el Tito y mis hermanos. En mi representación tenía a media audiencia gritando y aplaudiendo. Un familión. Bailé feliz y enérgicamente mi rap de Culture Beat. Vanilla-Ice me hacía los mandados. Mamá y papá reían encantados de ver que la pequeña estatua que una vez dejaron ahí podía moverse al fin contoneando las caderas como *femme fatale*. Aceitar al robot adolescente: *check*.

Seguía yendo con Katia a la pista de patinaje en ruedas. Todos los viernes en la tarde había lo que llamaban "Disco pista". Ponían música con las mejores canciones que yo veía en MTV (mi pasión) y se encendían las luces de colores. Era una fiesta. Cada viernes. Fiesta. Cada. Viernes. Mi prima tenía catorce años, pero como era alta, parecía de diecisiete. En cambio, yo tenía doce y parecía de once. Los más guapos siempre la seguían a ella y a mí me veían como la molesta hermanita chaperona. Katia, siempre a las vivas, me mantenía cerca para que no la molestaran y yo soñaba con tener catorce años para poder ser admirada como ella. «Tus deseos son órdenes», dijo el genio que controla esta vida multidimensional. La adolescencia empezó a pegarme con tubo y comencé a sentir algunas miradas discretas, a pesar de sentirme fea.

En la secundaria había un niño que me encantaba, el mismo por el que soñaban todas las demás. Desde el primer instante en que posé mis ojos en él supe que lo amaba. Tenía apellido extranjero y era de piel morena, con ojos oscuros como el abismo en el que me quería perder. Cejas pobladas y bien definidas. Flaquillo. Con una boca llena de hermosos dientes blancos. Su sonrisa y dulzura conquistaban a cualquiera; sin embargo, él mantenía su personalidad tímida e introvertida. *Introverts, my favorites.* Me descubrí escribiendo su nombre en la parte trasera de mis cuadernos, haciendo corazones con plumones de diferentes colores y ensoñando un noviazgo de película. Conjuré a la luna e hice hechizos de amor inocentes; velas blancas, azúcar y moño rojo incluidos. ¿Qué se sentirá dar un beso? ¿Será tan lindo como aparece en la tele o será baboso y me dará asco?

—Coco, ¿dónde descubrieron los primeros vestigios de arte paleolítico? No estás poniendo atención, deja ya esos plumones.

Está bien, ya cerré el cuaderno, dinosauria. ¿Y si un beso era algo muy dulce? Yo no quería que nadie me tocara la lengua, guácala. Solo un piquito. Un «me gustas y quiero ser un poco más que tu amigo». Quería un novio de manita sudada y lo quería para ayer.

Creo que José Berkley comenzó a notar que lo veía con curiosidad o más que eso. Ya dijiste su nombre, tonta. No importa, fue hace cien años. Yo, en primero, él, en tercero de secundaria. José también iba a la pista de patinaje con sus amigos y nos veíamos ahí seguido. Alguna vez habíamos cruzado dos o tres palabras y yo sentía que ya era hora de ponerme el vestido de novia. En la escuela me sonreía y me hablaba como hacen los que van dos grados más arriba, derrochando *coolness*. Por la diferencia de edad y al provenir yo de una escuela de monjas, definitivamente lo consideraba un amor prohibido, como cantaba Selena. Ahí descubrí que la transgresión me encantaba (lo sigue haciendo).

Los viernes huía de o perseguía en patines a eso que parecía un primer amor platónico. Las luces se apagaban. El ambiente se tornaba idóneo para propiciar un *baby romance*. Y José se me declaró. Gracias al todopoderoso eso ya no se usa, pero en el momento lo sentí como fuegos artificiales explotándome dentro del pecho. En la pista de patinaje, con la mejor canción de Guns and Roses, José me besó. Aunque al acercarse casi tira la mesa y la distracción me quitó un poco el encanto. No sentí el relámpago interno ni levanté la patita hacia atrás. Fue como darle un beso a mi brazo. Nada especial. Aunque los besos que le sucedieron me fueron enganchando bien y bonito, pero esos solo se dieron en mi mente. El lunes a las ocho de la mañana cortó conmigo. Luego me enteré de que lo hizo porque no "aflojé". ¿No aflojé qué? ¿De qué hablaba?

—No abriste la boca y no dejaste que te tocara.

Entonces eso quería. Rómpeme el corazón y me tornaré de hielo. El duelo me duró una fracción de segundo o menos. Después ya lo veía con cara de Beavis o Butthead, todo el día pensando en senos y sexo, un adolescente.

En la parte trasera de la casa de mi agüela habilitaron un gimnasio para mamá y Eugenio, los dos jóvenes y vanidosos. ¿También dije narcisos? Ella tenía veintinueve años y él veintiocho. Por las mañanas mamá se subía a la caminadora y corría un rato, luego hacía pesas y salía empapada de sudor de aquel cuartito que parecía un sauna porque el techo era para enanos. Rápidamente comenzaron a notar los beneficios y a tonificar sus músculos. Fue entonces cuando mamá descubrió su fascinación por los trajes de las cantantes de Garibaldi, el nuevo grupo en el que mi papá biológico tocaba los teclados y que salía en el programa de los domingos con Raúl Velasco. Paty Manterola y Pilar Montenegro salían con micro-shorts negros, tacones que daban vértigo y escotes con soportes que hacían más que evidentes sus implantes de seno. Mamá incluso llegó a ir por mí a la escuela llevando uno de esos provocadores *bustiers*. Yo estaba en plena adolescencia y tenía ganas de sacar una toalla y envolverla para que los papás lobos de mis amigas y los maestros no la vieran así. No es que me diera pena. Bueno, sí. Me preocupaba que quedara así de expuesta. Era como ver la res colgada en la carnicería y tener a una jauría de perros hambrientos esperando el momento de que les soltara un beso, digo un hueso.

Aprendí a manejar en los Go-Karts. El freno estaba en el extremo izquierdo del coche y había que pisarlo con ese pie y no con el derecho, como se maneja en verdad un automático. Esto lo supe por primera vez sentada al volante del Datsun. Sí, el auto seguía en la familia. Lo manejaba Silvia. Nos lo prestó a Katia y a mí para dar vueltas en la parte trasera de la colonia. Katia con trece y yo con once años. Cuánto poder y cuánto miedo daba tener el control de esa máquina pesada, semiveloz, que a veinte kilómetros por hora me hacía sentir como si viajáramos a cien. Había que esquivar baches y frenar en los topes. De milagro no le pasamos el coche encima a nadie. Una vez más tenía sueños de emanciparme. Cuando iba al mercado con mi agüela, nos llovían las mentadas de madre, claxonazos, señas de personas molestas que seguían a la septuagenaria en sus acostumbrados quince kilómetros por hora. Me daban ganas de decirle: «¡Dame ese volante, anciana! Lo haré mejor que tú, no se necesita mucho». De la vergüenza terminaba agachándome y escondiéndome en el asiento. Cuando logré coordinar el movimiento del volante, el acelerador y el freno, le pedí a mamá que me dejara manejar el Phantom de Eugenio. Claro, pasaron dos años entre el ensayo con el Datsun y el día en que finalmente me dejaron manejar el flamante deportivo rojo. Tenía trece años. Quería demostrar que era merecedora de la confianza de mis papás. Que podían prestarme el auto cada vez que quisiera para salir de casa. Pero ellos tenían planes más elaborados. No tardaron en enseñarme a manejar bien en avenida Domingo Diez, de arriba para abajo y de abajo para arriba. A poner la direccional para dar la vuelta. A ver los espejos. A calcular la velocidad de los otros automóviles para no embarrarme en ellos. Así llegó el momento de decir que ya sabía manejar... era una falsa libertad, pero libertad al fin. Poco sabía entonces que en verdad estaban capacitando al nuevo chofer de la familia para recoger y llevar a los niños desde y hasta donde quisieran. Venga, una esclavitud más, pero a esta me metí solita y por gusto.

El auto que nunca manejé fue el vocho recortado de Eugenio, al parecer algún cliente le pagó con el curioso coche que parecía recién salido de una caricatura. Era diminuto y también descapotable. Verde botella. Llamaba mucho la atención en la calle. Eugenio me invitaba a hacer encargos con él y otras veces me llevaba "a trabajar" porque sabía que yo disfrutaba mucho subirme a ese cochecito. Me decía que un día sería mío y que él me enseñaría a hacer los cambios con palanca. Yo disfrutaba sentir el viento en la cara, escuchar los CD de papá y sentir las miradas de todos alrededor. ¿Qué habrá sido de ese auto?

# Capítulo XII

Al pasar a primero de secundaria la población de mi salón de clases disminuyó abruptamente. La mitad se cambió de escuela porque la secundaria Discovery School apenas tenía una generación de conejillos de indias. Se contaban tres niñas en mi clase. Tres. Y como diez niños. Empecé a volverme algo ñoña y estudiaba, sacaba buenas calificaciones. En parte era porque hablaba poco y eso hacía que pusiera atención. Ya no sacaba malas notas en conducta. Era la primera en llegar a la escuela (así decidió su ruta el transporte escolar), lo que me daba tiempo de hacer las tareas y de repasar un poco para los exámenes. Nos daban Historia del Arte, que me encantaba, y Matemáticas, que no tanto. Mi profesor de Matemáticas siempre me preguntaba por mi mamá, y específicamente si era la que usaba el *body* con *bustier* —sí, la de los senos en la garganta—. Me chocaba, porque secretamente me sentía atraída por él, pero mamá siempre sería más bella que yo. Sí, seguía sintiéndome fea, y el hecho de tener una mamá coqueta, arreglada y joven no me ayudaba en lo más mínimo. Además, ella tenía un programa de radio en Cuernavaca y algunos la catalogaban de *celebrity*. Por supuesto, el profesor de Matemáticas se declaraba su fan absoluto, junto con el electricista y el chofer del transporte escolar. Simplemente les gustaba a todos, al menos a los de mi universo.

Llegó el día en que la directora de la secundaria notó que los estudiantes éramos unos bultos para exponer ante el público. Tuvo la brillante idea de someternos a todos a la tortura de hablar frente a cincuenta adolescentes y unos cuantos adultos. Nos propuso hablar de un tema específico durante veinte minutos para demostrar nuestra profunda investigación y pleno conocimiento del contenido de nuestra elección.

—Mamá, por favor, ayúdame. No sé qué voy a exponer. La mayoría de mis compañeros ya tiene tema. Debe ser algo que me interese para que investigue con gusto y pueda hablar largo rato.

—Hazlo de superhéroes, que te encantan.

—No, debe estar relacionado a la ciencia. No puede ser fantasía. El profe de mate me pidió que mañana sin falta le lleve mi selección.

Tenía un mes para prepararme, pero ya se había esfumado una semana. Mamá siempre fue creativa, sobre todo si se trataba de quitarse de encima a alguno de sus hijos. Dijo:

—Investiga sobre hoyos negros.

Al principio pensé que estaba bromeando. Sospeché que me daba algo parecido al té-de-tenme-acá o veaversiyapusolamarrana, poniéndome a investigar sobre algo inexistente. Pero también me dijo que Stephen Hawking había publicado libros al respecto y que todo se originaba en las estrellas. Si quería saber más, me compraría libros sobre el tema. Recordé cómo de niña me encantaba ver las estrellas con papá y preguntar por los planetas, el polvo estelar, los cometas y todo lo relacionado con el espacio. Le pedí que me llevara al Sanborns y compramos un par de libros. Leí atentamente. Me hipnotizó. Leí sin parar toda la explicación de la clasificación de las estrellas, su tiempo de vida, su aspecto según la edad, los materiales que contienen para poder tener combustión y el gran poder energético con el que irradian su potente luz. Confirmé lo que años antes me dijo papá sobre la distancia que su luz tarda en recorrer para llegar a la tierra. Cierto, algunas ya habían muerto para cuando eso sucedía. Leí la parte de las estrellas viejas y el proceso de fusión nuclear que desencadena la generación de los hoyos negros, que podían distorsionar incluso el espacio-tiempo. Increíble. Mi mente se descuadró, hizo "clac" y luego se realineó de forma diferente. Me hizo imaginar el infinito de posibilidades y realidades alternas o dimensiones que podríamos experimentar. Quizá no como personas, pero sí como objetos. Me enganché con el proyecto y además tenía interesado al profe de Matemáticas porque la investigación estaba relacionada con fórmulas y cosas de su materia. Quería demostrarle a él y a la escuela entera que mi tema era súper espacial, ultra revolucionario y visionario. Me sentía Einstein.

Mientras preparaba mi exposición alcancé a escuchar que mis papás hablaban visiblemente preocupados sobre algo que tenía que ver con la casa de mi agüela, donde vivíamos. Mi agüela estaba enfurecida con Eugenio por algo que él había hecho de mala fe. Se insultaban y gritaban porque intentó aprovecharse de alguna situación familiar —de la avanzada edad de uno de los copropietarios—, pero el tiro le salió por la culata. Y sonaron las palabras "perdimos el juicio". Yo, como diario quería fugarme del eterno conflicto familiar, seguí con mi lectura concentrándome en los puntos clave para la ponencia. No le di mayor importancia al pleito.

Un día, regresando de clases en la combi del transporte escolar, noté que el chofer paraba antes de llegar a mi casa. Se me hizo extraño. Cuando levanté la vista, quedé congelada. Mis ojos extrañamente comenzaron a tomar fotos. ¿Qué hace el comedor en la calle? ¿Por qué los libreros están afuera? ¿Ese es el colchón de mi cama? ¿Por qué nuestra ropa y nuestras cosas están aventadas en el piso? ¿Qué hacen esos dos policías de armas largas en la entrada de mi casa? ¿Qué demonios está pasando? El chofer se quedó igual de impávido que yo y me señaló a mi mamá, que venía saliendo de la casa. Debo haber estado pálida porque al verme mamá, me dijo:

—Todo está bien, no pasa nada. No te asustes.

Odiaba sus mentiras protectoras. «¿Cómo que no pasaba nada? ¿Por qué las cosas están en la calle? ¿A dónde me llevas? ¡Necesito mis libros y mis cosas de la escuela para mañana! ¿Por qué nos estamos yendo a casa del vecino? ¡De verdad, necesito mis cosas!». Demasiadas preguntas. Ninguna respuesta realista. Al parecer, mi cerebro registró poco ante el trauma porque solo recuerdo que comimos un pollo rostizado, ya frío, en casa del vecino. Mi hermanita de meses estaba en una mecedora encima de la mesa junto al pollo. Mis hermanos Cortés y mi agüela desaparecieron, se esfumaron, ya no son parte de esa película. Horas después el vecino y mi papá ya estaban agarrando con ganas la borrachera. Y ante la sombría plática de sobremesa de los adultos, decidí salirme al garaje de diez metros cuadrados a estudiar mi presentación. Hablaba y caminaba, hablaba y caminaba. Una vez más, la escuela iba a ser el ancla que me daría la estabilidad que faltaba en casa, la certeza de que había un plan y ese plan era exponer. Sí, al día siguiente era mi exposición de los hoyos negros y decidí refugiarme una vez más en los libros para desaparecer del mundo. Fantaseaba con que ahí mismo apareciera un hoyo negro que me permitiera escapar de esa familia caótica con constantes problemas desproporcionados. Una familia capaz de producir su propio Big Bang al menos una vez al año. Su potencial para generar caos era infinito.

Mi exposición salió bien, logré hablar con soltura y vencer el miedo escénico, que era el principal objetivo de la asignatura. Nadie en mi escuela supo que nos habían desalojado y que ni esa noche ni las siguientes teníamos dónde vivir. Eso sí, se me quedó instalado el gusto por las historias de ciencia ficción y la fijación de imaginar mi vida en dimensiones paralelas. Los hubieras. De ahí, la curiosidad por saber si hay vida en otros planetas. ¿Cómo se vería mi *doppelgänger* marciana?

Dormimos algunas noches en un hotel y luego nos llevaron a la que sería mi octava casa. Era bastante bonita y nueva, con una arquitectura tipo colonial moderno. Tenía columnas anchas y algunas paredes pintadas de color durazno deslavado y un jardín en el frente. La colonia se llamaba Lomas de San Antón, en Lomas jodido de Cuernavaca; si no ganaba el concurso de colonia jodida, seguro lo ganaba por alejada. Con malos caminos para llegar a cualquier lugar, ninguna de las madres de mis amigas iba a querer llevar a su hija hasta ahí. La casa tenía terrenos baldíos a los lados y un riachuelo. Nuestros vecinos vivían en unas casitas hechas de lámina y corcholata… así de exclusivo era el lugar. No creo que la propiedad estuviera muy cotizada. Cuando

Eugenio no estaba en casa, mamá me pedía que cerrara bien la puerta de la entrada, las ventanas, las puertas corredizas y cualquier resquicio por donde pudiera caber un ladrón. Por las noches no se escuchaba un alma; daba un poco de miedo.

Me hizo falta un gran esfuerzo emocional para mudarme. No solo porque llegó de sorpresa, sino porque parecía que habían aventado con descuido las cajas a medio cerrar. Botaron los libros en el jardín y se mojaron con la lluvia del día anterior. Me dio mucha pena verlos tirados. Algunos estaban abiertos y a otros se les había desprendido el lomo. Una masacre. No encontramos muchas cosas. No llegó todo lo que teníamos y parecíamos pepenadores rescatando objetos útiles entre un mar de porquerías. Tendría un cuarto para mí sola, pero me daba igual, no había lugar para la ilusión en todo eso.

Mis hermanos compartían cuarto y estaban felices de haber dejado atrás a la bruja Jeannette, que seguramente se habría perdido con el resto de las cosas. Yo no andaba de humor para juegos, pero cuando entre los cachivaches apareció la máscara de Jeannette, me regresó el alma al cuerpo. Subí corriendo las escaleras para decirles a mis hermanos:

—¡Niños, niños, los vienen a saludar! ¿Cómo que no saben de quién hablo?

Pagaría por mostrarles sus caras cuando vieron la máscara. Gritaron despavoridos y salieron corriendo al jardín como ratones perseguidos por un gato montés. La risa salvándome hasta de la peor calamidad.

En los largos trayectos de la casa a la escuela y de la escuela a la casa corría mi simulación mental de los mundos paralelos. Soñaba. Me insertaba en una vida que pertenecía a mi plano dos o tres o veintitrés. Me robaba la identidad de otra persona. ¿Cuánto tiempo tardarían en cacharme? ¿Cuánto podría gozar de los beneficios sin vivir las consecuencias? ¿Qué se sentirá vivir en una colonia de millonarios? Tener el pelo perfecto y brillante, lavado con *shampoo* de importación. Contar con un chofer y un auto último modelo para ir a donde me diera la gana. Los hubieras.

México, 1994. La economía se derrumbaba. Decían que a la gente de dinero no le afectaría tanto, pero a nosotros, como siempre, sí nos pegó. Y duro. Eugenio no cerraba buenos negocios, no cerraba ningún negocio.

Ante la insostenible situación, decidieron que nos mudaríamos de regreso a la Ciudad de México porque en Cuernavaca no había buenas oportunidades. No teníamos ni un peso partido a la mitad.

# Capítulo XIII

Ya no guardaba tantas cosas en las cajas de mudanza de mi cuarto. Prefería empezar a deshacerme de lo que me estorbaba para estar más preparada ante el cambio. Menos cosas, menos que empacar y desempacar. Tampoco tenía mucha ropa. Lo único que teníamos de húngaros era el comportamiento nómada y el estigma gitano. Según los números de los adultos, no nos alcanzaba para rentar una casa, así que nos mudamos a un departamento de solo noventa y cinco metros cuadrados. Eso sí, estaba en San Jerónimo, en Avenida San Bernabé. Una colonia al sur de familias acomodadas un poco dispersas. Lo que pagábamos por el departamento nos hubiera alcanzado para algo más espacioso en una colonia de menor abolengo. Uno de mis piojos me lo dijo.

Casa número nueve. ¿Podía llamarla casa? Al parecer, sí. Allí viviríamos mi mamá, Eugenio, mis tres hermanos, mi agüela y yo. Y, de nueve a cinco, la señora de la limpieza. Ocho personas empacadas al vacío en un huevo. Una sirvienta era indispensable no solo en la escala de valores de mis papás, sino en nuestras condiciones de vida diaria. Entre el aseo y el cuidado de mis hermanos, tres mujeres y una anciana no bastábamos. Nada más nos faltaba andar en chanclas para sentirnos anexados. Había fila para entrar al baño. Todos alguna vez nos escabullimos al de la recámara principal. Menos mi agüela porque había un manojo de ajos en la puerta de la recámara que le impedía el paso a los vampiros.

Ya en la ciudad, iba a recomponer a medias la relación con mis tíos y primos Cortés. Sería distante porque mi verdadero papá ahora sí había desaparecido. Me resultaba extraño ir a visitarlos a lo que yo consideraba una mansión y luego regresar al pequeño departamento atestado de familiares y aceptar mi realidad. Los contrastes me llevaban a hacer comparaciones incómodas, dolorosas.

Si me hubieran preguntado, les hubiera dicho que estábamos bien en Cuerna y que no era necesario otro cambio, pero a mí nunca me preguntaban. Al menos no antes de tener quince años cuando me invitaron a integrar el equipo de "adultos" para la toma de decisiones del futuro familiar, pero eso viene después. A mis hermanos y a mí nos metieron a escuelas privadas de nivel socioeconómico bajo. A mamá le daba miedo meternos en escuelas públicas por miedo a que nos maltrataran o nos golpearan. Sigo sin entender la lógica porque a mi parecer los colegios baratos de pésima reputación parecían envalentonar a algunos alumnos y padres de familia para exigir prepotentemente un trato especial. O a ser descorteses y groseros. Sentían que tenían derecho a despreciar a personas que parecían provenir de un nivel socioeconómico superior, pensando que les robábamos la oportunidad a alguien que "en verdad lo necesitaba". Mi familia tenía pocos recursos, disculpe la molestia, no queríamos incomodarlo. Y sí que le dieron una buena golpiza a una de mis hermanas varios años más tarde, en la escuela secundaria diurna de Coyoacán.

En este colegio los otros adolescentes me miraban fijo. Era el primer día de clases y yo no llevaba uniforme. Para colmo me puse una camisa rosa fosforescente y mi heterogeneidad gritaba en medio del patio. Me veían raro, una vez más no pertenecía, ahora por ser demasiado "güera". Ni siquiera tengo el pelo rubio.

Mi escuela se llamaba Reina Magdalena, y me adapté porque no había de otra. Fluí, me hice amiga de una linda niña, María Elena, que me cuidaría de sentirme sola. También nos regalaría un árbol de Navidad y algunos de sus juguetes para salvar a mis hermanos de un corazón roto el 25 de diciembre de ese mismo año. En ese antro educativo aprendí albures ingeniosos, corrientes y traviesos. Son los culpables de mi incapacidad para mostrarme como una dama cuando reconozco uno en las pláticas de caballeros. Entre más habilidosos e impropios, más risa me dan. La picardía mexicana se volvió parte de mí. También aprendí a viajar en microbús. A pedir aventón. A dar trompos en auto. A manejar carcachas prestadas a toda velocidad. A comer y amar las guajolotas. A bailar cumbias. A cantar narco-corridos a grito pelado. A escribir a máquina en la clase de mecanografía. A silbar como diablero de la central de abasto o los viene-viene. A regatear por esmalte de uñas en los mercados sobre ruedas. A pedir pilón. A hacerme amiga de la marchanta y del taxista. A pedir fiado en la tienda. A caminar por las vías del tren. A andar sola desde y hacia la escuela. A caminar hasta donde me dieran las piernas a falta de dinero para el pasaje. A decir todo tipo de groserías, las mejores y las más vulgares —las que gritan en las luchas, no las de mirreyes—. A esquivar borradores y gises que nos aventaba el profe de Historia cuando no poníamos atención. A cambiar la falda por pantalón, porque el profe de Computación siempre buscaba vernos los chones. A hacer repujado en aluminio. A jugar ajedrez. A llorar la muerte de una compañera de salón que vivía atormentada por el odio de su padre. A distinguir de qué era la torta de mi compañero de banca a las siete de la mañana y a que también hay tortas de espagueti o de albóndigas (se pueden hacer tortas de todo). Lázaro se llamaba el compañero de banca que me llevaba una cuando veía que me comía la suya con los ojos. Su familia no tenía mucho y vivía lejísimos de la escuela, pero les alcanzaba para hacerme una torta uno que otro día.

Como la secundaria me quedaba a veinticinco minutos caminando y no había dinero para gasolina, regresaba todos los días a pie. Aprovechaba para tener pláticas conmigo acerca de algún acontecimiento del día. Trataba de hacer lluvia de ideas para la tarea o repasaba la última pelea familiar para planear una estrategia de manejo de control de daños. Y aunque hubiera agradecido un aventón, porque el regreso era pura subida, me gustaba caminar sin compañía, me despejaba la mente melancólica. Mamá se sorprendió mucho cuando supo que a diario cortaba camino por el panteón San Jerónimo. Le dije que me ahorraba como siete minutos de caminata y que no me daba miedo. Mis hermanitos se horrorizaban cuando los llevaba por ahí, y la última vez que intenté hacerlo el más chico dijo:

—No quiero, me da miedo. Te voy a acusar con mamá.

Si venía con ellos, caminábamos la vuelta completa, sin importarles que un paso mío eran tres pequeños pasitos de ellos. Daban toda la vuelta con tal de no ver la aparición de un muerto.

A Pato y Mirelle los metieron al Instituto Nuria, una escuela privada también de nivel socioeconómico bajo. Una tarde fuimos a una kermés organizada por los papás del colegio. Nos observaban extrañados. No sabían qué hacíamos ahí, y muy pocos nos hablaban, tal vez por miedo a que fuéramos odiosas, o tal vez simplemente porque no querían. Sin duda sentíamos cierta hostilidad. Mamá llevaba como treinta pesos en la bolsa. Vio un puesto de antojitos mexicanos y me lanzó una mirada tentadora. Propuso compartir un sope mientras mis hermanos jugaban en el patio. Los niños pegaban carreras eufóricas descargando la energía que almacenaban encerrados en el departamento. El sope de frijoles con chorizo y un refresco costaron justo los treinta pesos. Mamá lo bañó en crema, queso y salsa picante. La vi salivar. Como no había sillas nos encontramos un lugar en los escalones del patio. Mamá puso el plato a su lado y buscó en su bolsa una servilleta. En un segundo de distracción un niño pasó corriendo dando un fuerte pisotón al plato que había entre nosotras. Lo centró tan bien que casi se lleva el sope puesto en la suela del zapato. Se dio cuenta del accidente, pero no volteó para disculparse ni hizo el más mínimo gesto de arrepentimiento. Mamá quedó rígida unos instantes, viendo hacia el plato que permanecía en su lugar y luego vio al niño desaparecer. Tuve que hacer un esfuerzo para no ponerme a llorar.

Al siguiente ciclo escolar María Elena o Lena, como la llamábamos su hermano y yo, se había salido de la escuela porque sus papás decidieron que debía tener un mejor nivel para poder entrar a una buena preparatoria. Me entristeció perderla y recurrí a otra buena amiga, tres años mayor que yo: Karen. Amante y estudiante de ballet. Educada exigentemente en buenos modales, sus papás le exigían muchísimo. Ella cumplía diligentemente y, a cambio, descargaba su rebeldía usando un léxico de albañil empoderado en las horas de escuela. Simpatiquísima. Nadie se metía con ella. Me cuidaba y nos reíamos a carcajadas todo el santo día. O llorábamos juntas por los cólicos menstruales inmundos que nos acechaban, al parecer, solo a ella y a mí. Hasta nos sincronizamos en el periodo. Karen y yo vivíamos lejos una de la otra, no nos veíamos por las tardes y eso hacía que me sobraran un montón de horas. Ahí empecé con los novios.

Recuerdo la crisis de 1995 porque a menudo tenía hambre. Hubiera sido mejor conservar los tres pesos que pagaban a estas escuelas de quinta para poder comer mejor. A media tarde nos encontrábamos mamá y yo buscando en la cocina alguna galleta, pedazo de chocolate o cereal que hubiera quedado del día anterior para llenarnos la panza. Me decía:

—Tú también estás buscando algo de comer, ¿verdad, flaquita? No hay nada. —Y bajaba la mirada.

Nos resignábamos. Por eso detesto tirar la comida. Aprendí de mi agüela que con la fruta madura se puede hacer agua de sabor, postres o panqués. «Mija, invéntate algo útil, ponte creativa antes de tirarla». No sabes quién esté deseando ese pedazo de comida para sobrevivir un día más. El jamón se puede enjuagar para quitarle lo baboso. El pan, si se salpica con agua y se mete al horno, queda casi como recién horneado. El caldo de pollo, además de ser nutritivo, es rendidor, sale más rico y barato si compras menudencias y patas de pollo.

Nos dieron de comer enchiladas de mole. Pero fue grande mi desconcierto y el de mis hermanitos al descubrir que no tenían pollo adentro. Eran simples tortillas con mole de frasco encima. Tampoco tenían crema ni queso ni cebolla.

—¿No tienen nada adentro, mami? —preguntó uno de mis hermanos.

Entre lágrimas, mamá contestó que no, pero, a cambio, podíamos comer todas las que quisiéramos. Para colmo, estaba en plena adolescencia. Me comí como veinte tortillas embarradas de mole. A las dos horas ya tenía hambre, pero no había nada más de comer en casa. Nada.

En los meses de invierno pasábamos frío, porque encender el calentador consumía demasiada electricidad. Nos acostábamos a tomar el sol en el piso alfombrado del pasillo ante la mirada juzgona de los vecinos de al lado. No entendían cómo podíamos vivir tantas personas en un espacio tan chico. Los escuchaba pensar: «Ojalá se vayan pronto estos rotos».

Si salíamos al cine, solamente alcanzaba para dos boletos; por suerte mamá me llevaba a mí. No íbamos a las salas nuevas de Loreto con sistema de sonido envolvente, ni butacas cómodas con cojines ergonómicos; nos metíamos a La Linterna Mágica. Una sala sin lujos perteneciente al seguro social a la que me llevaban desde los tres años. Tampoco alcanzaba para comprar dulces ni palomitas, así que contrabandeábamos refrescos de lata y gomitas o un par de chocolates en la bolsa de mamá. Nuestro único delator serían las luces al final de la película que parecían gozar al exponernos ante el público como las únicas que bebían el refresco de cola de la marca de la competencia. Todos los demás bebían Pepsi.

A la hora de comprar ropa no tenía muchas opciones. ¿Cuál departamental, cuál tienda? No alcanzaba ni para la ropa del tianguis en Pericoapa. Ponte creativa.

—Mamá, en el mercado de avenida Toluca vi que vendían ropa usada de buenas marcas a precios más que accesibles.

Era de esperarse que las prendas no estuvieran en la mejor condición, había que hacerles ajustes o remendar uno que otro hoyo, pero el balance en mi selección de estilos era bueno. Encontré un suéter Ralph Lauren *beige* que usé hasta que se deshizo en la lavadora. Unos *jeans* Levi's de hombre que adapté a mi cuerpo con un cinturón bien apretado para no dejarlos en el piso al caminar como haría un payaso. Ingenio para resolver una infinidad de problemas y asuntos de la vida diaria teniendo unos pocos pesos en la bolsa. Pero al convivir con mis primos los ricos, volvía a repetirse la frustración al comparar nuestros estilos de vida. Prefería evitarlos. Cuando finalmente conseguía completar el look de temporada que le había visto a alguna amiga de mis primas, ya había pasado de moda. Lo que dictaba la ultimísima tendencia no se parecía en nada a lo que había adquirido en el mercado... lo de ellas era de París. En esa misma época llegó la tienda Zara a México con sus cincuenta y dos "mini temporadas" (el mismo número de semanas que tiene el año) para abrumarte con moda. Borra "moda". Nueva moda. Ultra moda. Ya no es moda. El *fast fashion*. Un absurdo al que muy pocas carteras podrían soportarle el ritmo para estar *trendy*.

Eugenio, acostumbrado a ser dueño de su negocio y su propio jefe, tomó un trabajo como gerente de una mueblería exclusiva en San Jerónimo. Los muebles, tapices y decoración que ahí vendían estaban destinados a hogares para la gente muy, pero muy rica. El dueño del lugar era homosexual y papá nunca se ha sentido muy cómodo con ese tema. Tomó ese trabajo por amor a nosotros y para poder llevar el pan a la mesa. Salía todas las mañanas muy bien vestido (como siempre ha hecho), perfumado y bien peinado. Guapo. El dueño de la mueblería tardó como dos minutos en enamorarse de él y de su trabajo. Los clientes lo amaban por su buen trato, simpatía y carisma. Las comisiones eran buenas, mantenían a una familia de ochenta hijos y hasta a la abuela. Eugenio, alguien abiertamente homofóbico, cumplió lo que para él sería una penitencia de dos años tolerando los coqueteos y berrinches de frustración del jefe.

Ya me prestaban fácilmente el auto a cambio de hacerle de chofer de los niños. Me escabullía de casa con alguna lista de encargos. Pasaba al supermercado. Compraba algo de comida.

—Mamá, me falta una goma de borrar.

—Ayer compraste una.

—Cierto, lo que me falta es un lápiz.

El Volkswagen Atlantic funcionaba perfecto, pero como era el auto predilecto de mamá, me pedían que llevara el Phantom. Ese auto ya había sido chocado alguna vez por papá en estado de ebriedad. Como no le hacían los mantenimientos (si no pagaron ni el crédito), se quedaba constantemente parado. Papá me enseñó a abrir el cofre, revisar un par de cables, hacer que sacaran unas pocas chispas, luego cerrarlo y encender el auto nuevamente. El truco funcionaba el noventa por ciento de las veces. En una de mis salidas noté que el auto comenzaba a ir más despacio. Temí lo peor. Me di cuenta de que estaba en un puente elevado de un solo carril, con tráfico por detrás. El Phantom exhaló su último aliento y se fue al cielo de los autos. Bocinas de coches. La sorpresa de los conductores al ver a una adolescente bajita de catorce años abriendo el cofre. Una mocosa responsable de resolver la situación. ¿Cuál celular? En esa época no se estilaba que una adolescente tuviera un equipo así. Estaba sola enfrentándome una vez más a los problemas de mi vida. Un joven amable salió de la fila de autos.

—¿Vienes sola? ¿Qué le pasa a tu auto?

Luego negoció con la señora que iba inmediatamente detrás mío para que me empujara y todos pudiéramos salir del atorón. Cuando la división de San Pedro Automotriz le negó al Phantom la entrada al paraíso, logré resucitarlo para regresar a casa. El chico amable me siguió para asegurarse de que llegara sana y salva. Al escuchar el suceso, mamá decidió pedirle el teléfono y, en agradecimiento, invitarlo a la comida de mi cumpleaños número quince. Un pequeño festejo. Singular, por supuesto, ya que nadie conocía a nadie. El único nexo: la festejada. El ambiente: muerto.

Como mamá estaba siempre ocupada con los niños y Eugenio trabajaba todo el día, me trataban como el tercer adulto responsable de su matrimonio. Mis obligaciones abarcaban hacer reparaciones y trabajos de mantenimiento menores. Destapar baños. Limpiar cabezales de regaderas. Colgar cuadros con taquetes y taladro. Descolgar repisas. Rellenar huecos con yeso. Pintar manchones. Encarrilar puertas corredizas de armario. Quitar mocos embarrados. Leer todos los instructivos de los aparatos electrónicos. Aprender a conectarlos y operarlos. Conseguir extensiones eléctricas con el vecino para poder usarlos todos.

Memorizar la sección de *Troubleshooting* por si la película paraba inesperadamente y los niños-zombis de la casa amenazaban con despertar de la hibernación. Prender el hidroneumático si se acababa el agua. Sacar copias de las llaves que íbamos perdiendo. Llevar camisas y trajes a la tintorería. Olvidarlos. Sacar dinero del cajero. Comprar pañales en la farmacia veinticuatro horas. Ordenar el permanente tiradero de los niños. También, ocasionalmente, hacía de valet parking.

Esa vez me ofrecí a mover el Atlantic. Había un solo garaje, y al salir de casa procurábamos que el otro auto quedara resguardado. De modo que, al echar el auto en reversa, logré moverlo de una posición transversal a una paralela a la avenida. Me quedé observando el espejo retrovisor, asegurándome de que no viniera algún microbús. Bajaban como demonios veloces echando carreras, así que, al ver la avenida vacía, aceleré a toda velocidad. Mi sorpresa fue enorme al ver que el auto giró en U para terminar estrellándose contra un poste. No había enderezado el volante. Casi atravieso el auto, y la cajuela quedó doblada por la mitad, como un sándwich. Me van a matar. Bajé en *shock*, cual androide autómata, y marché hacia el auto donde estaban mamá y los niños. Permanecí con la mirada al horizonte. Papá gritaba enfurecido, pero yo no entendía el lenguaje terrícola. Me llovieron gritos y descalificaciones, que mamá trató de aliviar alegando que yo solo era una niña. ¿"Niña-adulto" sería el término? Ni yo sabía qué era... Para mí, la línea que separaba la niñez de la adultez no solo era delgada, de a ratos era perpendicular, oblicua, luego iba en zigzag y era directamente proporcional a la suma de todas las fuerzas aplicadas en la aceleración. ¿Quééé? Dios, qué madrazo me puse, me desacomodó hasta las ideas. No, nadie me preguntó si yo estaba bien.

Mamá me prestaba su vestido de coctel favorito para ir a las fiestas de quince años. No había varillas ni escotes de por medio. Ni, la verdad, yo tenía de qué presumir. De chiffon con tirantes espagueti, color rojo quemado y pinceladas que dibujaban pétalos de flores. La tela caía divina y se movía vaporosamente al andar. Ahí me volví fan de las cumbias de Los Ángeles Azules como *El listón de tu pelo*, *Entrega de*

*amor, Cómo te voy a olvidar*, y otras sumamente sabrosas y populache-
ras. En esas fiestas sí bailaban. Los hombres giraban a sus parejas para
un lado y para el otro sin quitar la vista del horizonte. Dueños del
baile. En cada fiesta un vestido de quinceañera diferente, no se repe-
tían los colores y uno era más ampón que el otro. Nacarados, con per-
las, lentejuelas, olanes, encajes, varillas y soportes para los inmensos
vuelos y fondos de tul pesado. Todo estaba sobrecargado. Entre más
grande el vestido y más chica la cintura, mejor. El show empezaba con
un baile clásico: chambelanes, hielo seco deslizándose hacia abajo por
unas escaleras donde aparecía la princesa, quiero decir la quinceañera.
A veces había un baile sorpresa moderno en el que se podía escuchar
rap, hip-hop, pop y un poco de todo. En este último, la festejada se
cambiaba y podía salir vestida de roquera, de vampira, de monja prostituta o en licras. El contraste de vestuario era fascinante, el movimiento *kitsch* y la estética cuestionable surgió en estos guateques, estoy
segura. Una vez invité a uno de mis primos ricos y fue con un amigo.
Los tres constatamos que estas pachangas eran mucho más divertidas
que las reuniones de juniors millonarios. Me divertí y aprendí mucho
de mí país.

«Ya no quiero vivir aquí. Siempre pleitos, gritos, tensión, agresiones pasivas y otras violentas. Hace unos días vi que Eugenio intentaba
estrangular a mi mamá, o al menos la tomó del cuello violentamente
para empujarla contra la pared. ¿Cuándo podré irme de este lugar? No
soporto esto. Los departamentos de estas dimensiones no fueron pla-
neados para ocho personas. Las riñas por dinero, los reclamos ya
avanzada la noche porque papá llega tomado, las fricciones entre los
niños, el llanto de la bebé. Los pedos de mi agüela en el cuarto que
compartimos. Auxilio. Me asfixio de tanto desamor y odio. No puedo
refugiarme ni en la escuela. No pertenezco. Nunca pertenezco».

Todas las veces en que me sentí rechazada por las compañeras del
colegio, por las amigas de mis primas, por todo y todos, sentía que no
pertenecía. «Porque mis papás no tienen suficiente dinero. Porque mi
papá es músico. Porque usa el pelo largo y cola de caballo. Porque no

vivo en una zona de ricos. Porque no somos suficientemente pobres. Porque no tenemos un coche nuevo. Porque mi casa no está bien decorada. Porque tiene humedad y manchas en las paredes. Porque los muebles son viejos, de segunda. Porque mi familia no es de los Cortés ricos. Porque mis uniformes me quedan chicos. Porque mi mamá es muy joven. Porque mi mamá se viste y se maquilla como adolescente. Porque en mi casa la sirvienta no lleva uniforme. Porque apenas alcanza para su sueldo. Porque no tenemos chofer. Porque mis abuelos no son famosos, ni políticos, ni nada. Porque mis papás no tienen carrera, no tienen ni la prepa. Porque en mi baño no hay *shampoos* importados. Porque no conozco la nieve. Porque no frecuento restaurantes. Porque mi mamá a veces llega muy tarde por mí a la escuela. Porque no me dieron dinero para la excursión. Porque no vino al festejo del Día del Padre. Porque no somos de los que dan donativos. Porque no compramos en el bazar navideño a la mamá de fulanita, jefa de la asociación de padres de familia. Porque no traje disfraz en Halloween. Porque no me ponen *lunch* delicioso, sino huevo duro. Porque el huevo duro es mi favorito. Porque mis zapatos ya hablan por la suela. Porque ya me lo habían dicho el mes pasado. Porque no voy a misa los domingos. Porque mis papás son divorciados. Porque mi mamá hace anuncios en la tele y eso no es de señora bien. Porque mi ropa está vieja. Porque me porto mal. Porque faltas a tus clases de gimnasia, si no, serías mejor. Porque prefieres jugar con los niños. Porque siempre andas despeinada y con la boca sucia. Porque eres muy gritona, como que te tragaste un micrófono. Porque eres muy sensible. Porque eres muy dependiente y miedosa. Porque siempre quieres estar cerca de tu mamá. Porque no tienes papá. Porque tu padrastro toma mucho y ya se dieron cuenta las mamás de tus amigas. Porque el coche de tu mamá tiene un color en verdad espantoso. Porque no traes dinero a la escuela y porque diario pides a tus compañeras que te conviden de su *lunch* rico, como mendigo».

En esa desesperación por pertenecer y sentirme amada imité gestos, risas y formas de hablar tratando de mimetizarme con el ambiente.

Forzándolo. Empecé con la Tita Martita. Se reía pausadamente, dejando medio segundo entre cada sonido —parecía que se ahogaba—. Me veía ridícula riéndome como señora, pero lo hacía igual. Luego imité a Martha, la mejor amiga de mamá, con su risa franca. Descargaba continuas exhalaciones en tonalidad descendente, como personaje maloso. Luego a Silvia con sus risotadas y carcajadas estridentes. Luego a mi novio, que liberaba dopamina cual primate, con gritos y aplausos. Para ese momento ya había perdido mi risa original (no recuerdo cómo era y no la he vuelto a encontrar). Me caería bien ir a una escuela de risas para recuperarla. Porque el que ríe muestra vulnerabilidad y apertura, y nada mejor que hacerlo de una forma encantadora. Transparentarse con gracia. Ahora solo sé mostrarme vulnerable de un modo un poco artificial, y no importa que mis carcajadas no sean aceptadas en las altas esferas de la sociedad mexicana. Me río de mí y conmigo.

# Capítulo XIV

Un día decidí que el novio que tenía no me gustaba tanto y que quería andar con su mejor amigo. Quería gustarles a todos (un comportamiento probablemente inapropiado y que a veces adjudico, sin razón, al abuso sexual del que fui víctima en la niñez. Hay que gustarles a los hombres). El cambio de modelo me sentó bien, pero al exnovio no tanto, y menos al amigo en común que tenían los dos. Uno al que nunca pelé y me caía gordísimo por narciso. Un "sangre pesada". Le ardió mucho mi desaire, tanto que confabuló una masacre en mi contra. Un día, mi nuevo novio con el que me la pasaba bien, al que sí quise y consideré un excelente amigo, sin aviso, decidió cortar la relación. Pero, si estábamos bien, ¿qué pasó? No entendí nada y me dejó mis primeras cuarteaduras en el amor. Todo era obra del tercero rechazado. Lo convenció de dejarme de hablar y manipuló a los compañeros del salón para que me aplicaran la ley del hielo. «Por puta», decía. En concreto: por no ser lo *suficientemente* puta como para andar también con él. Tenía el ánimo por el suelo y la pasaba mal en la escuela, peor que nunca. Pero lo que desbordó el tinaco de lágrimas fue la aparición de los tres chamacos afuera de mi casa gritando:

—¡Sal de ahí, zorra!

—No eres más que una puta.

—Sal, puta.

Me atormentaron con sus barbaridades. Se pasaron de sinvergüenzas y me hicieron llorar a mares.

Mi mamá me vio desconsolada, escondida detrás de la cortina del ventanal, y decidió contarle el episodio a Eugenio. Uy, alguien osó molestar a uno de sus pollitos. ¡Se enfrentaría con el mismísimo demonio! Al día siguiente, Eugenio se presentó a primera hora en la escuela, portando uno de sus mejores trajes, zapatos impecables y el Rolex de la rifa. Siempre guapo; entró como príncipe al colegio. Pidió hablar con la directora. Me mandaron a llamar a mí y al nuevo exnovio, que me gritó de majaderías. Eugenio empezó hablando tranquilo, con la compostura de un embajador en asamblea de las Naciones Unidas.

—Tú estabas saliendo con mi hija, ¿no es cierto? Y ahora la estás molestando, ¿me equivoco? Eres tú el que tiene la sádica costumbre de mortificarla todos los días, y por tu culpa regresa llorando de la escuela.

El muchacho permaneció callado, con la hombría atorada en la garganta. Eugenio lo vio en silencio, con esa larga mirada de pistola que puede aterrar hasta al más valiente. El chico palidecía por segundo. Entonces, Eugenio *being* Eugenio se levantó de la silla y le gritó a la directora:

—Si me entero de que este pendejo sigue molestando a mi hija, le voy a romper su madre. Te voy a romper la madre, cabrón, así que ¡no te atrevas a molestarla más!

La imagen de esa personita de dieciséis años conteniendo sus orines, esforzándose por no desvanecerse, fue un bálsamo sanador para mi alma herida. Para rematar, Eugenio gritó:

—¿ENTENDISTE?

El otro, como globo desinflado, alcanzó a decir:

—Sí, señor.

Supe que el problema había quedado resuelto. Eugenio y yo salimos de la oficina victoriosos, intercambiando miradas pícaras. La directora vociferaba cual guacamaya detrás de nosotros; poco nos importó. Al día siguiente sentí que me habían devuelto el respeto merecido, esos tres escuincles caguengues me reverenciarían hasta el final de mis días ahí. Gracias, pa.

Esa escuela nunca fue mi favorita, me avergonzaba. Mucho. Sabía que había colegios mejores, que en esta había puro vago corrido de otros lugares. Quería cambiarme a una mejor. El recuerdo de mi escuela primaria permanecía latente. Durante años tuve sueños recurrentes de mi regreso triunfante. Sentía que mi felicidad escolar había quedado interrumpida al momento de mudarnos a Cuernavaca, y depositaba en ella toda clase de fantasías. En esa escuela había puras "niñas bien", y en mis recuerdos no aparecían como frívolas ni distantes porque éramos solo unas niñas. Le conté a mi mamá mi anhelo y fui a pedir la fecha del examen de admisión. Me dieron la lista de requisitos, documentos necesarios, el costo de los uniformes, útiles, etcétera. Era diciembre de 1996. México y mi familia se mantenían apenas a flote después de la dura crisis económica. Y yo perseguía unicornios y sueños de regresar a una escuela de niñas ricas. Empecé a prepararme para ese examen de admisión, que me ilusionaba mucho. Mis compañeros de clase del Reina Magdalena me molestaban y se burlaban de que yo fantaseara con eso. «¿Cómo la ves? Dice que está estudiando porque va a regresar». Y se reían los malditos. Lo único que hacían era darme más razones para lograrlo y poder restregárselos en la cara por conformistas y *losers*. No me consideraba particularmente especial o valiosa, pero sabía que lo peor era no hacer el intento.

Presenté el examen y escribí una carta muy emotiva en la que exponía mis razones para volver a mi antigua escuela. Hablaba de lo feliz que estaría de encontrarme estudiando otra vez ahí. De recuperar a mis amigas. Mi inconsciente demandaba aquella estabilidad que una vez tuvo. Semanas más tarde llamaron al departamento, pidieron hablar con mi mamá. Aprobé el examen, pero salí baja en matemáticas. Y cómo no iba a salir baja si me agarré el *Álgebra de Baldor* y lo leía tratando de memorizar fórmulas convencida de que sería autodidacta a pesar de no entender un carajo. Tales eran mis ganas de salir adelante. Mamá sabía lo que esto significaba para mí, así que pagó clases particulares con una maestra del colegio para ponerme al corriente. Volví a presentar el examen. Lo logré. Pasé. Estaba dentro. Mi felicidad era la de una joven que había sido aceptada en Yale o en Harvard. No tenía idea de dónde me estaba metiendo.

Mi papá biológico reapareció con una llamada telefónica, muy a su estilo de cometa. Seguro su hermana lo habría llamado para empujarlo a que nos buscara porque en los últimos años lo vi muy poco y me dejó plantada infinidad de veces. Él buscaba el indulto y yo, una oportunidad. De mamá aprendí el arte de la manipulación, entonces le dije a papá que me haría muy feliz que me ayudara a pagar mis colegiaturas. Dijo que sí al instante, me daría un cheque para pagar los uniformes y la inscripción. Guau, esto estaba sucediendo. Fui a tomarme las medidas para los uniformes, que estaban hechos por una modista. Primer aviso de que se vendría una avalancha de gastos por objetos y necesidades caprichosas de parte de la escuela.

Año con año me ilusionaba el regreso a clases. Comprar útiles nuevos, escoger mi estuche de lápices, comprar colores en muchos tonos y sentir la oportunidad de comenzar de nuevo. Reivindicarme, empezar bien y terminar bien algo. Una de las veces que fui a comprar útiles a una papelería tipo bodega en San Jerónimo, descubrí que a lado había una pista de hielo. Recordé que me encantaba patinar. Algún día podría regresar al patinaje, aunque esa superficie congelada me fuera desconocida y resbalosa. Llegaron las Balázs de visita al departamento. Venían mis primas y la menor dijo que estaba aburrida, entonces Silvia me dio dinero y me dijo que la llevara a algún lugar divertido. Se me vino a la mente la pista de hielo de San Jerónimo. Me llevé el coche de mamá, y allá nos fuimos mi primita y yo. Nos pusimos los patines y ahí nomás, en la entrada al hielo donde piden los boletos, conocí, sin saberlo, a mi primer esposo. Muy guapo y de ojos azules, cinco años mayor que yo. Representaba a una figura protectora y amigable, justo lo que necesitaba. Nos hicimos novios a los dos días de conocernos; su codependencia y la mía eran inmensas. Nos soltamos, la primera vez, hasta tres años después. Vivimos, en total, siete años de noviazgo, yo con los patines puestos todo el fin de semana, él gerenciando las operaciones del lugar. Habría una segunda y una tercera separación que terminarían con un viaje a Europa y luego, con nuestra boda.

Regresemos al colegio de monjas. Segunda temporada, episodio uno. Primer día de clases, me puse el uniforme y me sentía emocionada y feliz, como hacía años no lo estaba en un inicio escolar. Reviví en mi mente los días felices con el atuendo azul de cuello blanco, las competencias académicas, la estudiantina, las olimpiadas interescolares, el recreo, la estructura, la estabilidad y la seguridad: todo lo que me dio el colegio en los días pasados. Sentí el éxito y la temporada de felicidad que me esperaba, mi vida estaba cambiando para bien, iba a estar mejor.

Entré a las instalaciones y busqué el salón que me tocaba. ¿Dónde estaría Moni? Muchas me reconocieron, pero no me saludaron, qué raras. ¿Por qué traían el uniforme roto y las camisas desfajadas? ¿Ya nadie procuraba portar el uniforme bien como lo hacíamos antes? ¿A nadie le daba orgullo formar parte de la escuela? Sentía que no tenían muy buena actitud. Escuchaba quejas y lloriqueos en tono sangrón, específicamente en tono fresa. Se abrazaban entre ellas para consolarse en su desgracia, con sus preocupaciones de vida mundana. ¡Ay, las cambiaron de salón y no estarían juntas, su vida nunca sería la misma! ¡Perdió su *lip smacker* de sandía, sus labios estarán partidos a medio día! «Güeeey, nos fuimos a esquiar a Vail juntas con nuestras familias. No sabes el viaje. Increíííbleeee, qué flojera estar de regreso en la escuela, ya quiero que sean vacaciones». Llevaba una hora ahí y nadie me había dirigido la palabra. El reencuentro no iba como lo había visto en mi película mental. Me topé con la que fue mi mejor amiga durante mis últimos tres años en esta escuela. Tontamente pensé que seguiría siendo mi amiga al reencontrarnos. La saludé agresivamente, con estilo del *ghetto* que había aprendido a usar en mi escuela de vagos.

—¡Hola, tontita! ¿Por qué te desapareciste? ¿Por qué ya no me buscaste?

Me barrió fríamente con la mirada.

—Tontita tú. —Y ¡tras!, cerró su *locker*.

Me dejó ahí parada con todas mis ilusiones. Las otras niñas supieron de inmediato que yo estaba sola. Eso fue un lunes. Martes, miércoles y jueves transcurrieron agriamente en soledad. Para el viernes estaba convencida de que haber regresado a esa escuela había sido un error garrafal. Nadie me hablaba. ¿Qué les había pasado en estos cuatro años que estuve ausente? La pavorosa adolescencia. Por las tardes, mamá me preguntaba cómo me estaba yendo porque había visto la expresión de gran desilusión los días anteriores. No pude contenerme y me puse a llorar.

—No llegó la euforia del reencuentro —dije—, solo puras adolescentes con sus propios vacíos y sus asuntos estúpidos que resolver. Hablando en ese tonito de niña mimada que no soporto, arrastrando las vocales como estúpidas.

Me sentía más infeliz e insegura que nunca en mi vida. Nunca voy a pertenecer aquí. No, aquí tampoco.

Mi papá llamó esa tarde gris y lluviosa de viernes para decirme que lo sentía mucho, pero que ya no iba a poder apoyarme con el pago de la colegiatura (habían pasado dos semanas desde su último juramento). Dijo que el cheque que me dio iba a ser el último y a partir de ahora tendría que arreglármelas sola. Llovía sobre mojado. Lloraba sobre mis lágrimas y la huella del abandono se tornaba al rojo vivo, dolía profundamente; me sentía como bovino recién marcado con hierro. Papá no era un cometa, era un asteroide que cuando se acercaba a otro cuerpo, generaba una tremenda destrucción a su paso. En su colisión impactaba de manera desmedida y arrasaba lo poco que había logrado crecer ahí. ¿Cómo le iba a hacer? Mamá sabía que no podía dejar la escuela, era demasiado importante para mí y para ella también. Siempre decía que quería que me fuera mejor que a ella. Y para eso había que estudiar mucho. Pero, ¿quién podría ayudarme? ¿Con quién contaba? ¿Rescataría del olvido algún árbol genealógico que me convirtiera en pariente de algún rico? Necesitaba sacarme la lotería, aunque no fuera el premio mayor; me conformaba con uno que me pagara la escuela. Solo quería estudiar. ¿Dónde estaba Dios? Era un maldito, cruel, despiadado o un bueno para nada. No existía o me odiaba y por eso no me ayudaba. La más miserable de todas: yo.

# Capítulo XV

Bienvenida a la vida adulta y económicamente independiente. No importa si no estabas lista, tampoco que solo tuvieras quince años. Una nueva etapa. Complicada, llena de esfuerzos que nadie de tu círculo cercano estaba dispuesto a hacer. Pero era eso o ser una *school dropout* y embarazarte a los dieciocho años. No, *tenkiu*.

Tenía años de no salir en comerciales. Fui una preadolescente poco agraciada. Pero mi tía Gala dijo que me había puesto muy bonita, tal vez podía tener una oportunidad nuevamente. Podría ganar dinero haciendo publicidad como cuando era niña. Me tomé algunas fotos y las mandé a la agencia de talento. «Ojalá me llamen», pensé.

*Bullseye! Nailed it, madafakas.* Me seleccionaron para hacer una campaña de una tienda departamental en carteles espectaculares. Mi paga por este trabajo cubriría casi todo el año de colegiatura. Tendría ocho meses para pensar cómo conseguir las dos últimas mensualidades. Después mandé una carta al Comité de Becas de los Millonarios de Cristo. Les dije que estaba trabajando para poder pagar mis estudios y que me ayudarían mucho si me otorgaban una beca. Respondieron: «Como solo llevas unos meses en el colegio, no tenemos referencia de tus calificaciones para aprobar la solicitud, pero podemos revisar tu caso y, de ser candidata, otorgártela el siguiente ciclo escolar». Tuve que esforzarme mucho para mantener buenas calificaciones. Las materias no eran especialmente difíciles, pero la convivencia con mi familia sí. El caos era tal que me quedaba poca capacidad en la memoria RAM para ser funcional. Al año siguiente me mandaron una carta respondiendo a la solicitud de beca. Nadie abrió el sobre porque les aclaré a todos que quería abrirlo yo misma. Como cuando responden a las solicitudes de las grandes universidades en Estados Unidos. Sentí que el corazón me daba un vuelco al leer las primeras líneas. ¡Estaba aprobada! «¡Mamá, tengo la beca!». Iban a darme el cincuenta por ciento porque les preocupaba quedarse pobres y no tener cómo encubrir al padre Maciel en sus actos pederastas, pero de todos modos me pareció maravilloso. La mitad era mejor que nada. La colegiatura de mi escuela costaba casi el doble que la de una escuela privada regular. Me lo tomé en serio, me apliqué a estudiar. Aspiraba rápidamente mis alimentos por la boca para luego irme manejando a los castings en busca de trabajo. Regresaba ya de noche a hacer mis tareas para sostener la beca. Mes con mes sacaba el dinero necesario para cubrir los gastos y administraba mis inasistencias para no generarme una llamada de atención. Mes a mes, también, tuve suerte.

Por esa época Eugenio me enseñó el valor de la independencia, del trabajo y de la responsabilidad. Él veía que mi desesperación por generar un ingreso se tornaba en ansiedad. Supo que busqué trabajo en Six Flags, antes Reino Aventura, pero me rechazaron por ser menor de dieciséis años. Hasta para eso era menor. Yo me ofrecía a lavarle el coche los fines de semana a cambio de cincuenta pesos de aquel entonces, una muy buena paga. Salía con mi cubeta llena de agua, una jerga limpia y un trapo para el pulido del final. Tallaba y fregaba la pintura rojo brillante y veía cómo el agua de la cubeta iba quedando negra. Para cuando llegaba a la parte trasera, mi cubeta estaba llena de tierra. El auto quedaba medio limpio y yo empapada en sudor. Eugenio sonreía, me preguntaba si no le pondría *Armor all* a las llantas, y me daba los cincuenta pesos.

Una vez me tocó filmar un comercial de unas botanas triangulares con el grupo chileno La Ley. El vocalista era conocido por su buena voz, pero sobre todo por ser guapo. El proyecto iba a filmarse de noche. Le pedí a mi novio que me acompañara y que me regresara a casa porque no quería andar sola por la ciudad, peligrosa a altas horas. Era la primera vez que se lo pedía. Además, estaba agotada por la presión de mantener la beca, salir en las tardes a los castings y regresar de noche a hacer las tareas hasta la madrugada. Y también por aguantar el drama diario en casa. Entonces, durante la filmación del comercial con La Ley, a eso de las dos de la mañana, mi cuerpo dijo basta y me desmayé. Fue una especie de crisis nerviosa por cansancio. Al despertar solo estaba mi novio al lado mío; me miró preocupado y dijo que me recostara en el coche. Pero yo no podía irme sin más… Darían malas referencias mías y necesitaba más trabajo. Media hora de reposo y me recuperé. Como era la protagonista del comercial, a los roqueros se les antojó llamarme a su camper para que les amenizara la velada. *Lo único que me faltaba.* ¡Pues ni que fuera yo un macaco! Los mandé directito al demonio. La asistente de producción no salía de su asombro. No creía que hubiera rechazado la invitación y me insistió mucho diciendo que era una gran oportunidad para mí. Yo, en cambio, no tenía ningún deseo de vérmelas con un grupo de hombres aburridos y encerrados en un camper. ¡Para eso ya vivía apretada con siete miembros de mi familia! No necesitaba una recreación de los hechos en un espacio aún menor. No, ese cuento ya me lo sabía y además estaba cansada. Déjenme desmayarme a gusto, por el amor de Dios.

*Inception*, o el matrimonio dentro del matrimonio. Mis hermanos Mirelle y Pato siempre fueron muy unidos. Se llevan menos de dos años. Era un enlace eficiente y pequeño, en el que ella llevaba la inteligencia y él la acción a las travesuras… Incluso dormían juntos en una cama. De esas cosas no planificadas que terminaron siendo así por falta de recursos y algo de imaginación. Cien por ciento parte de la formación Balázs-Perdidas. No me invitaron a la boda, pero les hubiera dado un buen regalo. La feliz pareja iba siempre unida a cualquier lado, no veías a uno sin el otro. Entre sus juegos favoritos estaba el de sacar del librero los tomos pequeños y rojos de la colección Aguilar. Armaban caminos con puentes, carreteras y casitas para después recorrerlos con cochecitos y muñecos. Eran sus propios y espurios bloques de Lego en la escasez. Casi diario había que brincar o esquivar de alguna manera el desmadre que dejaban porque diario los sacaban y jamás los guardaban. Mamá, que llevaba toda la semana usando la misma ropa, sumida en una de sus depresiones profundas, decidió que no lo iba a tolerar más. Salió intempestivamente del cuarto gritando:

—Siempre con su pinche tiradero. ¡Ya no los aguanto! ¡Estoy HARTA de todos ustedes! ¡Me tienen hasta la madre! —Y se echó a llorar.

Las caritas de mis hermanos eran de susto y de dolor. Puedes ver instantáneamente cuando lastimas a un niño. Son tan transparentes que simplemente sabes que les acabas de hacer un corte en el corazón. Solo estaban jugando, y no sabían que mamá acababa de enterarse de un *affair* de Eugenio por una carta que recibió. Se la había mandado la amante y no solo le comunicaba eso —que era la amante de Eugenio—, sino que además estaba embarazada de él. En ese período me tocó ser la "confidente" de mamá. Todo el tiempo le decía: «Déjalo mamá, puedes meterte a trabajar como maestra y, si yo también trabajo, podemos salir adelante juntas; no mereces que te trate así».

La infeliz pareja pasó dos o tres meses separada. Eugenio, incapaz de manejar los celos pensando que mamá no lo aceptaba de regreso por estar viendo a alguien, decidió intervenir la línea telefónica. Le pidió a un investigador privado que escuchara las conversaciones y le reportara cualquier "actividad amorosa". Mamá salía ocasionalmente y usaba el teléfono para quedar con alguien e ir al cine. Pasado casi el mes sin reportes por parte del investigador, Eugenio recibió una llamada:

—Tengo algo para usted.

Lo citó en una oficina cutre con cintas de grabación que reproduciría en un aparato viejo.

—Señor Eugenio, lo que usted va a escuchar es una conversación soez, explícita. Si gusta, le sirvo algo de tomar para aligerar el susto.

—No, hombre, ponga la cinta.

Por tratarse de una actividad ilegal, el sonido no era muy bueno, se escuchaban sílabas aisladas con interferencia. Algunas palabras.

Luego, claro como el agua, se escuchó una frase recién salida de la radio erótica. Los dos hombres en la habitación abrieron los ojos de par en par. Frunciendo el ceño, se dirigieron miradas de confirmación. Los cazadores tenían al zorro. A la zorra. Permanecieron atentos. Como ráfagas, siguieron incitaciones al pecado, una más embarazosa que la otra. El investigador tenía la mirada al suelo de la vergüenza y notó que su cliente empezaba a agitarse en su asiento. ¿Lloraba? Parecían sollozos, pero al poco rato comenzó a escuchar una risa que se convirtió en estruendosas carcajadas. No entendía nada. Quizá pensó que había enloquecido del dolor al escuchar a su mujer hablándole así a otro hombre. Cuando las carcajadas pasaron a ser risa y Eugenio pudo hablar, dijo:

—Pero si esta voz no es de mi mujer. ¡Es mi hija!

Hubiera preferido no enterarme nunca de esto.

Para Eugenio todo estaba salvado. Al cabo de algunas semanas tendría largas pláticas con mamá al teléfono. Trataría de manipularla recordándole que no tenía en qué caerse muerta. Ella, ingenua, decidió creer que esta vez él sería diferente. Esta vez no habría violencia psicológica permanente. El inconsciente de mamá decidía optar por la codependencia. Pronto, él estaría de vuelta en la casa y todo regresaría a la hostilidad.

Un día mamá me dijo que estaba preocupada porque en medio de todo el caos emocional creía estar embarazada. Ay, ay, ay. Me pidió que la acompañara al doctor. Fuimos a una clínica en avenida Toluca. Recuerdo que mamá le dijo al médico:

—Por favor, dígame que no estoy embarazada. Es un pésimo momento para nuestra familia y no podemos mantener a un quinto hijo.

El doctor le hizo unos estudios y dijo:

—No se preocupe, lo que usted tiene es un huevo muerto y retenido en la matriz. Le haremos un legrado para quitárselo.

Y mamá, aliviada, quedó en regresar para el procedimiento en la cita propuesta. Un día antes del legrado decidió que quería una segunda opinión, que no le bastaba la del primer médico. Fuimos entonces con un ginecólogo, amigo cercano de la familia de Eugenio. Le hizo una serie de pruebas y nos pidió que esperáramos en el cuarto de auscultación. Y eso hicimos: esperamos con los nervios de punta. Platicando de lo bueno que fuese recibir la confirmación por un segundo médico y lo tranquilas que quedaríamos al recibir la noticia. El ginecólogo entró dando un sonoro portazo. Con la cara muy sonriente, dijo:

—Felicidades, mamá.

Silencio. Profundo silencio. Segundos que pasan para entender lo que no quieres entender. Las dos miramos un momento a la nada, luego nos volteamos a ver y empezamos a llorar. No precisamente de felicidad.

Cuando nació mi quinto hermano, el favorito de mamá (no hay ninguna sorpresa para nadie en esto), nuestra economía era, por su puesto, poco favorable. Escuchaba a mis papás decir: «Ojalá traiga torta bajo el brazo», pero creo que la cigüeña venía con hambre y se la comió. Mi hermano llegó con las manitas vacías. Rubio y cachetón, nos ganó rápidamente a todos. Como si supiera que llegó a un hogar roto y complicado, se portaba muy bien, no lloraba, era sonriente y comía lo que le daban. Su platillo favorito: frijoles negros refritos con tortilla. Amé profundamente a ese bebé cachetón y bueno. Mamá sonreía y comentaba: «Cómo me hubiera gustado que Abue Nena conociera al gordito». Mi hermana Marie, celosa por su destitución al trono le decía: «No está bonito el bordito, mamá». Y se le quedó el apodo de "bordo", "bordito", "boyito", "pichón", además de los que mamá sigue inventando con mucho amor. Tal vez, cuando llegue a los treinta años, mi hermano Eugenio tenga unos ciento cincuenta apodos.

Les costó algo de dinero reparar el Atlantic de mamá que yo había chocado, pero lo dejaron como nuevo. ¡Resurgió como Lázaro! Igual lo vendieron rápido junto con el otro auto para saldar deudas. Habría que hacerlo por medio de un coyote porque el crédito del Phantom no estaba liquidado. Querían comprar uno más nuevo, aunque el presupuesto alcanzó para uno más pequeño. Ultra pequeño. Un escarabajo. Si hubiéramos cabido todos en una carreta de albañil, seguro hubieran aceptado el canje. El vocho rojo tenía un año de haber salido de la agencia y lo compraron a la hermana de Eugenio por un precio muy barato. Siendo una adolescente prejuiciosa, no muy agradecida, me daba un poco de vergüenza que siete personas nos subiéramos al "auto familiar". Ante la mirada juzgona de las personas, mis hermanos medianos se metían en la mínima cajuela. Mamá y papá iban sentados en los asientos delanteros y yo subía con mi hermana de tres años y la silla del bebé en el asiento de atrás. Parecíamos un camión de redilas atestado de inmigrantes en versión mini. Mamá se reía y recordaba algo de un programa de televisión denigrante llamado *Pelayo* o algo así. Decía que seguro ganaríamos el concurso a la familia que mete a más personas en el auto. Pinche programa, ni lo vi, pero eso no me causaba nada de gracia. Cuando echaban a andar el auto, circulábamos por la calle y podía ver las miradas curiosas de los pilotos y copilotos de los otros coches. Comenzaban a contar las cabezas que sobresalían de los asientos e inmediatamente se reían. Yo, hecha una furia, les gritaba a mis hermanos: «¡Agachen las cabezas, otra vez nos están contando!». Con un demonio. Y más coraje me daba cuando recordaba que a mis primos hermanos les regalaban un auto nuevo al cumplir dieciséis años. Ese era el único requisito: ser candidato a una licencia de manejo para poder estrenar un auto Volkswagen del modelo que eligieran. Mis primos tenían cinco coches nuevos y relucientes estacionados en el garaje. Nosotros uno seminuevo, muy pequeño y subcalificado para las necesidades de esta familia. Yo debí haber nacido en esa casa y no en esta.

Las vacaciones de verano también las pasábamos dentro del departamento. Dos meses eternos que se sentían como seis. No había dinero para salir ni para cargarle gasolina al auto. No había parques cercanos a los que pudiéramos ir caminando y, de todos modos, a mamá solo le gustaba salir si podía gastar dinero. Ya había vendido las joyas de mi agüela, y la colección de figuras de porcelana. Nos comimos velozmente todo lo que tuviera algo de valor. En cambio, mis hermanitos no tenían problema para encontrar alternativas gratuitas divertidas. Subían pequeñas tinas y cubetas a la azotea para poder remojarse y echarse agua en un día soleado. Eran felices jugando, no necesitaban un hotel lujoso. Disfrutaban, aunque la perrita samoyedo del vecino no perdía oportunidad para dejarles caca alrededor de los flamantes jacuzzis. Podría haberse llamado *Les Miserables Inn* y lo hubieran gozado igual. No necesitaban alberca ni toboganes porque tenían la risa y las ocurrencias del otro. Eso bastaba. En esas condiciones se salpicaban de felicidad mientras que yo sentía el mismo líquido mojarme de exasperante estrechez económica y hartazgo.

En mi casa había muchos niños. En mi casa constantemente había llanto de niños. Llanto con temperatura, por malestar estomacal, por diarrea, por convulsiones, por «eso es mío», o bien llanto por querer comer más galletas. Era una preciosidad. Se respiraba constantemente preocupación. Era el estado de ánimo predominante, y si no tenías de qué estarlo, alguien, seguramente mi agüela, traía a la mesa la última desgracia mundial recién salida del horno. Lástima que no le tocó usar Twitter porque le hubiera encantado platicarnos en tiempo real del último temblor en Pakistán, del tsunami en Tailandia o del accidente nuclear en Fukushima. Nos haría un relato fascinado del número de muertos y heridos, y actualizaría los datos cada quince minutos. No fuera cosa de que un muerto menos le cambiara el sentimiento de desesperanza a una y la tragedia dejara de serlo. En esta atmósfera de calamidad siguieron transcurriendo nuestros días. Había que estar listos y en sus puestos para el próximo evento siniestro. Mamá se preparaba bien para eso. Podías oler el botiquín médico desde afuera de su cuarto. Todo tipo de medicinas: jarabes, píldoras, tabletas, pastillas de liberación prolongada, supositorios, soluciones inyectables, parches, ungüentos y más sustancias. Bien podríamos haberla llamado *"Associate Physician"*, pero le decíamos "mamá".

Mi hermano Pato se enfermó y había que darle paracetamol para bajarle la temperatura. Tenía y sigue teniendo una boca inmensa, como de tiburón ballena. Cuando lloraba se le perdía la cara, pero sabías que era él porque le conocías el tono rojo de la campanilla y la forma del paladar. Mamá estaba intranquila, no toleraba ver a ninguno de sus hijos enfermos. Quería darle sí o sí el medicamento, así que me pidió ayuda. Sorpresa que se llevó Pato al enterarse de que la medicina iría por vía rectal. No, por ahí no entraría el Tempra.

—*No way, José* —decía en su propio léxico el niño de ocho años. Empezó a gritar y a sacudirse en la cama como poseído. Los alaridos se escucharon hasta Argentina. Chillaba como si el robachicos lo quisiera secuestrar y era casi imposible ponerlo boca abajo.

—Flaquita, tú agárralo de las piernas y yo de los hombros, y luego lo volteamos a la de tres. Una, dos, tres.

Mi hermano quedó trenzado con los pies para un lado y el tronco para el otro. Gritó como cerdo en matadero. Carcajadas de las enfermeras de turno.

—No, burra, para el otro lado. Una, dos, tres.

Trenza invertida con triple mortal hacia atrás. Pobre cerdito, lo estábamos torturando y mientras tanto nosotras llorábamos de risa. Si no le quitábamos la temperatura, mínimo le garantizaríamos un dolor del nervio ciático en la adultez. Tratando de poner cara seria, mamá dijo:

—Las dos lo volteamos hacia el closet, ¿de acuerdo?

Yo no quise ver la consumación del acto y volteé la cara. El canto estereofónico del final significó no solo que la misión estaba cumplida, sino que el cerdo era buen soprano y que todos podríamos regresar al estado de penuria habitual.

Mi hermano Eugenio, quinto en la línea de sucesión, convulsionaba con solo treinta y ocho grados de temperatura. Había que estar muy al pendiente de que no se enfermara. Una pequeña fiebre podría hacer que contrajera meningitis. El pobre se ponía tieso, como con las máquinas de toques en las fiestas, cuando pierdes el control de los músculos y se te doblan las manos hacia atrás sin que puedas controlarlas. Claro, a mi hermano le pasaba esto sin las risas ni la parte divertida. Se ponía durísimo y entornaba los ojos hacia atrás.

Me acuerdo de aquella vez que veníamos en el Corsar, el auto de mi agüela. Había librado muchas batallas y tenía la misma edad que yo en ese momento: diecisiete. Le faltaban treinta segundos para ser una carcacha. Cuando le renovaron la pintura, la igualaron al mismo tono de antes. «Que no pierda el toque jodido, por favor, queremos conservarlo», dijo mamá. Noooooooo. ¿Por qué no pediste el tono original? Quedó igual de feo con un gris verdoso desgastado, habiendo podido ser gris plata una vez más. El parabrisas estaba tan manchado de resina de árbol morelense que, cuando le daba el sol, no se veía hacia afuera. En lugar de hules limpia parabrisas solo tenía los brazos metálicos. Podías rayar todo el vidrio si te olvidabas. Por suerte, las llantas sí traían aire y rodaban. Habíamos llevado a mi hermanito a consulta con el pediatra por una crisis convulsiva y regresábamos a la casa cuando nos topamos con una manifestación. Todo el tráfico por delante parado. Los autos apagados. Entonces, No. 5 empezó a convulsionar de nuevo. Mamá venía con él en la parte trasera del coche, y yo manejaba. Con lágrimas en los ojos, me dijo:

—Flaca, apúrate. Este niño está inconsciente y se está poniendo muy mal.

—No avanzan, mamá. Está todo detenido.

Llevábamos media hora en el coche y el calor de las dos de la tarde era sofocante.

—Métete al Sanborns para que le eche agua fría en la cabeza.

Lo desvestimos todo y le echamos agua del lavamanos. Recobró la conciencia, eso era bueno. Pobrecito, se veía tan agotado. Regresamos al auto, el bloqueo se quitó y logramos avanzar. Lo llevamos al Hospital Ángeles. A mamá le encantaba el lugar, como si fuera su club social. Cuando a uno de los niños le pasaba algo, elegía urgencias del Ángeles. Podíamos comer frijoles diarios o incluso no comer. Pero en la salud no escatimaba o no reparaba en cómo tendríamos que pagarlo. Lo internamos en ese lugar frío y deprimente, donde el alma debe inspirarse para encontrar la recuperación. ¿Quién quiere estar en un lugar así para sentirse mejor? Bueno, internaron a No. 5 y dijeron que habría que tomar una muestra del líquido cefalorraquídeo. En cuanto mamá escuchó "muestra" y "jeringa", salió volada de la habitación. Me pidió que le ayudara porque a ella le daban mucho miedo esas cosas. ¿Pero quién dijo que a mí no me daban miedo? ¿Mamá? Tuve que sostener a mi hermano, el menor de todos, con dos añitos de edad, mientras lloraba con la voz ronca. Vi cómo le metían una jeringa gorda y fría por la espalda. Vi y sentí que me lo hacían a mí. Me empezó a faltar el aire, quería salir corriendo, pero alguien tenía que estar y ser el adulto. Empecé a sentir mareos, y recordé que no había comido nada en todo el día. Tan pronto entró una segunda enfermera le pedí que me diera un refresco con azúcar. ¿Me ayudas a sujetar al bebé? Le di un trago al refresco, para que vieran que no las había molestado en vano. Tuve visión de túnel y me desmayé.

Desperté ya canalizada en una camilla, con mi hermanito al lado en otra. Para cualquier padre o madre la foto era horrible. Llegó mi novio al hospital, me vio canalizada y observé cómo se le fueron los ojos azules hacia atrás. Con su metro ochenta y cuatro de altura cayó derechito como regla al piso. Y ya traían el jugo de naranja, la camilla y la canalización para el tercer paciente, cuando mi papá Eugenio gritó:

—¡Este güey se siente muy bien! Se desmaya a cada rato. Párate, hombre, ya no la hagas de emoción.

Ese día aprendí dos cosas: 1) Nunca salgas de casa sin desayunar porque no sabes qué tan estresante puede ser tu día perteneciendo a la familia Balázs-Perdidas, y 2) El Hospital Ángeles no desperdicia pacientes.

Para mantener la beca de estudio tenía que buscar la manera de obtener puntos extra en las asignaturas difíciles. Cualquiera podría pensar que serían Cálculo, Física o Química, pero no. Una de las más exigentes era Literatura. Me gustaba la materia porque me abría puertas extraordinarias, pero la maestra nos presionaba bastante. Quería que realmente entendiéramos los simbolismos, analizáramos la luminosidad u oscuridad de los personajes, el arte, el drama, las figuras literarias. Buscaba que de nuestras cabezas huecas surgiera un máximo esfuerzo para adquirir un gusto genuino por la lectura. Y conmigo vaya si lo logró. Lo hice leyendo a altas horas de la noche, cuando la casa estaba tranquila, evadiendo a mi novio para poder terminar el libro de la semana. Poniendo atención en clase y escribiendo a toda velocidad los comentarios de la maestra. Memorizando los nombres de cada figura literaria. Elaborando ensayos que serían capturados en máquina de escribir una hora antes de salir a la escuela.

En alguna junta mensual de maestras, la de Literatura tuvo la brillante idea de proponer un concurso de oratoria. Las antipáticas adolescentes en la escuela no teníamos mucho interés en inscribirnos, ya que solo se apuntaban las encarriladas a estudiar Leyes o Filosofía y letras. Pero la maestra impulsó la participación ofreciendo un punto extra en la calificación final de la materia. Era oro molido y yo lo necesitaba. Como con muchas cosas en mi vida, me aventé a hacerlo sin tener la más mínima idea de cómo lograrlo. ¿Me haría pipí de nervios frente a toda la escuela? Tuve que ir en contra de mi inseguridad, y ante la certeza de ser criticada, juzgada de ñoña o confirmada como una de las raras. Preocupada por pertenecer, incluso en quinto de bachillerato. Conforme se acercaba el día del concurso sufría cada vez más insomnio. Me daban pesadillas de estar desnuda frente al auditorio y en verdad padecí la llegada del día. Cuando subí al escenario hablé con seguridad durante los diez segundos que me duraba la pila de sabelotoda y confiada. Después fui a dar un largo paseo interestelar mientras mi boca y mis manos se movían. No recuerdo NADA. Ni si quiera el tema. Solo a veces la mirada de la maestra, que me afirmaba algún acierto en mis inventos retóricos. Me dijo que, aunque no fuera el mejor discurso, tuve el valor de estar ahí parada. Regresé a mí cuando hubo unos pocos aplausos, lo que significaba que la pesadilla había terminado y tenía un punto extra en la materia más difícil en mi haber. No morí de miedo.

Así me la llevé a lo largo de la preparatoria: tratando de concentrarme en medio del caos. Queriendo estudiar con llanto de bebé en el fondo. Tratando de escribir ensayos con los gritos y pleitos de mis papás a todo volumen. Con el kínder de hermanitos en mi casa había que tener a la mano un traductor para entenderles a todos, pero sobre todo a los más pequeños:

## Breve diccionario infantil

Aba — Agua
Agüela — Abuela
Bordo — Gordo
Cavalera — Calavera
Eshe — Leche
Goronte — Grandote
Grito con alarido estridente — Dámelo
Grito con alarido estridente — No te lo presto
Guatacate — Aguacate
La lú — Prende la luz
La lú — Apaga la luz
Llanto — Quiero jugar más
Llanto — Tengo hambre
Llanto — Tengo sueño
Llanto — Tengo sed
Mamá — Mujer aleatoria, ven y atiéndeme
Mamate — Jitomate
Mash — Más
Murciégalo — Murciélago
No kelo — No quiero
Onó — No (al preguntar ¿sí o no?)
Oritititita — Ahora
Pegrada — Pedrada
Quichita — Chiquita
Recinoronte — Rinoceronte
Ti — Sí
Uga buga — Baile con giros

Mamá y Eugenio se separaron varias veces más por la cuestión de las infidelidades y luego volvieron. Él sabía que yo no estaba de acuerdo con que regresara a la casa y eso acrecentó nuestra rivalidad. Como vivir con el enemigo, aunque sin armas. Los permisos para salir con mi novio eran inexistentes. Mamá le escondía que yo salía por las tardes y me pedía que regresara temprano para que él no se diera cuenta. Los pleitos y la violencia psicológica no cedían. A mamá y a mí nos llamaba constantemente "mensa", "bruta", "burra", "par de inútiles", "buenas para nada", y se aseguraba de tenernos dominadas a través del miedo. Yo en verdad quería pasar el menor tiempo posible en esa casa. Una tarde regresó temprano del trabajo y se enteró de que yo había salido. La intuición le dijo que yo debía de estar con mi novio. Me esperó sentado en el sillón de la sala para sorprenderme con su mirada matadora. Yo sabía que seguía estresado porque no había dinero que alcanzara con siete bocas que alimentar y eso lo llevaba al límite. Al entrar me dijo:

—Siéntate.

Lo hice y sentí que se me bajaba la presión. No podía verlo a los ojos del miedo que sentía y bajé la mirada. Veía mis tenis del uniforme mientras él decía:

—Tú y tu mamá se creen muy listas haciendo sus pendejadas, creen que no me voy a dar cuenta. Vas a estar castigada un mes y no puedes ver a ese imbécil de tu novio, ¿entendiste?

—Solo salí a investigar sobre una tarea y después me invitó un helado.

—Me vale madres, no sales más.

Mientras escuchaba la sentencia subí los pies a la mesa de la sala en señal de desacuerdo. A Eugenio eso le chocaba. Con la mecha de la paciencia corta y sus zapatos boleados y bien puntiagudos, me tiró una patada en la espinilla.

—¡Ya te dije que no subas tus patotas a la mesa!

Físicamente me dolió, pero la otra herida fue peor. Me dio directo en el orgullo, en el amor propio. Subí corriendo a la azotea mientras lloraba grandes lágrimas de inconformidad y disgusto. Quizá ahí empezó la confusión. Cuando me enojo, lloro; cuando estoy triste, me pongo intolerante y exploto.

Horas después, ya agotado el llanto, me levanté del piso y me asomé a la ventana del cuarto de servicio que ocupábamos como bodega, pero que en realidad casi no tenía nada. ¡Eso es! Podía ser mi cuarto y no tendría que verlos más. Cierto, al lado estaba el cuarto de la sirvienta del departamento de abajo. Por lo demás, mucho más amable que los que vivían en mi casa. Sí, en la azotea también vivía abandonada la perrita de los vecinos, Rufina, la samoyedo que defecaba tres veces al día y cuyo excremento nadie recogía. Compartiría baño con mi nueva *roommate* de la azotea y debería soportar el intenso olor a popó de perro. No regresaría al departamento. Mamá, sintiéndose culpable de que su pareja me maltratara, me dejó hacerlo. Me mudé al piso de arriba y permanecí ahí durante ocho largos meses, hasta que nos cambiamos de casa.

No sabía esto en aquel entonces, pero mi papá Eugenio fue un joven maltratado por su padre desde la niñez. Constantemente lo agredía, lo hacía menos, lo despreciaba. Les daba clases de natación a sus hijos aventándolos al agua, sin saber nadar, al borde de la tragedia. Un día los desamparó por el simple hecho de no querer trabajar. Decidió que estaba cansado y así nomás se tiró a la hueva. No pagaría universidades ni se haría cargo de los gastos del hogar. Pasó la batuta al aire asegurándose de que sus descendientes supieran que era un hombre inconforme y resentido con la vida. Como si no fuera suficiente, se hizo de una nueva familia aplicando la mexicanada de la casa chica y la casa grande. Qué joya. Nunca más volvió a producir un quinto, y cada uno de sus tres hijos tuvo que abrirse paso como pudo, abandonando los estudios.

Fui testigo de sus constantes descalificativos con Eugenio una y otra vez. Juzgaba todas sus decisiones. No sé qué tipo de niñez habrá vivido el padre de Eugenio. *Hurt people hurt*. Viniendo de ese lugar, Eugenio no tenía mucho ejemplo para ser un padre amoroso, y el estrés por la situación económica lo llevaba a lugares oscuros. Podría decirse que su humor era parejito. Siempre de malas. Mi mamá se lavaba las manos y dejaba que él impusiera las reglas y el orden en casa. En esas circunstancias, defendiendo mis convicciones, forjé mi carácter. Mi personalidad rebelde ya estaba definida desde los tres años, pero entre los diez y los veinte me dediqué a soportar situaciones desagradables a cambio de un lugar donde vivir. Esto me marcó tanto que desde los quince años me conseguí un trabajo porque no quería repetir los errores de mi madre. Sería independiente y no bailaría al son que me tocaran. No creo que fuera mérito propio; más bien la vida me empujó violentamente como a tantos otros.

# Capítulo XVI

Casa número diez. Esta ya era casa. Eugenio consiguió un buen trabajo en un negocio de impresión en offset. Al parecer, se asoció con alguien y el dinero por fin empezaba a fluir. Cabíamos bien todos sin
estar uno encima del otro. Teníamos la esperanza de que las cosas
mejorarían y construimos buenos recuerdos en esa casa. Una corta
época feliz y próspera. Mis hermanas y yo compartíamos la misma
recámara. Tuvimos muchos momentos lindos antes de dormir. Nos
reíamos a carcajadas. La gran diferencia de edad desaparecía. Hacíamos sopas de letras, inventábamos palabras a partir de una sílaba y
decíamos estupideces divertidas. Mirelle disfrutaba de su nuevo muñe-
co de peluche parlante que decía estar hambriento. O con sueño, o que
necesitaba cariño. El mismo que a las tres de la madrugada te sacaba el
peor susto y decía a todo volumen: «Aburriiiido». Ella, entredormida,
lo aventaba desde la litera para que con el trancazo se le zafaran las
pilas y se le quitara de una el aburrimiento. Los niños dormían en otra
habitación, con un tapete de pista de autos y con todos los juguetes
que deseaban, incluido el Nintendo 64 con varios juegos. ¿Qué más
podíamos desear? Mi agüela dormía en el cuarto de servicio en la planta baja, sin lujos, pero le resultaba cómodo tener su propio espacio. Sus
juicios racistas iban a quedar solo para que los escuchara el refrigerador
y el microondas, cuánta paz. Mi mamá le dejaba el calentador prendido todo el tiempo. Al entrar, sentías los treinta y ocho grados de lenta
cocción en la que resguardábamos a la octogenaria. Le ayudaba con sus

intensos dolores por artritis reumatoide. Pobrecita. Juraría que los tormentos físicos que le cayeron al final de su vida eran una manifestación de la culpa que sentía. No se pudo perdonar nunca el abuso que soportaron su hija, sus nietas y sus bisnietas.

Y así como la felicidad que relaté duró un instante, volvieron los días en que papá llegaba gateando por su manera descontrolada de beber. Los intentos de mamá por controlarlo terminaban mal diez de diez veces. Gritos y pleitos en casa. Violencia. Los niños me veían como referencia de la actitud que había que tomar en esos momentos. Yo hubiera querido voltear a ver a alguien por encima de mí para saber qué hacer. Se inquietaban por el ambiente hostil y se portaban peor que nunca. Eugenio gritaba: «¡Callen a esos pinches niños, carajo!». Mientras más enojado, más peligraba mamá. Y yo, en un momento neurótico, le di una cachetada a mi hermanito que no se podía estar tranquilo ante los gritos. Todo mal, ¿por qué lo hice? Me miró con sus ojitos llenos de lágrimas y ahí mismo pude ver cómo se desvanecía su amor por mí. A partir de eso fue muy difícil que se me acercara de nuevo. Papá le decía cosas hirientes y malas a mamá, y se burlaba de ella cuando le pedía más dinero para pagar las cuentas. A mí me hervía la sangre de escucharlo y me encerraba frustrada en mi recámara para no enfrentarlo y empeorar aún más las cosas.

Había una rutina enfermiza, fundada en el miedo, que repetíamos casi todas las noches. Apenas escuchábamos el coche de Eugenio entrando al garaje, apagábamos las luces. Nos encerrábamos en nuestras recámaras para evitar enfrentarnos con su enojo. Un día nos agarró desprevenidos y comenzó uno de los horribles enfrentamientos con mamá. Mi hermano Pato hizo algo que llamó la atención de Eugenio. Constantemente lo golpeaba en la cabeza, lo jaloneaba y lo maltrataba. Lo llamaba "retrasado", "tonto", "imbécil", pero esa vez fue más allá de lo acostumbrado. Mi hermano, que no llegaba a la mitad de altura de un adulto, pasó frente a él tratando de llegar a su recámara. Eugenio vio todo negro en su enojo y con un fuerte impulso quiso aventarlo violentamente por las escaleras. Pato cayó al piso en el descanso y comenzó a llorar. Estaba indefenso. Por fortuna no alcanzó a rodar más abajo. Mamá se interpuso entre Eugenio y mi hermano mientras le gritaba que se metiera con alguien de su tamaño. Ella no iba a permitir que lastimara más a su hijo. Todos los niños lloraban. Desesperación. «Por favor, ¿alguien podría ayudarnos? ¿Cuándo acabará esta violencia?».

Voy a la mitad de la prepa. Acostumbraba a tener el pelo largo por debajo del busto. Quería un cambio. Decidí cortarme el pelo muy corto, tipo *pixie cut* con copete. En el fondo, lo que quería era sentir que tenía el control de mi vida ante la confusión que me rodeaba. Le avisé a mamá que saldría a cortarme el pelo. Obvio me dio el avión, lo que para mí era como un combo permiso-bendición. El estilista me hizo primero una cola de caballo, luego trenzó el pelo y después empezó serruchar la base. Le dio forma al corte y finalmente usó la máquina rasuradora para detallarme el cuello. Cabe destacar que cuando una mujer se mete máquina en la cabeza es algo así como el pecado mortal de la feminidad. Todo esto me parecía muy liberador y, sobre todo, nuevo. Salí feliz del salón de belleza y me fui a casa. Mis papás estaban viendo la tele cuando crucé el umbral de la puerta y dije:

—Holaaa.

Sus caras. Me miraban entre horrorizados y petrificados.

—¿Qué te hiciste?

—Me corté el pelo. Te avisé, ma.

—Sí, pero pensé que era un despunte.

—Bueno, problema tuyo, a mí me gusta mucho.

Eugenio empezó con sus chistes, y, recordando la película *Nosotros los pobres*, dijo:

—¡Chachita, te cortastesss tu pelo!

Risas de los dos. No entendía sus pinches chistes y me caían gordos. No había cómo darles gusto.

Después de un par de meses de defender aquella necedad de cortarme el pelo, admití que me había equivocado. Defender mis errores hasta la última instancia y justificarme hasta con los dientes. No fui al mes siguiente al despunte, ni a darle forma ni nada. Tuve que esperar el eterno proceso de crecimiento. Mis amigas me veían desesperada, así que me recomendaron un *shampoo* con chile. Llegué a ponerme huevo, aguacate y aceite de oliva, y a masajearme fuertemente el cuero cabelludo. Hasta le puse pastillas anticonceptivas al acondicionador porque, según decían, "servía mejor". Comí más proteína que nunca en mi vida. Casi me bebía el caldo de pollo en vaso con hielos como bebida refrescante durante el día. Y mi pelo seguía igual. Habían pasado seis meses. Lo poco que tenía me llegaba justo a la quijada, y me daba un poco favorecedor aspecto de luna llena. Cachetona. Me veía como el asesino que encarna Javier Bardem en *No country for old men*.

—¡Mamá, no puedo con esto! ¡Por favor, llévame a que me hagan algo en el pelo! Mañana me van a tomar la foto de la escuela y con el birrete puesto me veo fatal.

Mi prima Katia había venido de visita, nos acompañó al salón de belleza y esperó pacientemente a que terminaran de cortarme el pelo. No me cortaron mucho porque, bueno, ¡no había qué cortar! Quería entrar al salón con el pelo corto y salir de ahí milagrosamente con el pelo largo. El estilista me quitó muy amablemente el saquito que te ponen, me sacudió el pelo y me preguntó:

—¿Te gusta?

Yo, que odiaba cada día más ese pelo corto que ahora estaba más que perfilado en la quijada, me limité a asentir.

—Mamá, dale propina al señor.

Ella vio mi cara de *todo se derrumbó*, pero de todas formas le dio la propina al señor. Yo sabía que no era su culpa. En lugar de subirme a un asiento me tiré en la cajuela de la camioneta, cual actriz en pleno ataque de histeria, y me solté a llorar. Un dramóóóón. Llegaba a escuchar las carcajadas ahogadas de mi prima y de mamá. Mamá tratando de callar a Katia porque conocía mi carácter. Igual se rieron hasta que se les salieron lágrimas, y yo hubiera hecho lo mismo ante semejante sobreactuación. «La muchachita está de atar, no tiene solución», dirían los médicos mientras los enfermeros me colocan la camisa de fuerza.

Graduación de bachillerato. Durante el último año de la escuela hice dos buenas amigas con las que compartíamos una relación problemática de madre y un padre alcohólico. El día de la despedida entregaron premios de generación a cada alumna. Una presea de papel acompañada de un adjetivo calificativo del tipo "la más popular", "la más noviera", "la más floja". Fui testigo de cómo batallaron para encontrar un adjetivo para mí. Me observaban tratando de descifrar algo útil que las sacara del embrollo. Vamos, ustedes pueden, pongan "la inadaptada", "la problemática", "la solitaria". Seguro que me percibían distante y con poca conexión hacia las demás porque vivía pegada a mi novio. Terminaron poniéndome "la más sentimental". Y como al recibir el premio estaba llorando a mares, me quedó como anillo al dedo. Quizá hubiera sido más atinado ponerme "la desequilibrada emocional" o "la *looney*". Ignoraban que mi llanto provenía del gran logro que significaba para mí terminar la preparatoria. Se acababan tres años de estrés, pagando una colegiatura carísima, saliendo de casa por las tardes, estudiando de noche y filmando a veces de madrugada. Terminaba un reto que me había propuesto a los quince años y que alcanzaba a los dieciocho; en contra de los pronósticos, con una familia loca y rodeada de gente que tenía poco o nada que ver conmigo. Mamá siempre ha estado muy orgullosa de mí por ese logro. Aunque no pudo ir a la ceremonia en la que me entregaron una medalla al esfuerzo y otra a la perseverancia por tener que cuidar a los niños.

Luego me impulsó a continuar con el esquema de independencia para ingresar a los estudios universitarios. Hubiera estado padre que me alentaran a elegir la Universidad Nacional Autónoma de México, que es reconocida a nivel mundial y cuyo costo es casi nulo. Nunca podría pagar una universidad privada, ni la Iberoamericana ni ninguna otra. Elegí una especializada en publicidad y comunicación al sur de la Ciudad, el CECC Pedregal. Ahí empecé mi primer semestre a los dieciocho años. A solo un mes y medio de haber salido de la prepa, mientras mis amigas viajaban "de mochileras" por Europa. Yo no tenía ni el tiempo ni el dinero. Conocí a mis mejores amigas actuales,

Annia, Patu y Alejandra. Una simpática, siempre actualizada en tendencias de moda, estudiante de ballet desde niña, defensora de los vulnerables, algo alocada y muy, pero muy divertida. Nos íbamos a Cuernavaca y a Acapulco a ligar con hombres más jóvenes que nosotras —de pañales, supongo—. Patu, más conservadora, pero sin duda carismática y muy guapa. Me atraía inconscientemente por su parecido con mi madre, también nacida en Leo. Trabajaba como modelo para pagarse los estudios, igual que yo, y tenía —y sigue teniendo— un sentido del humor simplón. Llorábamos de risa las noches que me quedaba a dormir en su casa. Todavía lloramos juntas. A Alejandra la conocí en el último año de carrera, aunque habíamos ido al mismo colegio en la primaria. Teníamos en común la educación en colegio de monjas, haber crecido rodeada de niñas ricas y estudiar en una universidad más chica que una guardería. Fuimos concuñas. Ninguna sigue en ese noviazgo.

No tenía tiempo que perder: necesitaba conseguir un buen empleo y salirme de casa. Antes de entrar como becaria era imperioso ganar buen dinero que me alcanzara para pagar las mensualidades de la universidad. Al cumplir los diecinueve años me eligieron para una campaña de *shampoo* Pantene que saldría en Latinoamérica. El proyecto iba a filmarse en Toronto y yo debía enviar una copia de mi pasaporte para poder ser elegida en el proyecto. Casi me da un infartito cuando vi que mi pasaporte llevaba un buen tiempo vencido. Los viajes al extranjero no estaban en nuestra agenda —ni en nuestra cartera— familiar. En eso entró una llamada del Cometa Papá, quien quería saludarme después de años de no saber nada de mí.

—No tengo tiempo, debo ir a sacar el pasaporte.

—¿Cuál pasaporte?, ¿a dónde vas?

—Conseguí un trabajo.

—Cuidado, no vayas a caer en un engaño con tratantes de blancas.

—¡¿Qué?! No llamas en años y cuando te cuento que voy a trabajar en el extranjero, me dices eso. ¿Sabes?, de verdad no tengo tiempo, adiós.

Tenía que conseguir el pasaporte en un lapso de veinticuatro horas. Y lo hice. Me levanté a las cuatro de la mañana para formarme en la Delegación Álvaro Obregón y sacar turno para los pasaportes que se emiten en el día. En la foto salgo con una sonrisa inmensa por haber conseguido el trabajo y el documento a tiempo. Primera vez que salí del país a trabajar. Me dio una sensación de libertad y empoderamiento que no conocía. Llegando a Canadá, empecé a fantasear en lo que podría ser mi vida cuando descubrieran mi talento y me invitaran a vivir allá. La novia del director del anuncio me dijo que tenía una cara preciosa. Que debía incursionar en el modelaje para cosméticos. Que contactara a una agencia de modelos para quedarme allá. La idea sonaba como echa a mi medida. Escapar de la familia tóxica, irme a vivir a un país del primer mundo, ganar mucho dinero y ser feliz para siempre. Ya estaba buscando agencias de modelos en las *yellow pages* cuando una voz interior me dijo: «Te estás vendiendo una mentira. Este no es el momento para creer en cuentos de hadas. La vida puede darte un golpe bajo al descubrir que en vez de modelos te topaste con tratantes de blancas y no vas a poder salir de ese mundo ruin nunca. Tal vez el Cometa tenga razón. Regresa a México, termina de estudiar tu carrera, y agradece que tienes una familia que te quiere. Están locos, pero te dan casa y comida, no es momento de huir». Así que, en contra de mis deseos, no me quedé en Toronto de ilegal.

Fue en el tercer año de mi noviazgo que vino el primer quiebre. Llevábamos una relación *non-stop* y el cambio a estudiante universitaria trajo algunas inquietudes y curiosidades. Sería mejor tomarnos un tiempo y conocer a otras personas. Pensaba que nada podía salir mal, que solo había buenos pronósticos en mi futuro. Me invitó a salir el sobrino de una amiga de mamá. De veintiséis años, ocho de diferencia conmigo. Era diputado recientemente electo y al parecer estaba recuperándose del mundo de las drogas. ¡Qué joya! Tenía seis meses limpio y querían conseguirle una noviecita joven y buena para casarse. No sonó ni media alarma, y si sonó, no la escuchamos. El alcoholismo y las drogas formaban parte de nuestro *statu quo*; qué digo: eran nuestro *statu quo*. Además, creían que la drogadicción y el alcoholismo se curaban con rehabilitación. *Right*. Ahora todo sería mejor. Caí en el cuento de hadas, y solo bastaron ocho semanas para que el hombre en cuestión sacara al monstruo que llevaba dentro y volviera a consumir cocaína. Estábamos en una discoteca conocida en Bosque de las Lomas. Lo escuché decir que había visto a la ex novia y quería deshacerse de mí. Lo confronté y le dije:

—De una vez, terminamos.

Me persiguió hasta el baño de mujeres, me apretó de los hombros con las dos manos y me azotó contra la pared. Después levantó la mano con intención de pegarme y uno de sus amigos se interpuso. Le suplicó que se calmara. Salí corriendo del lugar y le llamé a Eugenio para que fuera por mí. La única vez que le pedí que fuera a recogerme al antro. Después me enteré de que el diputado había mandado a la exnovia al hospital por una golpiza que le propinó. Al día siguiente le conté a mamá. Ella, en una temporada de buena irrigación al cerebro, pero sobre todo de un inmenso amor hacia mí, hizo lo posible por eliminarlo de mi vida. Quería una vida mejor para su hija. Le colgó el teléfono, interceptó cartas, abrió la puerta un día que llegó de sorpresa y lo corrió. Hizo todo lo posible para redirigir mi vida hacia un futuro con mejores expectativas. Tardé seis meses en recuperarme del choque emocional. Me mandaron a terapia con un psiquiatra que me recetó un antidepresivo leve. Al parecer, se lo recetaban hasta a los niños por su efecto suave. Mi autoestima recibió un golpe bajo y mi psique experimentó una recuperación lenta. Había arribado a mi primera depresión, pero no me tomé la molestia de registrar los síntomas (por si reaparecían) y apenas continué el tratamiento durante dos meses. Después lo interrumpí por falta de recursos y de ganas. Total, ya me sentía mejor, al menos un poco. Regresó la miseria acostumbrada.

A mi hermana Mirelle le surgió la oportunidad de viajar a Disney con una amiga de la escuela. Ella tenía once años y Pato ocho. Mamá tenía muy presente que los niños Cortés no tenían pasaporte. No viajábamos al extranjero y hacía varios años que no veíamos a nuestro papá biológico. Pero los menores de dieciocho necesitan el permiso de los dos padres para salir del país, así que decidimos echarle una llamadita al Cometa para pedirle el favor. Sería solo eso: no le pediríamos dinero ni amor, mucho menos atención. No retomaríamos ninguna relación ni lo llamaríamos el próximo Día del Padre para felicitarlo. Así fue como Pato conoció a nuestro papá: en la oficina de pasaportes de Interlomas. Más romántico, imposible. La incomodidad era tal que nadie sabía qué hacer ni dónde meterse, si hablar o callar o reír o simplemente desaparecer.

Ahora que vivíamos en casa yo quería un perrito con toda mi alma. Llevaba años enamorada de los *schnauzer* miniatura desde que vi uno en Cuernavaca. Mi novio (había regresado con el novio de siempre), en etapa de sorprenderme y hacerme feliz, me regaló un machito diminuto que consiguió en un tianguis de perros. Lo llamé Tino. Era un bebé de dos meses, a lo mucho. Lo destetaron tan pequeño que me seguía a todos lados como peluche de cuerda, buscando el calor de mi cuerpo. Durante el día me lo guardaba en el suéter como canguro, y decidí que dormiría conmigo porque veía que la pasaba mal solito. Me convertí en su mamá. A los dos días de la llegada de Tino me confirmaron un trabajo que se filmaría en Guanajuato, un comercial para una bebida con un muy buen presupuesto. La filmación duraría tres días y estaría fuera de casa toda la semana. Tuve que despedirme de Tino y le pedí a mamá, ferviente amante de los animales, que se hiciera cargo del él. Estando lejos me sentía culpable por haberlo dejado, pero anteponía el trabajo que pagaba mis estudios a cualquier otra cosa. Incluyendo aquel cumpleaños número dieciocho, que festejé con un *muffin* dentro del camper de maquillaje. A diario le mandaba mensajes a mamá preguntando por Tino. Al principio parecía estar todo bien, pero al pasar la segunda noche solo, su salud comenzó a deteriorarse. Mamá me reportaba que se acostaba en el piso cerca de mi cama y aullaba reclamando mi presencia. Al tercer día directamente dejó de comer. No bebía agua. Se movía poco. Mamá, por favor, llévalo al veterinario. Ayúdame a salvarlo, amo a ese animalito. Los días de trabajo transcurrían lentos, y mamá me sugirió concentrarme en el trabajo y dejarle la responsabilidad de Tino. Por fin llegó el día de regresar a casa. Me sentía aliviada de poder verlo. Al llegar bastó ver la cara de mamá unos segundos para saber que Tino no estaría conmigo. Con los ojos vidriosos me dijo:

—Tratamos de salvarlo, flaquita. El veterinario dijo que era muy pequeño y que a veces separarlo de la mamá tan chico es delicado.

Para mí, Tino murió de tristeza. Toleró la primera separación de su madre, pero la segunda, ya no. Feliz cumpleaños.

A los diecinueve años, sentía que la presión social por beber era inmensa. Yo iba y venía de los antros desde los quince, y tenía clarísimo que el alcohol era malo. Transformaba a mi papá Eugenio en un monstruo violento. Entonces no solamente evitaba consumirlo, sino que casi hacía campaña en su contra. Lo que, por supuesto, me hacía objeto de burlas y hasta de rechazo por parte de mi círculo social. Mis primos me llamaban monja y decían que me perdía de toda la diversión. A mí me bastaba recordar las peleas en casa para no querer tomar una gota. Al menos hasta el día en que cumplí veinte años. Mis amigas de la prepa decidieron llevarme a una discoteca al sur de la ciudad llamada Alebrije. Compraron dos cohetones de vodka para beber los conocidos "astronautas". Un *shot* de vodka acompañado de medio limón espolvoreado con café y azúcar. Volabas por el espacio en cuestión de segundos. Primero me vino una sensación de relajación. Todo me daba risa, me estaba divirtiendo. Bailé y luego comencé a sentirme mareada, no procesaba bien la información. Me empezó a dar trabajo hablar. Arrastraba la lengua y me frustraba la sensación de perder el control. Después me apagaron la luz o, como dice mi socia, se me apagó la tele. Amanecí en casa con un dolor de cabeza espantoso. Mareo. Náuseas. Escuchaba todo en altavoz. Tenía los nervios de punta y me enojaba por cualquier cosa. Ahora entendía un poco más a Eugenio y su mal humor de la cruda realidad. Solo que él lo vivía alternativamente, un día sí y el otro también. Viviendo en la misma casa que todos esos escuincles, yo también quería gritarles que se callaran.

Hasta la perrita *schnauzer* con la que trataron de sustituir a Tino ladraba como ente del inframundo. Si hubiera podido, me internaba en un hospital por ese malestar general. Me prometí no volver a beber jamás. Y, por supuesto, tampoco iba a tener hijos.

# Capítulo XVII

Aunque las navidades traían buenos regalos, hubiera deseado que las cosas fueran mejores en el terreno emocional. El dinero no arregla emociones, a menos que sea pagando por una terapia. No había candidatos voluntarios para ese ejercicio, siendo que a mamá y a papá les urgía. Sabía que mamá estaba agotada de la dinámica familiar, de la que el alcoholismo de Eugenio era una parte fundamental. Y que en su frustración se planteaba salidas de emergencia, probablemente en la forma de prospectos de novios. Fue un domingo a las seis de la mañana cuando súbitamente me incorporé de la cama. Algo bastante raro en mí porque en fin de semana solía dormir hasta las diez. Tenía la respiración acelerada y presentía que había ocurrido una tragedia. No sabía a quién ni qué había ocurrido, pero tuve la convicción de que había sucedido algo muy malo. Me ganó la angustia. ¡Ay, tatarabuela Epigmenia, me estabas queriendo decir algo, pero no sabía bien qué! ¿Por qué estaba tan ansiosa? ¿Qué estaba pasando? Mi mamá, mi papá Eugenio y mis dos medios hermanos estaban en Tequesquitengo, pasando el fin de semana con Javier, un amigo de la infancia de mamá. Mis dos hermanos Cortés y yo nos habíamos quedado en la Ciudad de México. A las siete con quince de la mañana sonó el teléfono. Era mamá, que llamaba para invitarnos a nadar. ¿Quién llama en domingo, a las siete de la mañana, para invitarte a nadar al instante? Hablaba improvisando, fingiendo que todo era felicidad. Yo la escuchaba nerviosa y sospechaba que algo andaba mal.

—¿Qué pasó, mamá? No son ni las ocho de la mañana. Yo ahorita no quiero ir a nadar y mis hermanos están dormidos.

—No te asustes, flaquita. Lo que pasa es que mi amigo Javier y yo nos dimos un abrazo y Eugenio, que ya estaba muy tomado, me golpeó. Me tiró por las escaleras y me pateó. Pero no te preocupes, estoy bien ¿Por qué no se vienen a nadar y pasamos el resto del día aquí?

—¿Estás bien, mamá? ¿Te lastimó? ¿Dónde está Eugenio?

—Coco, Eugenio va en camino a México y me da miedo que les haga algo a ustedes también. Empaca todo lo necesario para una semana. Lo que necesiten tus hermanos para la escuela: uniformes, útiles, mochilas, las medicinas de tu abuela, su ropa, tu ropa y tu computadora. Necesito que se salgan de ahí lo antes posible.

Silencio. Más silencio.

—Coco, ¿me escuchaste? Empaca todo. No olvides los documentos importantes. Trae el archivero completo y las joyas. Recuerda traer las facturas de los coches.

Entonces no sabía que podía decirle a mamá que no iba a ser su cómplice, que se las arreglara como pudiera. No tuve el valor de enfrentar a mi papá así de enojado. Se ponía violento y de ninguna manera iba a dejar ahí a mis hermanos ni a mi abuela. Tengo muy grabada en mi *VCR* mental la imagen: manejando la camioneta negra de mamá, echándome en reversa con la abuela, los niños, las maletas, las mochilas, los uniformes, la ropa, las medicinas, la computadora, las facturas, las joyas, las actas de nacimiento y lo que cupo en la cajuela del auto, viendo la casa y a nuestra perrita Matilda ladrando desde la reja del jardín porque la estábamos dejando. Mamá dijo que a donde íbamos no aceptaban mascotas. Todavía no me perdono esa angustia que le causé a Mati, aunque después la recuperamos y vivió muchos años, pero esa secuencia mental de toda la familia escapando del mismísimo diablo y dejando atrás a uno de los nuestros me rompió el corazón. Me sentí una mala persona. Ojalá pudiera editar esa grabación de mi memoria y de la de Mati, que ya descansa en paz.

Pasamos las dos semanas siguientes hospedados en un viejo hotel en la colonia Nápoles, de habitaciones en *suite* con cocina y sala. Era un lugar oscuro y deprimente, pero al menos teníamos dónde dormir. La situación podía desmoralizar hasta al más fuerte, y mamá y yo hacíamos como que dormíamos, pero en realidad no pegábamos el ojo. Terminábamos hablando en la madrugada de los planes para la familia, aunque en realidad no había muchas opciones. Me dolió tanto ver a mamá maltrecha y llena de moretones. Me llenó de rabia. No podía mirarla sin esforzarme por contener las lágrimas, y se me despertó la convicción de que yo nunca iba a permitir una relación de ese tipo, ni a permitir que nadie me pusiera una mano encima. Nunca.

Escuché por ahí que el dolor es la piedra angular del crecimiento, pero a esa altura pensaba que la vida era simplemente muy jodida, y que no me merecía tanto desajuste y cambio. Estaba harta. Exhausta de tanto ajetreo, de tanto cambio de casa. De los golpes, los abusos y de la inestabilidad. De los constantes altibajos emocionales a los que me sometían las malas decisiones de mis padres. Para colmo, estaba en exámenes finales en la universidad. ¿Mamá, por qué siempre nos sacaban de casa en exámenes finales o un día antes de una presentación importante? ¿No podrían haberlo hecho en un momento más adecuado? A la próxima, que nos saquen en vacaciones, por favor. Mi novio de siempre me ofreció quedarme en casa de sus abuelos mientras durara la tormenta. Se lo agradecí profundamente. Su familia era muy bonita, amorosa y tradicional. Siempre unida. Justo lo que a mí me faltaba. Estaba al borde del colapso nervioso y en estado de shock: hacía tres días que no me cambiaba la ropa. Parecía un zombi. De milagro iba vestida a la universidad con los mismos pantalones y suéter solamente para presentar los exámenes. Una autómata.

Unos días después del escape tuve que volver a nuestra antigua casa a recuperar algunas cosas que no pude o no supe tomar el día del evento. Mi mamá confirmó con un familiar que papá estaba fuera de la ciudad. Me ofrecí como voluntaria. Me dio miedo regresar, pero prefería ir personalmente que mandar a mamá y que pudiera pasarle otra desgracia. Al llegar a la casa del odio, el miedo se quintuplicó. Quise salir a toda velocidad, pero debía conseguir los encargos importantes. Cosas tiradas en el piso, objetos rotos por todos lados. Evidencia de ira y destrucción. Eugenio rompió muchas cosas valiosas para la familia. Al subir a las recámaras me sentí horrorizada, había álbumes aventados con hojas sueltas por todo el piso, fotos hechas trizas, mi ropa desgarrada y cortada en partes. Pero lo que más miedo me dio fue ver el colchón y las sábanas de mi cama acuchilladas. Había hoyos y cortes en la superficie, también se posaba un cuchillo grande sobre la cama. En su alucinación, Eugenio me odió tanto que en su mente me mató. Supe que debía tomar a toda velocidad lo que me hiciera falta y salir de ahí lo más rápido posible.

Casa once. Al cabo de unos días Javier resultó ser más que un buen amigo de la infancia de mi madre. Nos dio asilo y nos cobijó a todos como hijos propios. Cinco hijos adoptivos. Viviríamos en un rancho en la delegación Magdalena Contreras, a treinta y cinco minutos de una vía rápida. A unos 2,850 metros de altura. Atrás de la puerta de la cocina estaban Los Dinamos, y desde mi recámara se veían las pistas de aterrizaje del aeropuerto, a veinticinco kilómetros de distancia. Más de una vez pensé en poner un cable de acero amarrado desde la ventana de mi cuarto a la bandera de San Jerónimo para bajar en tirolesa echa la madre, en lugar de ir detrás de los peseros durante cuarenta y cinco minutos.

Javier, a pesar de ser un alma generosa, tenía problemas de alcoholismo y adicción a las drogas. Era de esperarse que fuera candidato a pareja de mamá. La ventaja, contábamos con fondos más que suficientes. Mis hermanos y yo comenzamos una nueva etapa en un rancho con caballos, caballerizas y un ruedo para montarlos. Sí, estaba muy lindo todo eso, pero hubiera preferido tener menos paradas y desviaciones en el tren en el que me había subido. *It is what it is.* Teníamos donde vivir y no nos preocuparíamos por comida, aunque lo pagáramos siendo testigos y cómplices de los fuertes altibajos emocionales por los que atraviesa una persona adicta. Podíamos pasar del cielo al infierno en cuestión de minutos —o de un montón de líneas de cocaína— y continuar la descomposición familiar, pero ahora con una nueva figura paterna.

Procuré seguir con mis estudios y mantener mi media beca, sobre todo, cuando la vida se me presentaba inesperadamente en forma de arenas movedizas o como el castillo de Bowser de *Mario Bros* en el peor de los mundos. Javier pagaba la colegiatura de mis hermanos, pero no la mía. «Ella puede sola», debió haberle dicho mamá. A mi novio tampoco le gustaba la inestabilidad de mi familia. Soportó mil y un desaires de Eugenio, mis constantes altibajos emocionales, mis depresiones cíclicas, hasta que un día decidió que rompería conmigo porque estaba harto del caos en el que me arrastraba mi madre. Me dijo que él no tenía por qué soportarlo. Y tenía razón. En el reporte al cierre y el acumulado anual se mostraba un excedente de los disturbios emocionales que acostumbraba manejar.

Acá, una coleccionista de experiencias desfavorables a lo largo de veinte años de vida. Poseedora de un estado de constantes sobresaltos emocionales. Mi psique: al borde del precipicio. Un día, sin avisar y sin necesidad de mucha provocación, le dije a mi madre a la cara:

—Te odio. —Y como no me contestó nada, le grité ferozmente—. ¡TE ODIO!

Su respuesta fue darme una fuerte cachetada. Fue el único golpe que me dio, y a las dos nos quedó bien claro que nuestra relación estaba hecha pedazos y que sería imposible rescatarla.

Mientras tanto, a mis hermanos también los arrastraba el mismo mar de confusión y desesperanza. Cada uno daba sus propias señales de inestabilidad en la escuela y pedía auxilio de manera inconsciente. Al más pequeño le sugirieron una terapia con urgencia. Fue así como conocimos a una de las figuras más importantes en mi vida: Gloria, mi psicoanalista. Primero entrevistó a mamá y le preguntó cómo estaban sus hijos. Se interesó por la hija mayor, es decir yo, y le dijo a mamá que consideraba adecuado que yo, y no mi hermano, fuera inmediatamente a terapia. «Es hora de que veamos por Coco», fueron sus palabras. Y a partir de ese momento comencé el proceso de auto-conocimiento, lo que considero el desenredamiento de los nudos del alma. Liberación de culpas. Lenta reconstrucción de la autoestima y otros menesteres del campo mental y espiritual.

También cayó en mis manos un libro de autoayuda de Louise Hay llamado *Tú puedes sanar tu vida*. Dispuesta a intentarlo todo para salir de ese infierno, decidí darle una oportunidad a esa singularidad; aunque de a ratos me parecía esotérico, mágico y un poco locuaz. Me sentía atrapada en mi propio cuerpo con un profundo odio hacia mí misma. No era capaz de mirarme a los ojos en el espejo sin ganas de darle un puñetazo a mi reflejo. No podía mantener la mirada fija sin echarme a llorar. El libro comenzaba diciendo: «Somos responsables en un ciento por ciento de nuestras experiencias. Todo lo que pensamos va creando nuestro futuro, todos sufrimos de odio hacia nosotros mismos y de culpa». Me engancharon las primeras frases, me hicieron sentir responsable, no solo una víctima que se dejaba arrastrar por la corriente. Tal vez yo podía hacer algo por mí y, en un futuro no muy lejano, salir de estas situaciones. Claro, había mucho de pensamiento mágico en eso de hacer afirmaciones y creer en el poder de la atracción (*El Secreto* salió mucho después, Coco), pero me dio resultado encauzar la mente para estar y sentirme mejor. Tal vez funcionaba por simple programación neurolingüística, o eso me decía para sentirme menos estúpida al repetir: «Me amo, me acepto y me apruebo tal y como soy», mil doscientas veces antes de dormir. La verdad, me sentía tontísima. No quiero ver la repetición de eso al morir cuando vea la luz al final del túnel y me pasen la película de mi vida en cinco segundos. Mejor la escena donde hago un *vision board* y pego una foto de mi cara en el cuerpo de Britney Spears.

Iba regularmente con Gloria a las sesiones semanales, me recostaba en el diván y hablaba. Más de una sesión permanecí ahí totalmente muda, incapaz de abrirme ante otro ser humano, menos ante una mujer mayor que yo. La representación de una figura materna. Pasé horas viendo el techo buscando distracciones, contando telarañas y pequeñas burbujas de una impermeabilización fallida. Hasta que un día Gloria dijo:

—Coco, se vale hablar, es tu tiempo y tu dinero el que gastas aquí, no el mío. Por qué no me cuentas de la relación con tu mamá y tu papá.

Poco a poco fui teniéndole confianza y en las sesiones me entraba un mar de llanto incontenible que secaba casi con una jerga. Recostada en el diván invertí mi tiempo para tener un pequeño acercamiento al inconsciente. Aprendí lo que era un sueño recurrente. Soñaba que tenía que rescatar a mi hermano, el más chico, de un naufragio. El barco se hundía y me preocupaba por el más pequeño, como si supiera que sería el menos contaminado de la tóxica dinámica familiar y, por lo tanto, tendría más probabilidades de salir adelante y salvarse. Una y otra vez tenía esa pesadilla y corría al cuarto de mi hermanito a verificar que estuviera vivo y respirando.

Pronto desarrollé una bonita relación con Gloria y amaba el tiempo que dedicábamos a purificar mi alma. Llegaba puntual a las citas y ni una sola vez cancelé. Era un espacio sagrado para mí. Gloria me otorgó una beca, así le llamaba, porque sabía que yo trabajaba para pagar mis propios gastos y solo me cobraba la mitad de sus honorarios. También me decía que yo era una buena paciente porque les hacía caso a sus sugerencias. Me contaba que había otros a los que no les interesaba cambiar sus patrones destructivos y que nada más iban a contarle sus desgracias. A mí me funcionaba, y algunas cosas empezaron a mejorar. ¿Para qué pagar por un consejo que no iba a seguir? No siempre era fácil hacer lo correcto ni aplicarme a las tareas que me dejaba, pero ciertamente había una recompensa clarísima al llevarlas a cabo. Muchos años después descubrí que ella también tenía algunos tornillos flojos, usando terapias más que alternativas y poco comprobadas. Intentó reprogramarme usando la terapia EMDR[1] para curarme del mal

---

1. Desensibilización y Reprocesamiento por medio de Movimientos Oculares, por sus siglas en inglés.

de la huevonería o mi incapacidad para mantener un empleo de oficina. Consistía en cerrar los ojos y moverlos rápidamente de un lado a otro mientras recitaba mantras hipnóticos del tipo: «Me gusta trabajar». «Amo trabajar». «Me encanta levantarme a las seis de la mañana para manejar dos horas hacia mi cubículo inmundo». Me era casi imposible ahogar las carcajadas mientras hablaba. Quería decirle: «Mejor ya sácate las hierbas de olor y azótame con ellas, igual funciona más». Además, ya sé que tu cumpleaños cae en mero Halloween, a mí no me engañas, hechicera; este último *Hocus Pocus* no está tan bueno.

La liberación de las cadenas que me ataban emocionalmente a mi madre comenzó cuando me contó sus planes de irse una semana a Acapulco con Javier. Lo que significaba que iba a dejarme a todos a cargo, es decir, a mis cuatro hermanos. Encima, estábamos en pleno ciclo escolar, y había que llevarlos y traerlos de la escuela, todos en una diferente. Sin más, le dije:

—Si quieres que te los cuide, te voy a cobrar mil pesos por cabeza por semana. Si no te parece, me voy y no sé quién te los pueda cuidar.

Me pagó por adelantado y esa semana fue la última que trabajé como *babysitter*. Al fin era libre. Llevaba diez años o más cayendo en el juego de manipulación en el que se me decía que mis hermanos menores eran mi responsabilidad. Por fin pude decirle: «No. Son TÚ responsabilidad porque salieron de tu vientre, no del mío». O me libero, o *I'm gonna be fucking rich, bitch!*

En el proceso de acoplamiento a la nueva realidad viviendo en el rancho, fuimos testigos de los niveles de autodestrucción que puede alcanzar una persona adicta. Una imagen triste. Javier se iba consumiendo a base de maltratos autoimpuestos. El *dealer* se hacía pasar por vendedor de camarones de la central de abasto y llegaba al rancho con dos kilos de langostinos y varios gramos de cocaína. Javier se ponía muy acelerado cada vez que comíamos esos camarones. Manejaba como alma que lleva el diablo subiéndose por las banquetas en su flamante Mercedes, cosa que me ponía muy nerviosa. Quería atravesar a los autos de enfrente para poder pasar. Neurótico total. Después entraba en una depresión que le duraba una semana o más y se encerraba a beber en su habitación, así que no le veíamos ni el pelo. Mamá, preocupada por la situación, decidió llamar a mi tía Silvia, que para entonces llevaba unos ocho años de recuperación por alcoholismo. Silvia se ofreció a internar a Javier en una clínica de rehabilitación al sur de la ciudad. Él se mostró muy bien dispuesto, aceptó la ayuda y comenzó una vida lejos de los excesos. Fue ahí donde recobró fuerza y empezamos a ver lo mejor de él (aunque la neurosis se le quedó pegada). Nos colmaba de cariño, buena onda y comprensión. Su alma y su espíritu comenzaron a elevarse. Mamá comenzó a rezagarse en el camino de recuperación de la enfermedad del alma creyendo equivocadamente que el único con un problema era Javier. Después de todo, ella no consumía alcohol ni sustancias, pero sí les daba el golpe, y fuerte, a las emociones malsanas.

¿Y qué pasó con mi papá Eugenio? ¿Se había quedado tranquilo así nomás? Por supuesto que no, estaba elucubrando un plan para darle en la torre a mi mamá y de paso llevarse a mis hermanitos de corbata. No entiendo por qué hay padres que se enfrascan en discusiones así, en luchas de poder que dañan más a los hijos que ya vienen arrastrando una separación y una completa ruptura familiar. Nos enteramos de la demanda para quitarle la patria potestad a mi mamá como a los seis meses de vivir en el rancho. Mamá sabía que no iba a salir bien librada del pleito porque conocía el carácter de Eugenio. En el intercambio de visitas quincenales de los niños a casa de su padre nunca faltaban los insultos, los desacuerdos y los secuestros cortos que a mamá le provocaban una tremenda angustia. Sabíamos que mamá tendía a la depresión, pero el drama le desencadenó un segundo problema de salud. Al parecer, la culpa por arrastrarnos a esta vida desastrosa la estaba carcomiendo por dentro. Comenzó a tener problemas de circulación, a amanecer con tobillos de elefante y los ojos hinchados que apenas la dejaban ver. Sabíamos que algo andaba mal, pero los médicos no daban con el diagnóstico. Decían que era algo similar al lupus, pero ese tipo de enfermedades no son ambiguas: se tienen o no se tienen. Es como el embarazo, no puedes estar medio embarazada. Pasó meses hinchada, y llegué a pensar que un día reventaría como sapo por tanta retención de líquidos. El diagnóstico de lupus le llegó quince años después.

# Capítulo XVIII

En algún momento, mi exnovio regresó con ganas de retomar la relación. Vino con mariachis a la casa para darme serenata y con intenciones de tener un reencuentro romántico. Lástima que yo no compartía su visión, o no leí el memo. Con mi lindo carácter, salí enfurecida y en bata. Ni siquiera me arreglé, salí como doña Florinda. Le pedí a los mariachis que dejaran de tocar y que por favor se fueran. Con una mirada condescendiente me miró y me dijo:

—Estoy aquí por ti, mi amor.

Y yo le contesté:

—O se van ahora o llamo a la policía.

Los mariachis se voltearon a ver entre ellos. A uno se le desinfló la trompeta, el cantante siguió *a capella* e inmediatamente recordó que el de la buena voz era su hermano y mejor se calló. Todos enmudecieron. Los amigos de mi ex me consideraron una bruja desalmada. Era el tipo de reacciones que solía tener ante un abandono. Me dejaste, entonces no te atrevas a regresar. Te lo hubieras pensado mejor. Descargué en él la ira por el abandono de mi padre y lo mandé directo al carajo.

Me puse implantes de seno. Tal vez así consiga amor verdadero. Tocaba mi cita de revisión con el cirujano, un tipo guapetón, con una mezcla de neurosis cálida y simpatía que lo convertía en alguien muy accesible. El médico predilecto de las Balázs. Mamá me dejó en la cita y dijo que iría a ver a su hermana mientras me pasaban. Trescientos sesenta y cuatro días para ir a verla, pero ese día era buena idea hacerlo. Ok. Comprometió el acuerdo de estar puntual por mí. Encima, me pidió que la esperara afuera para que subiera rápidamente al auto cuando llegara. Me tardé una hora en la sala de espera y media hora en la revisión. Después estuve una hora y media más en la banqueta de la entrada esperando a mamá. A los rayos del sol. Me dolían las heridas porque me habían quitado los puntos y lo único que quería era recostarme. Sentía que me iba a dar un golpe de calor. La llamé al celular, pero no contestaba.

—¿Dónde estás, mamá? ¿Por qué no llegas?

Finalmente, cuando contestó, dijo:

—Estoy con tu tía, ya casi salgo.

Ya *casi* salgo. Estaba a no menos de cuarenta y cinco minutos, la quería matar. Le volví a llamar a los veinte minutos para ver a qué altura estaba y dijo:

—Yo también tengo derecho a tener tiempo personal. Estoy con tu tía, a la que casi nunca veo y me merezco pasarme un buen rato con ella, tenemos mucho que platicar.

Claro, y que a mí me parta un rayo. La quería ahorcar con mis propias manos. Estaba muy bien que tuvieras derechos y que la pasaras bien, pero ¿por qué ese día? ¿Por qué me dejaste esperando en una banqueta? ¿Por qué no planeaste desde antes y me dijiste: «Yo no te puedo llevar»? ¿De dónde sacabas tan malas ideas? ¿Dónde demonios estaban los Uber, Didi y Beat, y por qué no los habían inventado todavía? Como mujer es un riesgo tomar un taxi de la calle en la Ciudad de México, más aún en estado convaleciente. Tampoco habían inventado los taxis rosas todavía. Llegó cuatro horas después de haberme dejado en el sitio, me subí al coche y me quedé callada todo el camino a casa. Ya me había cacheteado por haberle dicho que la odiaba, y no estaba de humor para gritarle por millonésima vez que era una egoísta y una desconsiderada. Ese día no traía antojo de cachetada, quería descansar.

Aunque no tenía novio y me sentía bastante desprotegida para enfrentar los altibajos, mi vida iba tomando algún tipo de rumbo.

Continué con mis estudios universitarios, tenía ganas de triunfar, de ser independiente. Seguía pagando mis gastos haciendo comerciales y en uno de los *castings* salió un proyecto de conducción de un programa para una televisora infantil. Era un trabajo que duraría tres meses, con grabaciones en Argentina y había que mudarse allá. La paga era buena. Podría costearme dos semestres completos de la licenciatura. El agravante: debía suspender mis estudios un semestre, pero como ya había adelantado materias en los veranos, no tuve inconveniente.

Las etapas en el proceso de selección del *casting* fueron casi como de *Miss Universo*, o así las sentí. Con los nervios olvidé mis líneas y tuve que improvisar. Lo desconocía, pero estaban cambiando de actriz precisamente porque la anterior olvidaba constantemente sus líneas y quedaba petrificada frente a las cámaras. Así que sacar de la manga unas frases y decirlas con naturalidad era algo que jugaba a mi favor. Nos dijeron que pasarían unos diez días para avisarnos quién sería la nueva conductora. Ahí empecé con mis rituales del poder de atracción: hice afirmaciones, *collages* de visualización de metas, me dije ridículamente que me amaba frente al espejo. Sin creerlo tanto, pero igual lo decía y decretaba que mi vida era perfecta, plena y completa. Sí, ahí va el recorte de Britney con el cuerpazo y mi cara encima. Qué oso.

Pasaron los días y llamaron a casa para darme la noticia. Mamá atendió el teléfono y gritó para que bajara a contestar:

—¡Cocooo, te habla la productora!

Del otro lado me comunicaron que había ganado el papel de suplente. Una actriz reconocida había obtenido el papel y yo tenía que estar en *stand-by* por si le pasaba algo malo. No podía creer que mis pociones y trucos hubieran fallado. Estaba convencida de que sería yo, lo deseaba tanto. Tuve que vivir con esa frustración por unos días más, hasta que volvió a llamar la productora y me dijo:

—Gema rechazó el trabajo porque tiene otros compromisos laborales. Así que tú serás la nueva conductora del programa junto con Daniel, y creo que usaremos tu apodo Coco porque se escucha sensacional y cercano para los niños que ven el show.

Guau, la vida me sonreía, merecía cosas hermosas: era un buen presagio y tal vez, en adelante, aparecerían proyectos que me catapultarían a la fama internacional. Yo y mis ansias de reconocimiento y mis fantasías de escape. De ahí, todo será para arriba porque así es la vida. Una vez que empiezas a subir ya nunca vas para abajo, el éxito es lineal y no tiene fin. *Right?*

El vuelo a Buenos Aires salía a la semana siguiente. Empaqué, revisé que mi pasaporte estuviera vigente y me subí al avión sin cuestionarme nada. Estaba dispuesta a que mi vida cambiara para bien desde ese momento, quizá incluso un poco desesperada. Nueve horas de vuelo. Pensé: «Es como ir a Europa, realmente estaré lejísimos de casa». No importaba, en México solo me daban preocupaciones y sobresaltos.

Bajamos del avión y nos llevaron al estudio de grabación, una filial de una productora argentina "muy canchera", como dicen allá. Nos presentaron al equipo de producción, coreógrafo, vestuarista, maquillista, guionistas, equipo de supervisión y *"compliance"*. Nos llevaron a comer de bienvenida y tardé como dos segundos en enamorarme del acento argentino —y de los que lo pronunciaban—. Del *bellboy*, del de la tiendita, del ingeniero de audio, pero sobre todo del productor. ¡Esto es re-lindo! Al regresar a Palermo Hollywood nos pusieron a ensayar las nuevas coreografías. Ahora sí: hora de trabajar, pero yo tenía *jetlag* y miedo de no dar el ancho ante el reto. Traía chanclas de pata de gallo y se me atoraban los pies dentro del estudio, como si tuviera dos pies izquierdos y la gracia de una morsa. No coordinaba mis pasos y pronto estallé en llanto por frustración. Me encerré en el baño para tener mi ataque de pánico a solas. ¿Qué hacía ahí? ¿En qué problemón me había metido? Mis mentiras me llevaron demasiado lejos… Lo único que sabía hacer era poner cara de satisfacción ante un producto, llámese detergente, pan de caja o refresco. ¿Qué era eso de la coreografía? Hacía mil años que no bailaba ni montaba nada. Las clases de jazz las había tomado hacía muchísimos años. Quería irme directo y sin escalas a casa, todo eso era una pésima idea. Quería llamar a mamá y decirle: «Ven por mí. Eres el amor de mi vida, casémonos».

Apenas salí del baño, la productora Tina y mi compañero de conducción, Daniel, me miraron con cara de espanto. Resultaba que a la actriz anterior le sucedió lo mismo. Un ataque de nervios. A ella le tomó un mes y yo lo estaba teniendo a las pocas horas de llegar. Por suerte, Tina tenía conocimientos de pedagogía y me habló como le hablaría a una niña muy asustada:

—Confío en ti, vi una luz especial que irradiaste en los castings y solo quiero que la compartas con los niños. No te preocupes por los pasos del baile ahora. Necesitas descansar. Verás que mañana tu memoria hará el trabajo sola.

Dicho y hecho. La confirmación de que no estaba ahí solo por error o por la ausencia de la primera actriz seleccionada funcionó. Mi baja autoestima requería de constantes reafirmaciones y Tina se encargó de dármelas para lograr un total de cuatro temporadas grabadas, y ocho años al aire en el programa.

Al final de la primera temporada regresé a la Ciudad de México sintiendo mi propia independencia y con la autoestima reforzada por las constantes atenciones que recibía como protagonista del show. Tuve la oportunidad de reinventarme en el extranjero y formarme una personalidad alterna. Me sentía cómoda en mi propia piel en lugar de recriminármelo constantemente. Me duró lo que los aplausos al final de una obra.

Como continuaba el pleito de patria potestad de los niños, la salud de mamá estaba aún más deteriorada. Me dijo que había sentido mi viaje a Argentina como un nuevo abandono y no se privó de reprocharme haber estado fuera tanto tiempo. «Te fuiste como si no te necesitara en estos momentos». No pude contestar, pero la puerca quería decirle: «Pues no tenía ni ganas de regresar. Quería quedarme a vivir ahí para siempre y no verte más, solo no surgió la oportunidad».

La puerca es un personaje que me dice lo peor de mí. A veces dice la verdad sin tapujos. Me habla cuando me siento más triste o más vulnerable. No tiene nada bueno que decir, por lo general me aplasta. Y no sé por qué, pero a veces, más seguido de lo que quisiera, la escucho. La conocí de niña; era pequeña al igual que yo, pero se alimentó mejor, creo. Tiene voz ronca y molesta. No es una presencia fija, aparece cuando le apetece. Nunca se los he preguntado, pero me parece que cada mujer de mi familia tiene su propia puerca. Quizá sea otro animal, o quizá ni siquiera se trate de un animal, pero sé que alguien les susurra al oído lo peor y, a veces, ellas también deciden escucharla.

Había pagado un semestre completo de la universidad y me quedaba suficiente dinero para hacer un viaje por algunos países de Europa. Pensé que lo mejor sería hacerlo con alguien de confianza, y la persona más cercana a eso era mi exnovio: *codependency*. Así retomamos sin más el noviazgo, y la relación dependiente que habíamos abandonado hacía unos meses volvía a estar vigente. Las cosas que no funcionaban seguirían así y no lo pude cambiar. Cada uno estaba roto de una manera específica que el otro no podía remendar.

Un año y medio después me llamaron para proponerme una segunda temporada del programa y acepté porque sabía que dejaba buen dinero. Antes de que pusiera un pie en el avión hacia Argentina mi novio decidió proponerme matrimonio. Yo había sugerido que nos fuéramos a vivir juntos para valorarlo primero, pero la familia de él insistió en llevar a cabo la unión ante todas las autoridades, todas las iglesias y todos los templos. Cuando corrieron las amonestaciones me pregunté qué carajos era eso. ¿En serio? Estuve a punto de poner un papel en el pizarrón de la parroquia diciendo que estaba comprometida eternamente y unida en matrimonio desde 1985 con *The Incredible Hulk*, ciudadano de Dayton, Ohio. Una travesura inocente para impedir la boda. Algo me decía que no, pero la costumbre me susurraba: «Hazlo».

En esa época, las propuestas de matrimonio de mi círculo social eran fastuosas y deslumbrantes. La creatividad del novio rayaba simultáneamente en lo imposible y lo cursi, y escuché de alguien que le pagó a un camión de bomberos para darle el anillo a su prometida en el balcón de su ventana. Yo lo mato. Sentía todo el ritual como que venía el granjero a elegir la vaca que quería comprar, pero, mientras tanto, la dejaba "apartada" con un anillo. Y me apartaron durante ocho meses. Al día siguiente guardé el anillo en la cajita de terciopelo azul y le dije que no lo usaría por temor a perderlo. Tampoco me lo puse al día siguiente, ni después. Era evidente que quería evitar cualquier contacto con el compromiso y al mismo tiempo sentía que era lo que seguía en la historia. Siete años de noviazgo desembocan en matrimonio. Además, él era la única referencia de estabilidad a medias en mi vida y eso me bastaba. Me convencí de que me vendría bien salir de mi casa. Hacer vida propia lejos de mi familia.

Cuando le di la noticia a mamá, se limitó a decir:

—Ya lo sabía.

A solo siete días de diferencia de mi promesa de matrimonio, ella llegó a enseñarme orgullosa el anillo de compromiso que le había pedido a Javier, su pareja. Me lo mostró muy contenta y yo la felicité fríamente. No le reclamé, pero pensé: «¿Por qué me haces esto, mamá? ¿Por qué no me dejas tener mi momento? Siempre en competencia, siempre queriendo ser mejor, aun a costa de las ilusiones de tu propia hija». Una y otra vez; no dejaba de traer la dinámica que tenía con su hermana a nuestra relación. Cuando les conté, mis primas Balázs no daban crédito; ni su madre —Silvia— hubiera hecho eso.

Cuando estuvo al aire la primera temporada del programa, mamá no tardó en presumir a su hija mayor como "la conductora de televisión infantil". Le parecía que por fin alguien de la familia se había hecho famoso. Teníamos pianistas, concertistas y una bailadora de flamenco, pero yo era la primera en tener su propio programa de TV. La verdad es que lo que más me gustaba era que, tratándose de un programa transmitido en televisión de paga, el público fuera reducido y lo viera solo un pequeño nicho de personas. Casi nunca me reconocían en la calle y seguía siendo anónima. Salvo cuando mamá, concienzudamente, me metía en un McDonald's, me sentaba en una de las mesas del fondo y desde el mostrador gritaba: «Coco de la tele, ¿quieres el *sundae* de chocolate o de fresa?». Pfffff, entonces los niños presentes paraban sus antenitas, volteaban a verme y se dirigían a mí como velocirraptores. Me hacían mil preguntas, me pedían autógrafos y me cuestionaban intrigados si el coconductor del programa y yo éramos esposos. Si el ratón famoso venía al programa. Si dormíamos en la misma cama. ¿Pues cuántos años tiene este niño precoz? Megáfono: «La mamá del niño preguntón, que venga por él».

La interacción con el público, las firmas de autógrafos, los eventos en gira por Monterrey y Guadalajara, las presentaciones en los grandes teatros... todo eso se me complicaba mucho más que las grabaciones. ¡Me daban pavor los eventos en vivo! No es lo mismo plantarte a hablar ante una cámara en un estudio, con quince personas, a entretener ahí mismo y sin cortes a trescientas personas. «Esto no es para mí», me dijo mi voz interior. No disfruto el reflector tanto como lo imaginé. Prefiero el detrás de cámaras.

Llegó el momento de partir una vez más hacia Argentina para grabar el programa. La voz interior: «Te pesa estar tanto tiempo allá, acuérdate». Al mismo tiempo, pensaba que podría pagar dos semestres más de colegiatura. Me animaban los momentos de risas durante las grabaciones y recordaba que sacaba mi lado creativo al interpretar un papel. Aunque me sentía terriblemente sola al regresar al hotel, maquillada como payaso. O disfrazada de fresa, con *body painting* rojo de pies a cabeza. El pelo en forma de panal de abejas, rojo también. Calzones rojos de héroe cuarentón y mallas verde limón. Entraba cabizbaja y avergonzada en cada uno de los pasos que me llevaban del *lobby* a mi habitación ante las miradas atónitas de los huéspedes. Simplemente era una fresa gigante cruzando el *lobby*, quería que me dejaran en paz. Esa payasita solo quería que terminara la fiesta para poder irse a su casa en México. La que estaba a nueve horas en avión, dos meses en auto y a unos diez años caminando. La ilusión del viaje pasaba rápidamente y los fines de semana me eran insoportables. Me sentía terriblemente sola. Me venían ataques de pánico cuando salía a comer al *food court*, sin compañía en un gran espacio atiborrado de gente. Una paradoja. Entonces salía a caminar para olvidarme de eso. Las hermosas calles de Buenos Aires, con su toque europeo, eran un bálsamo para un alma solitaria y melancólica como la mía. Al caminar, escuchaba las canciones más tristes que había en mi iPod (entonces no había *streaming*). Saboreaba las canciones de Soda Stereo, Gustavo Cerati, Luis Alberto Spineta, Aterciopelados, La Ley, los dos primeros discos de Coldplay, Morrisey, Nick Cave. Me oprimían el pecho al andar y supuraban mis heridas emocionales. Recuerdo que un día le devolví las llaves del balcón de mi cuarto de hotel a la recepcionista porque comenzaba a sentirme demasiado triste. Temía hacerme daño. Fantaseaba con saltar para mitigar el dolor que me seguía a todos lados. La recepcionista no entendía razones, y yo trataba de decirle discretamente: «Quédatelas que me aviento», y la otra:

—Pero las va a necesitar luego.

—No, mejor quítamelas.

—¿Y si las deja en un cajón?

—Que no las quiero, guárdalas.

—Si gusta, mi compañera se las puede devolver a eso de las once de la mañana…

—Tamadre, ¡dámelas ya!

En una ocasión, la productora del programa me confesó que, por el estrés y el ritmo con el que grabábamos, también se sentía rebasada y deprimida. Su ansiedad llegaba a niveles exorbitantes. Yo no sabía que, como con otras enfermedades, la depresión podía empeorar y alcanzar profundidades peligrosas. Mortales. Las dos andábamos igual de mal, y a los pocos días de su confesión salimos a comer a un restaurante de cortes argentinos. Yo veía a Tina ansiosa y ella me veía igual. Las dos mudas, cada una en su trance de pensamientos obsesivos. Como cuando quieres salir corriendo de un lugar al que acabas de llegar y crees que estás al borde de la locura. No puedes estarte quieta. Con el mal viaje que traíamos no necesitábamos nada más para sentirnos totalmente privadas del sano juicio. Estando en el restaurante, y contra todo pronóstico, apareció en nuestra mesa una chica vestida de hada. UN HADA. Alta y delgada, surgida de la nada. Incluso tenía alitas con diamantina (o purpurina, como le *shaman ashá*). Una faldita de tul rosa, leotardo y medias del mismo color. Como recién salida de un cuento, se paró frente a nosotras y nos observó largo rato. Se veía divina y espeluznante a la vez. Tina y yo la volteamos a ver en completo estado de shock, pensando que esa vez sí habíamos conseguido cobrar locura y que nuestro viaje mental se había transformado en uno de ácido y trance psicodélico que interconectaba nuestras realidades. La siguiente reacción fue mirarnos a los ojos con terror. Le pregunté al mesero:

—¿Usted también ve al hada que tengo aquí a mi lado, o me lo estoy imaginando?

—¿Qué hada, señora? —Y luego se rio.

Claro, estábamos en San Telmo y el mercado estaba cerca. La chica vendía artesanías y se disfrazaba para destacar su obra. Qué alivio comprobar que no estábamos *tan* chifladas, sino que solo teníamos un mal día de ansiedad. Le sonreímos nerviosamente y pedimos la cuenta.

Al día siguiente, Tina y yo nos encontramos a desayunar en el restaurante del hotel. Seguíamos vivas, semilocas, pero habíamos sobrevivido el ataque de pánico de la tarde anterior. Sin hablarnos, con la acostumbrada rutina de los últimos dos meses y medio, apartamos una mesa con una taza de café. Fui a servirme unas medialunas con dulce de leche. Al volver, noté que en mi lugar se había sentado una señora mayor, y que Tina no hacía más que mirar su taza de café. No entendí nada. Quería preguntarle a la señora quién era y qué hacía en mi lugar, o al menos decir buenos días, pero me quedé muda porque la situación me pareció surrealista. Otra vez se me disparó un ataque de pánico y pensé que me había vuelto loca en serio. La ancianita sorbía del café de Tina y comía, naturalmente, de mi pan dulce. Sin interrumpir su desayuno, nos miraba como si fuéramos sus nietas: Greta y Petra. ¿Se habría escapado del asilo? ¿Por qué no hablaba? Decidí hacer como si nada y le pregunté a mi productora si había tenido tiempo de revisar la escena del día. Conteniendo con todas sus fuerzas la carcajada, que estaba por explotar, dijo:

—La revisamos en el estudio.

Se paró y la seguí. Nunca supe el nombre de la señora, si hablaba español o venía de la desmantelada Unión Soviética. Probablemente se sentiría igual de sola que nosotras y buscaba compañía, sin importarle que fuésemos unas taradas. Nunca lo sabré.

A medida que pasaban las semanas, mi depresión empeoraba y la ansiedad iba y venía. Sufría de insomnio y me agotaban las largas horas de grabación. Lloraba sin saber por qué, me sentía triste y desconcertada, y, por si fuera poco, se acercaba mi propia boda. Era una novia feliz, ¿no? En nuestra última salida juntos con Tina y Daniel me acomodé una borrachera legendaria tratando de olvidar y anestesiar el dolor. Hay una foto *in fraganti* del momento en que estoy cayendo de la cama, sin soltar la copa de vino, porque no alcancé a sentarme en el borde. Es la fiel imagen de mi declive. Recuerdo que la madrugada en que el remís pasaría a buscarme para llevarme al aeropuerto no pude pegar un ojo. Toda la noche di vueltas en la cama y me levanté agotada, me puse unos pants y me subí al auto. Mi nivel de ansiedad estaba a tope y a veces sentía como espasmos eléctricos que me recorrían el cuerpo. Cuando finalmente estaba en el avión, a medio vuelo y por la zona húmeda de Centro América, se desató una fuerte turbulencia. Me dio el peor y más largo ataque de pánico que había tenido en mi vida. Los sobrecargos salieron disparados a amarrarse en sus asientos y había señoras que gritaban:

—¡Dios, nos vamos a morir!

Estuvimos en el infierno como tres minutos, que parecieron sesenta. Luego el avión perdió un poco de altura y las condiciones mejoraron —un poco nomás—. Quedaban al menos dos horas de vuelo por delante y yo le rogaba al unísono a Cristo, Alá, Krishna y Buda que no me dejaran abrir la salida de emergencia para aventarme y así aliviar el estado aterrador en el que me encontraba. No podía más. A esos límites me podía llevar mi mente. Me sentía una desquiciada.

Llegar a casa no me mejoró mucho el estado de ánimo. Comía poco y apenas despertaba, comenzaba la ansiedad. Deseaba poder quedarme dormida en hibernación prolongada para olvidar esa sensación espantosa. Ya no tomaba café y mamá me decía que intentara distraerme con algo para sentirme mejor. Hasta el té negro me ponía *jumpy*. Salía a caminar por el rancho y me sentaba en algún jardín a solas a llorar desconsolada porque nadie me entendía. Creía que nadie podía ayudarme y lo único que quería era morirme. Intenté rescatar a mi pequeña monja devota yendo a misa, pero la puerca pronto chilló: «¡Uuuhiiiiipócrita!».

Seguí con la terapia, le conté mi sentir a alguna amiga, pero no mejoraba. Abrazaba a una de las perritas que habíamos adoptado y, aunque yo oliera a mendigo, me ponía la patita como reconociendo que estaba sumida en un profundo dolor. Mil por ciento terapia animal, pero no era suficiente para sacarme de ese estado.

Difícil de creer, pero nadie en mi familia depresiva había consultado antes a un psiquiatra. Ni una sola vez. Las penas se curaban con los años, olvido, resignación, o bien, generándose alguna enfermedad degenerativa de tanto resentimiento guardado. Yo pensaba que, de haber un método o un tratamiento, una pastilla que pudiera tomar para no sentirme así, la tomaría de inmediato. Ojalá lo haya. Dios, si existes, por favor ayúdame. No se abrió el cielo, tampoco bajó Dios. Me rodeaba de personas que al parecer no comprendían por lo que estaba pasando o, en el caso de mi mamá, desconocía que había una cura para la depresión y que podía tratarse con un médico. Según recuerdo, ella "se las curaba" durmiendo toda la tarde. Pensé que nada ni nadie podría curar mi ansiedad acompañada de ataques de pánico. Me veía al borde del precipicio. Cada día me sentía más culpable de no poder ser feliz y darle a mi familia otro peso que cargar, el de mis emociones.

Al poco tiempo de regresar de Argentina, falleció mi agüela. Otro golpe de la vida. Por si fuera poco, la persona que vino a hacer su certificado de defunción dijo que le había costado mucho morirse. Sentí horrible. Ni si quiera pudo irse en paz. Pienso que lo que le costó fue soltar. Ella siempre fue muy controladora; y conforme la edad la vencía y las fuerzas se le iban, menos quería soltar. Si en ese entonces hubiera sabido, como ahora, de meditación y aceptación, tal vez habría podido ayudarla a irse en paz. Quedaba poco de lo que había sido alguna vez: no comía, estaba muy delgada. Ya no era la abuela rechoncha y de carácter que yo recordaba. A menudo se quedaba dormida en la silla del comedor y había que cargarla a su cama. Cuántas cosas le tocó vivir a mi pobre agüela, cuántas tragedias y muertes sobrevivió. La de su propia hija. Al final falleció con ochenta y cuatro años de edad. Yo ya no tenía buena relación con ella… me decía que mi novio no era para mí, pero no quise escucharla. «Ese muchacho no estudió nada, vas a traerlo cargando toda la vida como el costal de huesos que es. Recuerda, mija: prometer hasta meter y una vez metido ya no hay nada prometido». Siempre directa y con las verdades en la punta de la lengua, esperando a ser disparadas como filosas espadas. De cualquier forma, la quise muchísimo. Fue mi mamá sustituta durante mis primeros años. Me regalaba vestidos y huarachitos de hule. Me llevaba al mercado, me enseñaba sus joyas y me contaba la historia detrás de cada pieza. Los chales eran su prenda de vestir favorita, sobre todo el rojo. Todo el día me ofrecía comida. Todo el santo día. En su velorio traté de mostrarme lo más comprensiva posible con mamá, que por segunda vez perdía a una figura materna, solo que yo no lloraba a mares como ella. Estaba triste sin expresarlo. Entendía que a mi tía bisabuela le había llegado la hora y no había nada que hacer, pero mamá lo interpretó como "si no lloras es que no te importa". Tan pronto llegó mi prima Katia al velorio, mamá casi me empuja para darle la bienvenida y llorar a gusto con ella, su favorita. Le dijo algo así como: «Katia, que bueno que llegaste, tú sí entiendes lo que significa para mí perder a mi abue». Y yo inmediatamente sentí que había fallado, una vez más, pero tampoco quise enrolarme en las emociones turbias de mi mamá, así que las dejé estar en paz y salí de ahí. Mi puerca interna me dijo: «No eres buena ni para llorar».

El juicio con Eugenio por la patria potestad de los niños seguía su curso. Mis hermanitos testificaban ante un juez, quien juzgaba si corría peligro su integridad, para verificar si sufrían de maltratos por parte de mi madre. Eugenio la había descrito como una loca desquiciada con varios trastornos mentales. La difamó donde más podía dolerle; dijo que era una pésima madre. Alguna artimaña debió usar porque la psicóloga asignada al caso dictaminó que, efectivamente, mis hermanos sufrían de violencia. Aunque estaba lejos de ser una madre perfecta, jamás les puso una mano encima y los consentía mucho. De cualquier forma, el juez sentenció que lo mejor para ellos sería estar con su papá. No podíamos creerlo. El abogado nos había asegurado que los hijos se quedaban con la madre el noventa y cinco por ciento de las veces en que se peleaba la custodia. Mamá estaba desecha. Perder a sus hijos era lo único que nunca podría perdonarse. En su mente estaba acabada y prefería morir. Recuerdo que la madre de Javier, su pareja, le decía: «No te aflijas demasiado. Que los niños se queden con su papá una temporada, a ver qué hace con ellos después de dos meses; vas a ver que te los va a regresar». Me pareció un punto válido y racional. El sufrir por la pérdida de la custodia solo confirmaba que papá había ganado la batalla y le daba el poder de lastimar a mamá en lo más hondo de su ser. Le estaba concediendo el deseo de hacerla pedazos.

Faltaban dos semanas para que mamá le entregara los niños a Eugenio. La desesperación y las emociones de los "adultos" de la casa no se hicieron esperar. Los tres chiflados, es decir mamá, Javier y Silvia la *borderline* tramaban algo. Me acerqué a la sala porque escuché una conversación agitada, con frases como: «Llévatelos a un hotel y vive ahí oculta por un tiempo hasta que te encuentren», «me voy a ir con mi tía a Los Ángeles, cruzándolos en la frontera. Si paso de madrugada y vienen dormidos no me van a decir nada», «¿por qué no te los llevas a Cancún y te quedas ahí unos meses? Se van ustedes tres nada más, nadie sabrá dónde están». Ninguno mencionaba a los tres hijos del primer matrimonio de mamá. Pensé: «Otra vez nos quieren dejar a nuestra suerte a mis hermanos Cortés y a mí. Nadie piensa en nuestro bienestar, ni en qué vamos a hacer nosotros. Una vez más, los importantes son los hijos del segundo matrimonio». Decidí abrir la boca:

—Ninguno de esos planes va a funcionar. Si mamá no entrega a los niños la pueden acusar de secuestro, no pueden ignorar la sentencia de un juez. Punto.

Mi madre me dirigió una mirada de odio e incomprensión, como si estuviera diciéndole: «Sé que odias a tus hijos, ya regálalos y sé feliz». Finalmente, hicieron lo que había ordenado el juez: dejaron a mis hermanos con su papá y se despidieron. Pasaron como dos meses sin que mamá volviera a verlos, y cuando nos reencontramos los niños, se comportaban como si hubieran sido raptados o secuestrados. Evidencia del trauma al que habían sido sometidos tras separarse de esa forma de su madre. Los veíamos un par de días y luego teníamos que despedirlos. Se nos rompía el corazón a todos. ¿Cuánto tiempo pasaría para que nos dejaran volver a verlos? Luego nos enteramos por mi hermanita que Eugenio seguía teniendo episodios violentos en estado de ebriedad y que maltrataba a su nueva novia. Le estrelló una jarra y la novia terminó sangrando, con una herida seria. Mi hermanita lo vio todo. Le suplicó a su papá que la llevara al hospital, pero él se negó. Sangre y más sangre. Violencia perpetrada y no tratada. El dictamen del juez los hizo presenciar la violencia de la que irónicamente creía que los estaba salvando. La escalera al infierno del alcoholismo siempre va para abajo, y abajo los arrastraba el mismísimo demonio.

Mi novio y yo vivimos unos meses de agradable estabilidad antes de la boda, como en las buenas épocas. Pero a medida que se acercaba la fecha, aumentaron las tensiones, y los pleitos llegaban de a tiro por viaje. Por si fuera poco, el anillo de compromiso se partió en tres. Yo se lo regresé, infiriendo que era una baratija. Muy en el fondo lo que me temía es que eso fuera un mal presagio. Mi ansiedad crecía y mi depresión también. Ni siquiera Gloria, mi psicoanalista, sería capaz de sacarme de ese estado de niebla mental para fingir que era una novia realizada y feliz. Le confesé a mamá y a mi mejor amiga que no me quería casar. Una me dijo:

—Ya tienes todo pagado y con tu propio dinero. Ya mejor cásate.

La otra me dijo:

—Si no te comportas como la novia feliz que debes ser, te voy a cachetear.

Aún no llegaba a la conclusión de que mamá estaba acostumbrada a dejarse arrastrar por la corriente de la vida, en vez de plantarse firme ante sus convicciones. Tampoco me senté a analizar que mi amiga vivió todos los días de su vida con una madre eternamente deprimida y su manera de demostrarme amor era diciéndome: «Sal de ese estado, no quiero que te sumas en una depresión por el resto de tu vida. Te golpearé si es necesario».

Con mucha paciencia, Gloria me dijo:

—Coco, podríamos sacarte de esta depresión con terapia, pero el problema es que te casas en dos meses y si no intervenimos con la artillería pesada, vas a ser una novia llorona. —Nadie quiere ser una novia llorona—. Te voy a recomendar con un psiquiatra muy bueno, que además es guapo.

Y por la edad de Gloria me imaginé que sería a un señor de avanzada edad, pelón y panzón. Cien por ciento desagradable.

# Capítulo XIX

La primera vez que vi a Jaques al asomarme por el marco de la puerta me deslumbró como el Sol. Sentí que desde su consultorio irradiaba una luz cálida y brillante. Un primer alivio. Estaba aterrada de tener que ir con un psiquiatra que me fuera a drogar para dejarme en estado vegetal y nunca más volver a ser yo misma. Ni qué decir del miedo a volverme dependiente de alguna sustancia por el historial de adicciones en mi familia. Pero estaba sumergida en una depresión tan profunda que quise hacer caso de la sugerencia de Gloria. Jaques me dijo amigablemente:

—Hola, ¿cómo estás? Pasa.

Me moría de vergüenza, y deseé que la tristeza que se había apoderado de mí no me hubiera quitado las ganas de bañarme ese día. Ni el anterior, ni el de antes. Él me pareció un dulce para la vista. «Este hombre no es cosa de todos los días», pensé.

Sentada en el sillón de su consultorio, contemplando el horizonte arbolado por donde volaba el único halcón de la Ciudad de México, volví a la oscuridad que se había apoderado de mí. Al lugar negro, situado en lo profundo del mar, en el que había vivido los últimos meses. Mis emociones pesaban más que toda la presión del agua allí, pero ahora él estaba conmigo, sentado junto a mí.

—Dime, ¿por qué crees que estás aquí?

Entonces, las lágrimas comenzaron a fluir sin pedir permiso. Le dije que no entendía por qué estaba tan triste si se acercaba mi boda;

también le conté que había sacado todos los rastrillos de la regadera porque tenía ganas de hacerme daño. Quería dejar de sentir la pesadez, la ansiedad y el agobio de despertar en el mismo cuerpo y en la misma vida cada mañana. Aun cuando requiriera apagar la luz de mi conciencia para siempre con ayuda de una navaja. Él me vio con ojo clínico, pero también con compasión, con verdadera intención de ayudarme a salir de la pesadilla a la que me había transportado mi mente. Entendió lo que pasaba conmigo. No me juzgó, no me dijo: «Estás ansiosa porque no haces suficiente ejercicio», ni «para dormir bien debes de levantarte muy temprano en la mañana y no dormir siestas», o «te lo estás imaginando, échale ganas para estar contenta». Cómo odiaba que me dijeran eso. Lo odiaba realmente. Me daban ganas de golpearlos porque mi sentir no podía combatirse echándole ganas. Claramente no sabían lo que decían y nunca se habían sentido así de desolados. Jaques me hizo algunas preguntas muy atinadas, y mis respuestas fueron que sí, que mucho, que muy seguido y que estaba al borde del colapso. Tenía insomnio. Sentía que estaba a punto de enloquecer. Me dijo que me tomara unas pastillas y también unas gotas, que fui a comprar apenas salí del consultorio. Estaba desesperada y mi ansiedad llegaba a niveles estratosféricos. Regresé a los quince días y me explicó que el tratamiento tardaba varias semanas en hacer efecto. Me sugirió que confiara en que todo iba a pasar y que iría mejorando mi estado de ánimo. El medicamento evitaría que me sintiera aún peor y la situación empezaba a estar bajo control.

Los días pasaban lento y después de una semana de tratamiento llamé a Jaques para decirle:

—Esto no me está funcionando, me sigo sintiendo mal. Hace días que no puedo comer bien.

Pacientemente me respondió:

—Pues, ¿qué estas tratando de comer?

—Tacos dorados de pollo —respondí.

Al otro lado se escuchó un conato de risa. Después, amigablemente, dijo:

—No, pues mejor intenta con una sopa o algo más fácil de pasar. Prueba tomar licuados de suplementos alimenticios —agregó—. El medicamento tarda entre tres y seis semanas en hacer efecto. Si fuera algo que te hiciera sentir bien de inmediato, sería una sustancia ilegal y eso no lo recetamos los psiquiatras. Ten paciencia, te aseguro que pronto empezarás a notar una mejora, vas a tener un día bueno y luego otros días malos hasta que los días buenos reemplacen por completo a los tristes y ya te sientas bien.

Solo de escuchar su voz me tranquilicé muchísimo. Una vez más, tuve que confiar.

Al mes y medio de haber ido con él ya estaba casi de vuelta a la normalidad. Pasó exactamente lo que me dijo. Como magia. Definitivamente me hechizó porque ya no lloraba por los rincones como la muñeca fea, ni deseaba que me partiera un rayo. Me había transformado en un milagro de carne y hueso. Pero seguía siendo yo, no perdí un ápice de mi personalidad. Recuperé las ganas de vivir, ya no quería morir. Ese hombre no solo me había salvado la vida, sino que me flechó directo al corazón y se instaló en mi cabeza de forma permanente. Resolvió el enigma que se me presentaba cíclicamente sin avisar desde hacía años. No tiró la toalla por mí. Ey, psiquiatra, ¿quieres venir a mi boda vestido de novio?

Quince días antes de la boda el verdadero novio se echó para atrás. Me dijo que estaba inseguro de la decisión. Que apeláramos a lo que un mes antes yo le había dicho y canceláramos todo. No escuché a mi intuición ni reconocí que ambos teníamos dudas porque en el fondo —y no tanto— algo nos decía que no íbamos a estar bien juntos. Decidí persuadirlo de casarnos haciéndole ver que tener *cold feet* era lo más normal del mundo. Yo ya estaba bajo el efecto del antidepresivo y veía las cosas en un tono más rosa. «¿Qué puede salir mal? Hagámoslo de todos modos». Además, estaba la incógnita —tanto para mi psicoanalista como para mi recién adquirido loquero—, de si la depresión se debía al término de un ciclo muy doloroso en mi vida: el de mi niñez y mi adolescencia. Di por sentado que se trataba de esto último y que casándonos seríamos felices para siempre.

Sobre la cuestión de quién me entregaría en el altar, estaba segura de que mi papá biológico no se lo había ganado. Lo invité a la boda, pero me lo brinqué en la parte donde su papel protector tendría el protagónico. Le di, sin querer queriendo, un escarmiento castigándolo precisamente por no haber estado conmigo todo este tiempo. Caminé sola hacia el altar y mamá le pasó la estafeta de mi cuidado a mi futuro esposo. Un ritual equivocado porque debían entregarme la estafeta directamente en las manos. Nadie cuidará mejor de ti que tú misma.

Me enfermé fuertemente durante la luna de miel. Bandera roja número tres, o treinta y tres. Me sentía invalidada, pero no sabía por qué. Mi mente decía: «Es inútil, nunca lo vas a cambiar; te vendiste una mentira. No va a darte el amor que te faltó de niña». Después, el cuerpo decía: «Si las súplicas de tu inconsciente no fueron suficientes, manifestaré un malestar que te haga saber que vas por el camino incorrecto». Mi médico diría: «Estabas estresada y traías las defensas bajas». *Anyway,* ¿quién se estresa en su luna de miel? Era invierno y estábamos en Nueva York. El clima gélido era un fiel reflejo de las muestras de amor que mi esposo me daría en los años venideros. Tuve una gripe endemoniada, con fuerte dolor en los pulmones al toser, casi como de neumonía. Esa no salía en los folletos del paquete de viaje que contratamos. ¿Dónde estaba el felices para siempre que me vendieron? Yo no había pagado por eso, quería un reembolso.

De regreso de Nueva York le rentamos una casita a Javier por un monto simbólico. La amueblamos con ayuda de nuestras familias y de nuestro trabajo. Las fiestas de los recién casados eran más frecuentes y la soledad acompañada que descubrí a los pocos meses fue creciendo. Dejé de ver al psiquiatra porque me sentía bien tomando el tratamiento, y además no me alcanzaba para verlo y comprar el medicamento. Una u otra. Y opté por el medicamento. Ignoraba que beber en cantidades fuertes podía disminuir el efecto de bienestar. Entonces mis dramas comenzaron nuevamente.

Ya dije que Javier era un hombre de buenos sentimientos, que nos adoptó como hijos propios. Su presencia paternal era evidente. Nos defendía de todo peligro. Incluso corrió al caballerango de un escopetazo al aire por insinuarse y tocar a mis primas de forma inadecuada mientras las subía en la silla de montar. Algo que no le había visto hacer a mis otros dos papás en defensa de sus hijos. Javier seguía adelante en el proceso de recuperarse de las adicciones, y llevaba ya cuatro años en ese camino. Era evidente que quería mejorar. Fuimos testigos de su crecimiento; pasó de ser un hombre triste e infeliz a alguien con alegría de vivir. Y por eso mismo, constantemente le sugería a mamá que entrara a un grupo para familiares de alcohólicos, a lo que ella se negaba repitiendo que el problema era solo de él.

En alguna plática que tuvieron Javier y mi esposo, salió a relucir que mamá estaba en plan insoportable por la competencia malsana que tenía con Silvia, como en carreras de galgos, para ver quién tenía el estilo de vida más ostentoso. Le parecía poco que la mantuvieran a ella y a sus cinco hijos de matrimonios previos. No alcanzaban los cuatro autos estacionados en el garaje. La camioneta nueva no le gustaba porque no era BMW. Tampoco eran suficientes las vacaciones en la playa. Se quejaba... mucho. La escuché decir: «De todos mis esposos, tú eres el menos guapo». Yo me moría de vergüenza. Vaya manera de destruir algo bueno. En lugar de devolverle la agresión, Javier decía cosas como: «Sus emociones están mal. Si no trabaja en sí misma y cambia, yo podría recaer en la bebida y en las drogas». Era algo grave, mi esposo me lo contó tan pronto llegó a nuestra casa. «Dile a tu mamá que, si no mejora su relación con Javier, la van a mandar a volar, hazla entrar en razón». Una vez más, la situación se había puesto tensa. ¿Por qué, mamá? Por qué pasaba esto una vez más, como en un eterno *loop*.

Javier y mamá reñían constantemente, hasta que ella consiguió que la dejara. Él intentó regresar una vez más, pero ella le reclamó su abandono. Quiso chantajearlo. Javier se subió a su camioneta y dijo:

—Me voy; he intentado todo, pero en verdad no puedo más contigo.

Yo no sabía qué era lo que sentía con mayor predominancia, si decepción, enojo, ira, frustración o qué. ¿Cómo ahuyentas a un hombre bueno que te da todo a ti y a tus cinco hijos? Supongo que no era fácil vivir con un adicto en recuperación, pero doy fe de que vivir con mamá tampoco era miel sobre hojuelas. Adiós, Javier. Fuiste un santo, al menos en comparación con los dos maridos anteriores.

Ante el nuevo panorama, mamá tuvo la genial idea de irse a vivir a California. Una vez más estaba orquestando una fuga geográfica. Huir a otro lado, a otro país, huir de la verdad y del golpazo. Suavizar el *uppercut* con *knock out* que la vida y su negación a tratar su enfermedad emocional le estaban propinando.

—Mamá, si vendes los tres coches y la camioneta puedes dar el enganche de un departamentito en alguna zona popular. Puede ser el inicio y de ahí vamos viendo.

Me volteó a ver con cara de que estaba yo loca, y me preguntó si quería que la violaran a ella y a mis hermanas viviendo en un lugar así. «Esta mujer es imposible», pensé. Decidió irse con todos mis hermanos a California. Mi soledad cobraba una nueva dimensión… ahora era materialmente verdadera. Aunque casada, estaba completamente sola.

Durante meses no tuve comunicación con mamá y mis hermanos. De tanto en tanto nos escribíamos correos electrónicos, pero la tecnología no era el fuerte de mamá. Lo poco que sabía era que se había ido a vivir con su tía, la de la casa blanca bonita, la que alguna vez visitamos en Los Ángeles. Mis hermanos entraron a escuelas públicas y convivieron con la parentela méxico-americana. Se adaptaron lo mejor posible a sus nuevas circunstancias. Mamá, por falta de recursos, abandonó pronto el tratamiento psiquiátrico que le había recetado el mismo médico que me atendía a mí. Como en todas sus decisiones *random*, pensó que sería una buena idea. Pasaron un par de semanas y entró en abstinencia por cortar de tajo la medicación con Clonazepam. Algo muy peligroso. Descartó lo primero que nos dijo el psiquiatra cuando las dos iniciamos el tratamiento. «Este medicamento se toma y se suspende solo bajo supervisión médica». Mis hermanas me cuentan que la veían tener espasmos a medianoche. Como si le estuvieran practicando un exorcismo. Un efecto por abandonar el medicamento de golpe. Su amorosa y loca tía decidió internarla así nomás en un hospital psiquiátrico para que la trataran. A mis hermanos no les permitieron verla durante cinco semanas, argumentando que les haría daño verla. Quedaron varados en casa de unos desconocidos después de la de por sí traumática separación del tercer matrimonio de mamá. Niños sueltos, medio perdidos, sin padre y con la mamá internada en un psiquiátrico. El marido de la tía amorosa tenía métodos poco pedagógicos para educar a mis hermanos. Cuando decían que estaban aburridos, los llevaba al *backyard* y los ponía a cavar hoyos en el jardín para luego taparlos. A pleno rayo de sol californiano. Cuando terminaban, les preguntaba si seguían aburridos. Mis dos hermanas menores limpiaban la casa a cambio de ser aceptadas. A mis cuatro hermanos los trataron como lo que eran, unos arrimados. En México yo también sufría por ellos, aunque no supe que mamá había estado en un hospital, mucho menos psiquiátrico, así de nula era la comunicación que teníamos. En esa época, mi hermano Pato entró de lleno en el mundo de las drogas. Fue en Riverside. Ya había probado el alcohol y la mariguana, pero allá le dieron su primera probadita del *crystal meth* o metanfetaminas. El primo hermano de mamá lo introdujo. Le tomó poco volverse adicto a la sustancia, que lo abrazaría por un largo rato y le detonaría las enfermedades mentales que llevaba en los genes, en estado latente, durante todos esos años.

Mis fantasías prematrimoniales y mi nueva vida de casada no se hablaban, nunca se conocieron. Comía de manera compulsiva y empecé a beber en mayor cantidad. En los eventos que mi esposo organizaba junto a sus amigos, la finalidad era ver quién terminaba más tomado. Las reuniones de fin de semana eran obligadas, no había opción de no asistir porque la mayoría sucedían en mi casa. Hacían juegos estúpidos para beber *shots*. Les divertía escalar las bromas, insultos y agresiones entre ellos. Eran mega bebetorias en las que mi esposo solía dejarme con sus amigos para irse a dormir. Lo hacía constantemente: «Porque tengo que ir a trabajar», «porque tengo clases», «porque tengo un evento en la noche». Conseguí recrear el ambiente de mi primera infancia, siempre en soledad y con un hombre ausente. Rodeada de alcohol. Bebía para sedar mis emociones, para fugarme del vacío. Lloraba con cualquier persona porque me había quedado sin familia, porque mi esposo nunca estaba conmigo, y porque cuando estaba, me ignoraba y era frío. Mi soledad se instalaba diariamente en casa, mientras mi pareja trabajaba todo el día y luego asistía a clases nocturnas por no haber estudiado la universidad cuando le correspondía. Iniciaba su carrera universitaria a los veintisiete años, justo cuando nos casamos, a pesar de que le pedí que esperara seis meses más. Fue un desaire, sentía que me decía: «No me interesa pasar tiempo contigo. Total, ya me casé y ahí estarás mucho tiempo». Como si yo fuera un mueble. Me convertí en una cómoda, en una silla más de la casa, acumulando polvo. No sabía que el amor que me faltaba debía provenir de mí. Pedírselo a alguien con desesperación no resolvería nada. Igual peleaba con él por cualquier cosa. Le di una patada al parabrisas de mi coche en un berrinche de borracha. Le di una patada al coche seminuevo, que pude comprarme con mucho esfuerzo y que amaba más que a mi propio esposo. Las cosas se estaban saliendo de control.

Por supuesto, seguía tomando mi tratamiento psiquiátrico. De lo contrario, estoy segura de que me habría matado. Me pasaba por la cabeza estamparme en el auto a toda velocidad contra un muro de contención. No lograba resolver el cúmulo de problemas ni liberarme de la gran piedra que cargaba en mis espaldas. Tuve tres choques automovilísticos. Ninguno en estado de ebriedad, más bien en estado de vulnerabilidad. Los percances eran solo un reflejo de mi malestar. El primer accidente fue durante una salida a comer con amigos de la oficina. Decidí girar en U, cual suicida, en una avenida concurrida. Nos enganchó un auto que venía en el carril opuesto. Sencillamente no lo vi. Me sentí muy culpable porque todos tuvieron que usar collarín menos yo. La segunda vez choqué contra el auto de enfrente por venir distraída, pensando en mi familia. Me preguntaba cómo estarían después de ver la foto que me mandó mamá por correo electrónico: mamá, cadavérica como anoréxica, parecía paleta *Tootsie Pop*, cabezona con un palo de base. Mis hermanos tristes y divagantes subidos en un auto. Me eché a llorar. No vi un semáforo en alto. No registré que debía bajar la velocidad y frené del impacto a unos setenta kilómetros por hora contra el auto de enfrente. El copiloto salió lesionado, me gritaba de insultos. Asustada, pedí disculpas por haber perdido no solo el control del coche, sino también de mis emociones. Me sentía responsable de la infelicidad de mi familia. Culpable por vivir en un departamento nuevo en México, tratando de hacer mi vida. Tremendamente frustrada ante la incapacidad de ayudarlos. Codependiente.

El tercer choque también tuvo que ver con mi madre. Estaba de visita en México y me pidió que la llevara a quién-sabe-dónde. Sin importarle cómo, sin preguntarme si me metería en problemas por hacerlo. Su narcisismo siempre le impidió ponerse en los zapatos de los demás. Tampoco me preguntó si tenía suficiente gasolina, ni se ofreció a pagarla. Daba por descontado que yo vivía una vida mejor que la suya. Mi codependencia me hacía sentir que estaba siempre en deuda con ella y que no era correcto decirle que no. Ponerle límites. La llevé más lejos de lo que había contemplado y los minutos para regresar a tiempo al trabajo desaparecían. Venía a alta velocidad, tratando de regresar a la oficina. Había llovido fuerte y en una curva pronunciada se me atravesó un auto a toda velocidad, queriendo cruzar tres carriles. Seguramente un chamaco saliendo de la universidad. Di un volantazo para esquivarlo y mi auto comenzó a girar cual trompo en la avenida. Vi, en cámara lenta, objetos volar dentro del auto. De milagro no me maté ni lastimé a alguien. Frené de golpe contra un kiosco de periódicos, que quedó abollado y con los cristales rotos. Un ángel se bajó de su coche y me preguntó si estaba bien. Me revisé, estaba entera. A pesar de que había sido un choque aparatoso, no había sangre en ningún lado. Podía moverme. Me preguntó:

—¿Tienes algún lugar a donde ir aquí cerca?

—Sí —dije—, voy rumbo al trabajo.

—Te sugiero que te vayas antes de que llegue una patrulla.

Le hice caso y me fui directo a terminar mi jornada fingiendo que no había pasado nada. Todo está bien, fue solo una aproximación a la muerte. A la fecha, mamá no sabe nada de este accidente.

Seguía comiendo y bebiendo de más para calmar la tristeza. Había aumentado casi tres tallas, y tenía la cara inflada y abotagada. Me mostraron una foto que me tomaron en una fiesta, y me costó reconocerme por lo gorda. Me horrorizó verme así y decidí hablar con mi esposo. Le dije que era infeliz, que teníamos que arreglar las cosas. La poca convivencia nos estaba orillando a una separación inminente, y si no poníamos atención, la relación iba a terminar tarde o temprano. Decidí ponerme en forma. Hice dieta y ejercicio con la idea de tener el físico sano y normal de una joven de veinticuatro años. Sin importarme si mi esposo se burlaba de mí, diciendo que comer tres kilos de lechuga para cenar no era hacer dieta. Debía comer menos.

Mi primera hermana, Mirelle, no soportó más la situación a la que mi madre la había arrastrado en California. Con todas las fuerzas de una niña de dieciocho años, decidió regresar sola a hacer su propia vida en México. Otra guerrera. Me rogó que la alojara en el departamento donde yo vivía con mi esposo, cosa que a él no le gustó nada. Le recordé que mi familia era caótica, distinta a la suya, y que no podía dejar a mi hermana desamparada. Codependiente o no, veníamos de una tribu desastrosa, sin padre, y yo no iba a abandonarla. Me dijo:

—Un mes y se va.

Yo estaba feliz de tenerla en casa, de sentirla cerca, de tener alguien con quien hablar. En las tardes le preguntaba sobre sus planes y llevábamos un calendario mental con los días que le quedaban a nuestra convivencia. Mi esposo comenzó a comportarse como un desconocido. La despreciaba, tenía malos gestos, la evitaba. Le hacía reclamos si se había comido los pastelitos de chocolate que había comprado para sí mismo. Con otras palabras, mi agüela ya lo había etiquetado de poco generoso.

—Eran solo unos Pingüinos. No hay mucho que comer en esta casa y tenía hambre, ¿qué quieres que le diga?

Para él, mi hermana era la representación de todo lo que estaba mal en mí, en mi familia, la viva imagen de mi locura. Le cobró con malos tratos su estancia y ella no lo tiene precisamente en su lista de personas favoritas. El resentimiento que fue generando hacia mi familia yo lo sentí hacia él, multiplicado.

Después de dos años de suplicar, había conseguido un trabajo como Asistente de Mercadotecnia en un corporativo de entretenimiento. Quería comenzar a ejercer mi creatividad detrás de cámaras, ser parte de la planificación del entretenimiento. No quería que mi futuro estuviera atado a mis *looks*, apostar a favor a mis genes de envejecimiento. Tampoco quería mantenerme en un papel tipo "La Chilindrina" toda la vida. Mi trabajo en la tele era un medio, no un fin. Tal vez me den permiso para grabar el programa de la misma empresa un par de años más y mantener ambos empleos. Se vale soñar.

Aprendí mucho siendo asistente del director de mercadotecnia de aquel entonces. Era un hombre que venía del mundo del entretenimiento. Tenía un ego del tamaño del universo y desde el comienzo sus intenciones conmigo no fueron las más puras. Decía que la confianza lo era todo. Era duro con las mujeres en su equipo, y lo calificaban de misógino. «Elige mujeres con baja autoestima para poder maltratarlas a su antojo», escuché decir a una compañera. La descripción checaba conmigo. Debía estar sentada a las ocho treinta de la mañana, con el café y la agenda listas, y recibirlo como Rachael de *Blade Runner*. Me llamaba Blade-Coco. Como buen *bully*, les inventaba apodos burlones a todos en la oficina. Me pedía que le llevara el café personalmente a la sala de juntas de la dirección general para presumir que la conductora del canal era su sirvienta. Pero conseguía buenos resultados y lanzaba estrategias asertivas, así que el director general lo tenía en buena estima. Yo me decía que todo tendría sentido si dentro de un año o dos lograba colocarme en algún puesto del canal o como coordinadora del área de mercadotecnia. La asistente anterior tuvo esa suerte.

Nada más lejos de la realidad. Cuanto más me esforzaba por hacer bien mi trabajo, más trataba de retenerme mi jefe. Platicando con él las posibilidades de crecimiento, dijo que me quería en el mismo escritorio al menos durante cinco o seis años. ¿Al menos? Me cayó como plomo. Soy *millennial.* Esperaba llegar a la Dirección General en año y medio. No quería permanecer de asistente tanto tiempo, quería participar en las estrategias de lanzamiento de las películas y ejecutar buenas ideas para una de las compañías de entretenimiento más grande del mundo. No lo pedía de inmediato, pero seis años no me cabían en la cabeza. "Asistente de por vida", diría mi tarjeta de acceso al corporativo.

Mi matrimonio iba de mal en peor. En la boda de mi prima Vera, le confesé a Katia, mi casi hermana, que me quería divorciar. Ya le había contado todos mis problemas. Que ahí no había pareja, era más bien dispareja. Mi esposo se había expresado muy mal de mi madre durante los últimos meses. La culpaba silenciosamente de haberle echado a perder su estilo de vida acomodado, es decir, el que le daba Javier, su exsuegro rico. La despreciaba sin tener en cuenta que, a pesar de todo, era mi mamá. Fue muy torpe de su parte no comprender que juzgar duramente a tu suegra no ayuda a sostener una relación cordial con tu pareja. Mamá había venido de visita a México después de varios meses de silencio. Llegó con mis hermanos a mi departamento. Todos teníamos muchas ganas de vernos, pasábamos un buen rato y no queríamos despedirnos. Hablamos, reímos, lloramos. Por la noche llegó él, les puso mala cara y dijo:

—Ya es tarde. No son horas de visitas.

Y, en pocas palabras, me pidió que los corriera. Fue la gota que derramó el vaso. Hasta aquí llegamos.

Ya decidida a separarme, busqué una vez más a Gloria para que me apoyara en el proceso. Estaba fuera del país y no podría verme, sino hasta dentro de tres semanas. Pensaba, pensaba, pensaba. Necesitaba sacar eso que sentía. ¿Quién me podría escuchar?... No iba a perder mi tiempo con un nuevo terapeuta. Buscaría a Jaques, el psiquiatra guapo. *Smart move.*

Llamé a su consultorio para hacer cita y conseguí que me recibiera esa misma semana. Durante cinco sesiones me aconsejó hacer lo

posible por salvar mi matrimonio. Dejar como última opción la ruptura. Dijo cosas como: «Dar el último esfuerzo para que, cuando
llegue el momento, te sientas tranquila y en paz con tu decisión». Yo
salía de ahí cada vez más atraída por el doctor y menos resuelta a
quedarme en mi relación. Semana tras semana me descubría enamorada de mi salvador. El único que pudo curar mi enfermedad del
alma sin juzgarme de pesimista. De perezosa por dormir de más. De
nerviosa por dormir de menos. De floja por no echarle ganas a la
vida. Parecía entenderme como nadie. Lograba hacerme sentir en
paz durante la sesión y hasta dos días subsecuentes antes de volver a
mi realidad. La penúltima vez que fui con él, pedí las llaves del baño
del edificio para verme al espejo y arreglarme. Al verme en el reflejo,
pensé: «Tonta, te estás enamorando. ¿Sabes cuántas se enamoran de
su terapeuta? Eres una más».

Séptima sesión. La consulta llegaba a su fin. ¿Son mis nervios o
Jaques se rio de mis bromas? ¡Ahí está! La vulnerabilidad que yo estaba esperando y buscando. La empatía con su paciente, pero también
algo más. No solo me daba consejos útiles de vida, sino que estábamos
estableciendo un vínculo. La transferencia. Aunque me gustaba el
prospecto de agradarle a Jaques, tan pronto salí al estacionamiento
para subirme al auto me entró una tristeza instantánea mezclada con
frustración. Era inalcanzable. «Cómo me gustaría tener a mi lado a un
hombre así de estructurado, que resuelve todos mis problemas». Y la
puerca alcanzó el micrófono: «Paga el estacionamiento, babosa, y dé-
jate de tonterías».

Sabía que mis fantasías no eran fáciles de realizar. También que
estaba harta de mi vida en dispareja. Era como vivir con un *roomie* que
me detestaba, y el odio era recíproco. ¿Dónde quedó la pistola con la
que un día casi me mata accidentalmente? Bueno, no importa. Un día
le dije:

—Estoy buscando un cuarto para irme de aquí.

Su respuesta kilométrica fue:

—Ok.

A la semana siguiente busqué a Annia, mi querida amiga de la universidad, que estaba al tanto de mi situación. Le dije:

—Me largo, ¿me ayudas a sacar mis cosas a la hora de la comida?

Un poco sorprendida y otro poco preocupada, me dijo:

—¿Es en serio? Bueno, te ayudo en lo que necesites, Coco.

Como rateros trabajando a plena luz del día llenamos el coche. Metimos la ropa, los artículos personales que consideraba indispensables, mis documentos, la plancha, el cesto de ropa. Me sorprendió la velocidad a la que terminamos. La huida era lo mío, tenía pericia. Gitana húngara. Iba a mudarme a una recámara pequeña de azotea, con cocineta y un gran patio en la colonia Del Valle, mi casa número catorce. Una vez más viviendo en el espacio destinado al servicio, mientras en mi cabeza escuchaba el himno a la libertad. Los muebles del departamento de casados que me regalaron mis familiares se los quedó él. No quiso devolverme nada y yo me encargué de que supiera que no lo necesitaba, ni a él ni a su departamento ni nada que hubiera estado ahí. De cualquier forma, no tuvo la más mínima intención de hablarme para resolver nada. Dejó las cosas como solía hacerlo: a la suerte. A ver si yo regresaba a buscarlo teniendo como guía a mi gran codependencia.

En el proceso de separación decidí escribirle un correo a Jaques. Le dije que necesitaba ser honesta con él, que ya no podía seguir viéndolo porque estaba perdiendo objetividad, me había desenfocado y mi interés no era meramente terapéutico. Traté de ser clara, de decirle que estaba interesada en él a nivel personal. Dudé un largo rato en darle *click* al mouse para enviarlo. No sabía qué reacción podría tener él. Me dije: «Hazlo, aviéntate como haces con casi todo». Pasó un día, y otro y toda la semana sin tener ninguna respuesta. Ni un comentario, una oración que dijera: «Lo siento, el sentimiento no es recíproco, ya no podré atenderte en este espacio». Nada. Mi ansiedad se iba convirtiendo en angustia por haber cometido el error más grande que alguien puede cometer. Me llamaron un día antes de la consulta para confirmar la cita y pensé:

«Buena regañiza me va a poner. Qué vergüenza, no quiero ir. ¿Y si lo dejo plantado?».

Como pude, me arrastré a la cita. Llegué con la vista clavada al piso, varias revistas en mano para donarlas a la sala de espera del consultorio. La secretaria me indicó que pasara con el doctor. El pasillo se me hizo eterno y no sabía cómo enfrentar la penosa situación. Al mismo tiempo, lo único que quería era ver su cara. Afiné mi intuición al máximo para descifrar —en los primeros segundos de intercambio de miradas— si él estaba molesto, contento, indiferente o preocupado por mí. Con una sonrisa intermedia, me dijo:

—Pasa.

Uff, si lo leyó y está decepcionado de mí, nunca más volveré a poner pie en este lugar, la humillación comienza en tres, dos, uno....

—Cuéntame, ¿cómo has estado?

¿Cómo que *cómo he estado*? El corazón me latía a mil por hora. Había estado preocupada, ansiosa, emocionada, decepcionada, feliz, en euforia con cortos períodos de miedo extremo y sentimientos de derrota. ¿Estaba jugando conmigo? ¿Quería que le confesara mis pecados? Estaba dispuesta a hacerlo y hasta a llorar para mostrar que me había equivocado. Luego, mi transgresora de bolsillo me dijo: «No seas cobarde, pregunta por el *mail*».

—Te mandé un correo, ¿lo leíste?

Y puso cara de desconcierto. Mi angelita dijo: «No sabe nada, ¡estás salvada por un milagro!». Y tratamos de seguir con la consulta como si nada. Hablé de mi trabajo, de mi jefe odioso, de mi separación, de mi nueva vida en el departamento de azotea. Lo noté distraído y llegó el momento en que me preguntó:

—¿A qué cuenta de correo mandaste el *mail*?

—A Hotmail.

—Ah, es que ese casi no lo reviso. ¿Quieres que lo abra ahora?

Noooooooooooooo. NO. No. Volteé a ver el reloj y justo había terminado el tiempo. Inventé una excusa aleatoria poco creíble y dije que debía salir rápido a casa. Él, con su singular perspicacia, dijo:

—Nos toma dos minutos. Solo dime qué decía el *mail*.

Ahora o nunca. O le declaras tu amor, quedas como una más y te arrepientes de haberlo hecho, o te martirizas toda la vida de no decirle lo que sientes. Le dije la verdad, que me gustaba. Él sonrió y con eso supe que no solo era un amor correspondido, sino que pintaba que seríamos una pareja tipo el Santo y Blue Demon que, en lugar de luchar contra Drácula y El Hombre Lobo, lucharía contra la Peliaguda Depresión, la Miserable Ansiedad y, por supuesto, contra La Puerca.

Tan pronto se enteró de mi reciente separación, el jefe comenzó con mensajes de texto de intenciones equivocadas. Salía de viaje y me llamaba en el horario nocturno local para decirme que me extrañaba. Que extrañaba estar conmigo, platicar conmigo. Yo trataba de navegar por aguas tranquilas, llevándole la corriente. No sabía cómo ponerle límites. Tenía que pagar la renta. Luego los mensajes de celular escalaron y me escribía cosas como «¿ya te bañaste?, ¿qué traes puesto?». Pero se me agotó la paciencia cuando al terminar un evento público del trabajo, me pidió que lo acompañara a comer. Me llevó a un restaurante japonés y mientras comíamos me contaba lo mucho que extrañaba tener una amante. Que su matrimonio no le satisfacía y que lo que más extrañaba de su relación extramarital era el sexo anal. Sí, eso me dijo. Casi escupo la sopa. No me asustaron tanto las palabras como el hecho de que salieran de la boca de mi jefe, y que se me estuviera insinuando con aquella vulgaridad soez. *Estoy metida en un tremendo problema.* A los pocos días, su desesperación lo llevó a hacerme una proposición directa: «Uno de estos días podría mandarte una limusina con un pasajero incógnito que te lleve a cenar y a pasar una noche romántica con él». Este tipo, además de acosador, me sale con tramas seductoras de pornografía barata y se dice profesional del entretenimiento. Nomás falta que en la limusina quiera poner canciones de Arjona para seducirme. Si tanto extraña el sexo anal, le voy a recomendar un buen vibrador, ¡pero para él!, y no de pilas, de motor a gasolina.

Decidida a cambiar mi situación en la empresa, tuve el valor —y la estúpida inocencia— de ir a denunciar el acoso del cual había sido objeto ante la nueva y muy joven gerente de recursos humanos. Recuerdo cómo se le salían los ojos de órbita mientras le relataba los hechos. Sin disimular la incomodidad, me dijo que trataría de ayudarme, y me dejó bien claro que lo que proseguía en el proceso de denuncia era un careo con mi jefe. Nos enfrentarían para decirnos las verdades. En ese duelo primitivo se encontraría al vencedor. Qué absurdo, qué infame. Me quieren poner a pelear contra mi jefe. Es un circo. Ya me estaban tratando como a una mentirosa que tenía que probar algo a través de una confrontación directa. Como no encontré la respuesta que deseaba, decidí escalarlo con el Director General de la compañía. Estaba dispuesta a exponer a mi jefe con cuanta persona pudiera y hacerme justicia, incluso fui a pedirle un puesto al Vicepresidente del área de Licencias y le conté de los abusos. Un error detrás del otro. Acostumbrada a abrirme paso sola, pensé que aquí también podría resolver las cosas a mi manera. En mi ingenuidad, no sabía que estaba cavando mi propia tumba. En lugar de recibir justicia, en poco tiempo, recibí tres sanciones o cartas administrativas de Recursos Humanos diciendo que no hacía mi trabajo como el puesto lo requería. Pronto me llegó mi despido. Fue ni más ni menos el Director de la compañía quien me despidió, porque mi jefe no tuvo el valor de hacerlo en persona. Solicitó mi salida justo cuando el muy cobarde se encontraba de viaje. Furiosa, dije cosas como:

—Me despiden porque no quieren que les arme un escándalo en Argentina o en Estados Unidos, pero aún puedo hacerlo.

A lo que el Director respondió:

—Tú qué crees que me es más sencillo, ¿correrte a ti o encontrar a un nuevo Director de Mercadotecnia?

Descolgó el teléfono y pidió que su chofer me llevara al instante a las oficinas de Conciliación y Arbitraje.

—Asegúrate de que ahí mismo firme su renuncia. No te vayas de ahí hasta que te muestre el acta.

Y, como si todo eso no bastara, pidió que el personal de seguridad me escoltara desde su oficina hasta la puerta de salida en una larga caminata humillante. Una demostración de poder ante los colaboradores de la empresa. Mis compañeros de trabajo me veían asombrados y me lanzaban miradas lastimeras. Me hicieron pasar por criminal y persona non-grata, cuando días antes era la estrella favorita de su segmento infantil en televisión. Traía puestas las esposas de la vergüenza.

Los ejecutivos de Argentina no entendían la decisión de las cabezas de México.

—Pero, ¿cómo? El Director de Mercadotecnia vino recientemente a Buenos Aires y habló maravillas de ti. Dijo que serías mejor en oficinas que en el canal de televisión como conductora y quiso disuadirnos de sacarte del canal para que continuaras con tu trayectoria en el corporativo junto a él.

Por suerte, y gracias a una amiga que se encargaba de la producción del programa, no me corrieron también de ahí y yo, por mantener uno de los dos trabajos que tenía, decidí no decir ni una sola palabra a nadie más. Toda esta pesadilla fue la experiencia menos "entretenida" que había tenido en mi vida: nada de fantasía y diversión, mucha perversidad, opresión y misoginia. Estos cabrones incluso intentaron arrebatarme mi participación en el programa de televisión. Me desenamoraron de una marca a la que le había tenido amor desde chica. Me llevó tiempo reconocer que nadie iba a disculparse conmigo por eso… nunca.

Le confesé a Gloria que me encontraba en el peor momento de mi vida por una cantidad de malas experiencias. Fantaseaba con morir. En apenas seis meses me había separado, me desentendí de cualquier patrimonio que hubiera podido dejarme esa unión, y me despidieron del trabajo. El balance al corte: catorce domicilios, dos desalojos, un padre bipolar y dos padrastros que suman tres figuras paternas alcohólicas, un abandono en la infancia, dos depresiones, un hermano adicto a las drogas, dos huidas de casa, tres choques automovilísticos, el inicio de un problema con alcohol, conductas de mini-*border*, tres trabajos informales, cuatro formales, un despido, un divorcio, veinticinco años.

Esta vez no me iba a levantar, estaba rota de tantos vuelcos de la vida. Soy igual o peor de inestable que las Balázs de la generación anterior.

Aunque tenía la ilusión de desarrollar una relación con un amor recién encontrado, no sabía si iba a resistir la presión ni la imprevisibilidad que los obstáculos le imprimían a mi vida. La inestabilidad es y seguirá siendo para mí como la kryptonita a Superman. Y yo no soy Súper Coco.

# Capítulo XX

Las nubes negras del despido del trabajo y la separación se disiparon. Se instaló una niebla gris claro, más manejable. Mi ex no me buscó una sola vez, no llamó, no texteó ni mandó correo. Nada. Fue una muestra más de que no tenía ningún interés en recomponer la relación. Lo busqué y le pedí que nos viéramos. Estando ahí, sentados en un café, después de no vernos ni saber nada del otro, él no hacía más que atender llamadas de trabajo, tal vez porque quería demostrar algo. Había terminado la carrera y se había convertido en "alguien". Tenía un puesto importante. Lo único que me quedó claro es que ni siquiera estaba dispuesto a apartar un par de horas de la agenda para la persona con quien tuvo una relación durante los últimos diez años. Le pregunté cómo estaba. Traté de que me platicara un poco sobre su nueva vida, pero al cabo de tres o cuatro interrupciones con el celular le dije simple y llanamente:

—Quiero el divorcio.

Estuvo de acuerdo en firmarlo y nos veríamos dos semanas después en la Delegación Magdalena Contreras, donde nos casamos. Sin embargo, a pesar de que estaba convencida de lo que quería, cuando el juez nos preguntó si estábamos seguros de querer terminar la relación, quedé muda. Me comió la lengua el ratón. Fue entonces que él suspiró y dijo:

—Sí.

Firme aquí, acá y por acá. Listo. Divorcio exprés porque no hubo hijos de por medio. Más tarde caí en la cuenta de que él también tenía algunos rasgos de personalidad narcisista. El ego, sobre todo. Me casé con alguien similar a mis padres. Buscaba constantemente su aprobación, y desde luego, la obtenía poco o nunca. La consecuencia: sentir que no era suficientemente buena. Además, claro, de recibir pocas demostraciones de afecto y, esencialmente, tratar de ver mi reflejo en un espejo que me devolvía una imagen distorsionada. Perpetuando el siguiente sentimiento: no valgo.

Mamá trató de evitar lo inevitable refugiándose con sus hijos en Estados Unidos. Un año después tuvo que regresar a la Ciudad de México a enfrentar la realidad y hacer lo que le había sugerido: ponerse a trabajar. Iba a empezar de cero porque se había gastado el poco dinero que tenía. Debía construirse su camino como maestra de inglés, como extra de anuncios, vendiendo cosas, dando clases de piano y extracurriculares.

Se mudaron a un departamento de unos sesenta metros, a lo mucho, en la calle Fernández Leal en Coyoacán, dentro de un conjunto tipo vecindad. No era lo que se dice hermoso. En la colonia, de nivel socioeconómico medio alto, había casonas intercaladas con casitas modestas de puertas hechas con tablones. Por suerte, la gentrificación no había devorado todo a su paso en esa calle y aún quedaban rentas económicas. El departamento tenía un solo baño diminuto, que compartían cuatro personas. Podías bañarte, hacer pipí y lavarte las manos sin cambiar de sitio. Todas las mascotas del edificio se hacían oír cada que entraba o salía alguien. Los olores penetrantes se mezclaban. Llegaba un tufo de ajo frito, detergente, pipí de perro y coladera destapada. La realidad de mi familia. Al menos tenían donde pasar la noche. Mi hermano Pato, tercero en la línea de sucesión, decidió quedarse en California. Drogándose a escondidas de mamá con una sustancia muy adictiva y potencialmente letal. Matándose lentamente a su antojo.

La relación de mamá con Eugenio seguía siendo mala. Le daba largas para apoyarlos con dinero. Y, cuando le daba, aportaba poco. Eugenio no estaba precisamente en el punto más alto de su vida laboral ni produciendo mucho. Ingresó al hospital por una peritonitis y, como no fue tratada a tiempo, le cortaron parte del intestino y le hicieron una colostomía. Tuvo gastos elevadísimos. De millones de pesos. Por suerte contaba con seguro médico, *but still...* Él, entre todos los seres vanidosos del planeta, tuvo que cargar con sus propias heces en una bolsa durante semanas. Tuvo una recuperación larga, en la que no se privó de avergonzarse de sí mismo hasta las lágrimas y de encerrarse en su casa, deprimido. Su novia lo dejó. Definitivamente no era un buen momento. Fue una patada traicionera de la vida, mezclada, quizás, con un poco de karma.

Mamá me llamaba para decirme que la trataban mal en el colegio donde trabajaba. Querían que abriera la escuela a las seis de la mañana y que se quedara a juntas de padres de familia después de las diez de la noche. La explotaban. La escuchaba y quería salvarla, pero mis pláticas con la psicoanalista me decían que eso sería recaer en la codependencia. Debía dejar que cada quien resolviera sus propios problemas. Cuando iba a visitarlos les llevaba el desayuno. Mamá y yo íbamos juntas al súper a comprar lo necesario. Aunque generalmente se colaban en el carrito de compras algunos otros artículos indispensables con los que no contaban. Los muebles de su casa eran de tercer uso, la casa tenía pelos de todas las mascotas. Dos perros, dos gatos. No tenían suficiente vajilla para poner la mesa completa, y alguien terminaba comiendo el pastel con cuchara o bebiendo refresco en una tacita de té. Improvisábamos sillas usando el banco del piano. Me inquietaba verlos así, y sentía culpa de no poder rescatarlos de la desgracia. Y los *collages* que mamá pegaba en su cuarto con la banderita de los Estados Unidos como referencia exacta del lugar en el que quería vivir, lejos de inspirar, me daban pena.

Inicié una relación amorosa con Jaques. El psiquiatra que siempre estaba dispuesto a escucharme. El que había elegido como profesión curar la infelicidad de las personas. Recuerdo que al contarles a mis amigas que estaba saliendo con él, una me dijo:

—Coco, ¿por qué tanta diferencia de edad? Te lleva quince años. ¿No serán tus *daddy issues*?

Y le dije:

—¡Por supuesto! Soy consciente de que me conseguí un papá amo-roso como mi nueva pareja, y soy feliz por ello.

Y otra me dijo:

—Un psiquiatra… ¡Ay, qué bueno, Coco! Seguro te va a entender como nadie.

Léase: nadie te entiende. Nuevamente con la etiqueta de la inesta-ble, confundida y bala perdida.

Varios meses después de iniciar la relación me mudé con él a un departamento cerca del Instituto Nacional de Pediatría, nuestro pri-mer nido de amor. Aunque no había superado del todo la ruptura con mi ex, volví a ver la vida en colores (y no se me da la soltería). La es-tabilidad que irradiaba Jaques me tranquilizaba con su sola presencia. Cada noche nos ilusionaba vernos y platicar sobre nuestro día con una copa de vino en mano. Escuchaba su música. Su amor sanador fue el remedio que yo necesitaba. Me escuchaba pacientemente relatar mi vida, mi dolor, mi alegría. Se interesaba auténticamente en mis fobias y mis filias. Nos reíamos a carcajadas. Y cada día, desde que lo conocí, descubrimos que tenemos muchas cosas en común. La hipersensibili-dad. Admiración por el arte. El gusto por hacer deporte y verlo en televisión. El balance perfecto entre ser antisocial y amar la fiesta. El silencio. La fascinación por la naturaleza. Los viajes. El sexo.

Mis amigas tenían razón. Este hombre me entiende y, lo mejor, no me juzga por estar loca. Participa y disfruta conmigo en la mayoría de mis disparates. Es mi consejero. Me estabiliza y me orienta, aunque a veces entremos en disputas por cómo resolver las cosas. Me da direc-ción. Todo eso al tiempo que me observa a distancia mientras invento nuevas locuras con las que entretenerme.

En mi casa número quince, mi primer hogar, empecé a convivir con Renée la hija de dos años de Jaques. Yo, la espanta niños, huyendo siempre de lo que mida menos de un metro veinte de altura, convi-viendo con una criatura. Un ser curioso y parlanchín, al que tuve que adaptarme rápidamente. No le gustaba nada compartir a su príncipe azul. Y a mí tampoco me fue fácil compartir el cariño de mi novio con ella, pero me daba cuenta de que ese hombre era un excelente papá. La educaba con mucho amor y una devoción total. Definitivamente un punto a favor para él y para nuestra relación. ¿Cómo no enamorarme de un buen padre, si fue eso precisamente lo que no tuve? Sin titubeos acepté la vacante de mamá suplente para formar mi propia familia. Una familia bonita. Lo que siempre había deseado en lo más profundo de mi corazón. Pero desde que nací me gusta llevar la contraria. Quiero, pero no quiero. Lo deseo profundamente, pero mejor te lo regalo. Lo tengo, pero no lo cuido. Con el correr de los años recordé lo que significaba estar a cargo de un infante y logré, como pude, desempeñar el exigente trabajo de mamá. En ese momento no veía los beneficios, la inversión a largo plazo que estaba haciendo en Renée porque mi mala actitud y mi egoísmo se interponían en el camino. Yo necesito toda la atención. La puerca, harta de eso, me preguntaba: «¿A qué hora se va la niñita?». Me costaba dar amor maternal, sobre todo al principio. Y mi novio lo notaba.

Él me sugería que jugara con Renée y yo, a regañadientes, cedía. Ponía pretextos para zafarme de los cuidados y las responsabilidades. Lo hacía cuando no quedaba de otra. Aunque, rendida y metida a la tarea, me entregaba por completo al pasatiempo, igual que papá conmigo. Lo disfrutaba. Me las ingeniaba y hablaba con diferentes voces. Hacía locuras con los muñecos. Me inventé que uno —mi favorito— comía exclusivamente cables de plástico. Al principio, Renée me miraba extrañada, luego reía conmigo a carcajadas y días después me exigía que jugáramos con el Come-cable. Comenzó a generarse un vínculo especial y cariñoso entre nosotras. Aún, a sus dieciséis años, permanece.

Nos casamos un martes. Entre pensarlo y hacerlo pasaron unos cinco o seis días. El registro civil andaba sin trabajo. Sin embargo, en este enlace no habría anillo de compromiso ni boda tradicional. Me negaba al ritual de apartado de vaca con anillo de compromiso y a gastar mi dinero en una fiesta para que, por segunda vez, todos opinaran de mí y de mis decisiones. Los dos llevábamos un divorcio en la bolsa y decidimos ahorrarnos todo el numerito de la fiesta. Mejor hacerlo en silencio, casi como una travesura. Nos pasó el juez a la sala y el fotógrafo preguntó por nuestros invitados.

—Somos dos.

El juez vio nuestras actas de divorcio previas y dijo:

—Aquí no tengo nada que contarles, ustedes ya saben de qué se trata el matrimonio y que el compromiso en papel es muy fácil de romper. Lleven su compromiso en el corazón. Señor, dígale que la quiere mucho todos los días. Señora, sea tolerante.

Y sin más, nos dio a firmar el acta de matrimonio. Me pareció una ceremonia concisa y hermosa. A la salida del registro cada uno se fue a su respectivo trabajo compartiendo un bello secreto.

Ahora que lo pienso, lo que más perduró de mi primer matrimonio fue el hechizo con el sapo. Santería, para ser exactos. Silvia y mi ex estaban convencidos de que Jaques, mi actual esposo, me había poseído y manipulado con chochos. Me reconocían la voluntad de un zombi. Durante años tuve un sueño recurrente: regresaba con mi ex, pero notaba algo sospechoso en el reencuentro que me era incómodo. Tan pronto recordaba a Jaques, entraba en pánico y exigía que me devolvieran mi vida como la conozco ahora. Despertaba de un sobresalto. Harta del *loop* eterno en el que me metía mi inconsciente, quise remediarlo.

—Mamá, pregúntale a tu hermana si se le pasó contarme de algún ritual o amarre que me haya hecho.

Tras colgar conmigo, a mamá le entró una llamada de su hermana. Les digo: somos todas brujas en esta familia, igual que la tatarabuela Epigmenia.

—Ay, flaquita, dice tu tía que sí, que hicieron un culto a Obatalá y mataron a un sapo como ofrenda.

Bingo. Balázs-Bingo. Los cuentos de hadas nos dicen que para conseguir un príncipe debemos besar a uno o varios sapos, pero para conservar a tu esposa... ¡hay que matarlo! *Really?* La sugerencia del chamán al que acudí para remediar el asunto fue que dejara de usar la prenda de mi ex que tenía conmigo. Un anillo de oro que me regaló a los quince años, y que me encantaba. Dijo que debía tirarlo a la basura. Me quedé helada, pero lo hice. Y funcionó, el sueño dejó de aparecer. Ya no supe si el chamán buscó el anillo entre mi basura al día siguiente.

Me llamó mi otra tía, de los Cortés, para decirme que mi papá biológico estaba mal. Lo habían internado en la clínica psiquiátrica San Rafael, al sur de la ciudad, por otro intento suicida. Lo encontraron embadurnado en pintura de óleo amenazando con prenderse fuego. A esa altura ya no me espantaba; me limitaba a escuchar la información que venía del otro lado del teléfono.

—Gracias por avisar, tía.

—Pero, ¿no vas a ir a verlo?

—¿Quién? ¿Yo a la San Rafael? Si a él no le importa si estamos vivos ni si tuvimos qué comer en los últimos veinte años… Ojalá mejore pronto.

Tan pronto terminé la llamada me entretuve con pensamientos poco comunes del relato que había escuchado. ¿Cómo se vería papá cubierto en pintura de óleo? ¿Se habrá cubierto también la cara o solo el cuerpo? ¿Habrá estado desnudo, tipo *body painting*? ¿Habrá usado colores fosforescentes? ¿Su obra tendría algún tono predominante? ¿Habría algo en ella que delatara su estado maníaco del momento? Si dijo que iba a prenderse fuego, ¿tendría el encendedor en la mano o pensaba hacerlo con unos cerillos? ¿Alcanzó a ponerle nombre? Yo le llamaría *"Burn baby burn"*. No por maldita, sino porque estaba desligada de cualquier sentimiento de preocupación por una persona que dejé de ver años atrás. Ya no lo conocía. Y recordé la única vez que, de niña, pinté con óleos. En el cuadro aparecía un paisaje con dos inmensas montañas en muchos tonos de verde. Llamaba la atención que ante tanto paisaje hubiera una personita apenas perceptible en ese bosque. Una niña con dos coletitas, un vestido color morado y zapatos azules. Era yo. Tenía siete años cuando lo pinté y los adultos hablaban de la melancolía de aquella pintura, pero ninguno hizo nada por remediarlo. Y el cuadro se perdió junto con mi autobiografía y el retrato a computadora que hice a los diez años, los poemas, dibujos, y otros objetos valiosos —para mí— que abandonamos en tanta mudanza.

La última información que recibí de mi papá la obtuve la última vez que hablamos por teléfono hace unos cinco años. Me pareció raro el número de donde llamaban y en el celular podía ver la ubicación: Phoenix, Arizona. Decidí contestar y escuché esa voz que siempre reconozco al instante. Fresco como es, dijo:

—¿Qué onda, mi amor? Quiero contarte que he estado de gira, tomé un coche y manejé de Phoenix a Nueva York con un nuevo grupo que formé. —Manejó de Phoenix a Nueva York ¡Son como cuarenta horas!—. He estado muy contento porque ahora estoy tocando con estos nuevos cuates que sí me entienden…

Bla, bla, bla, bla, bla, *boring*, bla, bla, bla, bla, bla, bla, bla, bla. Quince minutos de monólogo. Hablaba rápido y sin parar, definitivamente estaba maníaco otra vez. Triunfaría y ganaría un Grammy, me lo juraba. Reconocí en mí el mismo estilo para enrolarme en fantasías estúpidas y poco probables. Una de sus pocas herencias. Eso y el amor por la música. Alcancé a decirle:

—Por favor, cuídate. Tienes que ir a ver a tu médico para que te recete tus medicamentos.

Colgamos. Ni una sola vez me preguntó cómo estaba yo ni qué había sido de mi vida durante los últimos cinco años que teníamos sin hablarnos. A partir de entonces no contesto ninguna llamada proveniente de Arizona. Le recomendé a mi hermana Mirelle hacer lo mismo porque sé que se altera cuando recibe sus llamadas. Ya no sueño con que mi papá regrese a verme como en *Interestellar*, que encuentre un hoyo negro que distorsione el espacio-tiempo ni que me devuelva la vida que nos perdimos juntos.

Un día me di cuenta de que, sin proponérmelo, rompí el record de permanencia voluntaria en una relación de pareja. Volteé a ver a

Jaques y, no sin asombro, le di el dato duro. Cumplíamos once años juntos. Él también rompía su marca personal. Sin dudas, la etapa más estable y próspera de mi vida. Viajamos algunas veces a Nueva York, me visitó en mis grabaciones del programa en Buenos Aires, aprendí a esquiar en Lake Tahoe, me sorprendió con un vuelo en helicóptero para ver un glaciar en Alaska durante mi primer crucero. Disfrutamos del mar en México y en el extranjero. Apostamos en Las Vegas. Conocí Japón, y más tarde China. Mi vida personal se volvió un puerto seguro. Mi prioridad absoluta. Los fines de semana íbamos al cine o a comer algo en familia. Renée decía que éramos los tres mosqueteros, y decidió bautizar al gato "Batman". Años después llegaría una segunda gatita a la que llamamos "Robin", como Robin Wright. Jaques y yo cuidamos responsablemente a las tortugas de agua dulce: Lechuga y Tomate. Repetíamos la rutina escolar y laboral con diligencia, con el gozo de pertenecer a una manada. Nos entreteníamos con juegos por las tardes. No nos hacía falta nada. Teníamos los pelos de la burra —y de la felicidad— en la mano. Jaques y yo llevamos casi quince años de relación. Y aunque a veces me pesa su temperamento de mecha corta, sé que él, a cambio, me entiende y me quiere como a veces pienso que nadie lo hará.

Desde luego, me ocupé de levantar algunos muros a nuestro alrededor para evitar que alguien corrompiera mi tesoro. Los cuidé como a Rapunzel. Si había reunión con los Balázs, iba casi siempre sola. A veces, si mamá hacía *hotcakes*, me llevaba a la pequeña cachetona, también conocida como Renée. Hubo un fuerte desapego con mi familia nuclear. Y la única forma que encontré para estar bien con unos y más o menos bien con otros fue evitar mezclarlos. Aun hoy las familias no se conocen, aunque mi esposo decidió adoptar a casi todos los Balázs como pacientes *pro bono*. Y eso que son muchos.

Después de vivir en Coyoacán durante un año, mamá y mis hermanos se mudaron a la Unidad Habitacional Pemex, al sur de la ciudad. Seguían viviendo en un condominio popular, pero ahora tenían el doble de espacio, unos generosos ciento veinte metros cuadrados. Mi hermano Pato había regresado. De nini[2] en Estados Unidos a nini en México. Habiéndole dado vuelo a la hilacha a las drogas en el norte, tuvo a bien comenzar a consumir las sustancias locales en grandes cantidades. Un ácido por la mañana, mariguana por la tarde, alcohol para dormir bien. Buenos días, vino; buenas tardes, mota; buenas noches, psicotrópicos. Hechos: los Cortés llevamos genes maniacodepresivos en la sangre, y las drogas pueden disparar la enfermedad. «Juguemos a la ruleta rusa», dijo Pato.

Pato empezó a portarse raro, casi no dormía. Hablaba solo durante toda la noche. Salía a la sala vestido de mago —varita incluida—, diciendo que convertiría la casa en un museo y pintaría todas las paredes. Cobraría la entrada y toda la familia viviría de eso. Crearía una lámpara multifuncional a partir de una pequeña hoja de papel en forma cónica, que colocaría sobre el celular para generar una iluminación única. Se haría millonario, se autoproclamaba genio no reconocido. Tampoco se bañaba muy seguido y apestaba. Le gritaba a mamá y amenazaba con golpearla mientras mi hermano Eugenio, el huevo muerto y retenido, intentaba impedirlo. Por las noches, las mujeres se encerraban en sus cuartos y trataban de evitar a Pato. Por las mañanas, mamá lo despertaba, con hedor etílico, para llevarlo a trabajar. Mi madre había vivido rodeada de parejas alcohólicas y ahora le regresaba el malestar con su propio hijo. Una tras otra, la vida le ofreció muchas pruebas que la invitaban a romper con su codependencia. Y llegó el día en que lo corrió:

—No se van a consumir drogas en mi casa, y no vas a hacernos pasar por esto. Si te quieres destruir, ve y hazlo.

Mi hermano durmió varios días en estaciones de metro y llegó a buscar comida entre la basura. Regresaba a casa de mamá oliendo a meados. Ella le dejaba darse un baño y lo despedía nuevamente. Silvia se apiadó de él y lo hospedó en su casa durante un tiempo. Al cabo de algunas semanas lo internó, sin avisarnos, en un anexo para rehabilitación por drogas. A

---

2. Ni estudia ni trabaja.

favor de la internación, pero absolutamente en contra de la manera en que lo hizo, le dije a mamá que su hermana loca debía decirme al menos dónde estaba mi hermano, o le tiraría la puerta de su casa. Válgame Dios, estamos todos locos.

Con tirabuzón y un mes después nos enteramos de que el anexo estaba en Tacuba. Mi mamá, mis hermanos y yo fuimos a ver a Pato. Los anexos, también conocidos como granjas, son horrorosos. Ves y percibes mucho sufrimiento, gente que tocó un fondo espantoso. Personas abandonadas que quemaron todas las naves. No les queda nada. Las pulgas, cucarachas, miseria y olor a patas son lo de menos. Todos andan enchanclados. Te observan con la mirada perdida en ataques de ansiedad o pánico. Algunos lloran, otros gritan. Pero ahí, en el mismísimo infierno, también hay luz. Hay un resquicio de esperanza. Existe la posibilidad de iniciar un camino hacia la recuperación. Así vimos a Pato, perdido y derrotado al fin. Con esperanza, aunque mínima, de salir adelante. Cumplió su primer año en sobriedad y fuimos a su aniversario. Convivimos con personas amorosas que le tendían la mano todos los días. Le hablaban con mucho cariño y nos cobijaron como parte de una gran familia en recuperación. Dios, si existes, gracias. Fue una fiesta hermosa, una celebración de un nuevo camino de bienestar, pero había que leer la letra pequeña: el regalo de sobriedad duraba solo veinticuatro horas. Si no asistía diariamente a terapia de grupo, las posibilidades de recaer aumentaban.

Pasaron dos años y Pato volvió a beber y a drogarse. Siempre se puede tocar un fondo peor, solo hay que salir a encontrarlo.

Mamá, ampliamente superada por la situación, por fin pidió ayuda en un grupo de familiares de alcohólicos. Fue, creo yo, la mayor bendición de su vida. Nadie la había confrontado tanto con su realidad ni con las mentiras que se contaba. La hicieron madurar a través del dolor. Hizo un inventario de resentimientos. Reconoció que se había equivocado, y mucho. Me pidió perdón. Le pidió perdón a cada uno de sus hijos e hijas. Se esforzó por cambiar y corregir el camino. Cuando yo la provocaba se quedaba callada. Alguien me había cambiado de madre, que ya no peleaba. ¿Quién es esta señora? Por favor, devuélvanme a la que iba por la vida con camisa de fuerza.

Durante todo el alboroto de Pato y la agitación que vivieron mamá y mis hermanos con él, mantuve una distancia prudencial. Llevaba veintinueve años lidiando con mi familia, y procuraba fugarme al proyecto de construir mi propia vida, lo único que debía importarme. Pensaba que, si no les pedía nada, se me perdonaba el no dar. Sabía que necesitaban ayuda, pero eso era verdad desde el día que nací y yo ya no tenía nada más que dar. No a ellos.

Mi hermana Mirelle decidió mudarse con una amiga. Me gusta llamarla "la segunda primogénita" porque le tocó ser la mayor de la familia cuando me marché. La vi abrirse camino en la universidad, luego de haber sido una de las poquísimas seleccionadas en la escuela de diseño del Instituto Nacional de Bellas Artes. Diario viajaba en metro y caminaba largas distancias, aun con su problema de cadera. Se movía en pesero, cargando su aparatoso material a treinta y tres grados, que se sentían como cuarenta y dos dentro del camión. Se desmayaba, se recuperaba y seguía. Su creatividad se vio potenciada por los bajos recursos. Un diamante en bruto no es otra cosa que carbón sometido a una enorme presión durante años. Pues eso mismo le pasó a mi hermana con ese sentimiento aplastante. La moda se convirtió en una de sus grandes pasiones. Organizaba idas a los tianguis con pacas de ropa y se pasaba horas buscando estilos valiosos que catalogaría como *vintage*. Pasaba tardes y noches enteras frente a la computadora, seleccionando los atuendos más atinados, los *killer looks*. Aprendió a tejer telas finas, a cortar, medir, estilizar, dibujar, colorear y graficar. Hizo dibujos impresionantes empleando toda clase de técnicas. Los vendió todos. Un día se graduó. Y sentí una alegría inmensa, una gran paz al pensar que no sería una *school dropout* embarazada a los dieciocho. Nos parecemos en lo aferradas. En lo independientes. En la terquedad por salir adelante. Nos abrimos camino como pudimos. Aunque nuestras cartas fueran diferentes de las del resto desde el día uno.

Suelo resolver mis asuntos. Pero los atravieso en plena confusión, tropezando con obstáculos y sobreponiéndome casi de panzazo. Logré pagarme mis estudios y terminar la preparatoria, titularme en la universidad e incluso estudiar una maestría en Administración de Negocios en el Tecnológico de Monterrey. Hasta ese momento había aprendido a resolver mi propia vida, aun cuando mi camino tuviera más desvíos que el de las personas más cercanas a mí. Tuve muchos trabajos, dieciséis o diecisiete, y en todos traté de encontrar la felicidad, la realización, el éxito. Sin embargo, no me sentía bien conmigo misma. Sentía que el éxito debía de ser algo mejor, algo como una sensación de plenitud permanente. Sufría por no alcanzarlo, y pensaba que todos y todas lo tenían, menos yo. Trataba de conseguir alguna victoria, una medalla de la vida que te reconociera como alguien valioso. Los demás tendrían que reconocerme, e iba a lograrlo a través de un puesto de trabajo, del éxito material, de la fama. *Bullshit*. Igual, a mis treinta y cinco años decidí darle el golpe a un último trabajo en un corporativo. Me ofrecieron el puesto de Gerente Comercial en tiendas departamentales de una conocida marca de ropa italiana. Tendría a mi cargo quinientos puntos de venta. ¡Eso es! Lo que me faltaba para coronarme en el círculo de triunfadores. Decidí poner todo mi empeño. Iba a ser perfecta, costara lo que costara.

Me posicioné como una mujer independiente, capaz y valiente —en mi mente, al menos—. Me deshice, sin escrúpulos y en tiempo record, del equipo de trabajo anterior. Renové el área. Recorría dieciséis kilómetros diarios en bicicleta en la caótica y peligrosa Ciudad de México para ir y regresar del trabajo. Era sustentable, *bitch*. Fui todo terreno: me daba igual si había lluvia. Me vestía a la moda para mantener un estatus de persona actual e informada. Llegaba peinada y maquillada. No tardaba más de quince minutos en comer algún menú light y vegetariano, para luego regresar a mi puesto de trabajo, a mi torre de control. Atendía a los clientes y gestionaba la construcción de cincuenta nuevos puntos de venta. Aguantaba a los narcisos, machos y misóginos de los directores (el narcisismo me persigue), quienes siempre mostraban superioridad para que no notáramos su tremenda inseguridad. Resistí a las envidias y la envidia me consumió. Odié a todos y, por supuesto, todos me odiaron. Dije que sería perfecta, ¿cierto? A nadie le cae bien una persona que busca la perfección de manera obsesiva. Y mientras pensaba que acariciaba la gloria, en realidad me resquebrajaba como muñeca vieja de porcelana a la que se le empiezan a notar las cuarteaduras.

# Capítulo XXI

En casa lo único que quería era olvidarme del trabajo bebiendo un par de cervezas, algunas copas de vino. Primero fueron solo los jueves, luego desde el miércoles, y luego ya era común beber toda la semana. Los fines de semana lo único que quería era estar en algún mega reventón donde terminara tomada —y si había sustancias, mucho mejor—. Ingería lo que fuera que me hiciera olvidar quién era, qué hacía, de dónde venía y hacia dónde iba. Buscaba la ceguera, perderme en la negrura del alcohol. Y lo logré. Mientras más, mejor. ¡Que nunca termine! Bienvenida a la ruleta rusa a la que jugaba Pato.

En ese estado escuchaba a mis demonios con una nitidez ensordecedora, incluida la puerca. «Acaba ya con tu vida». Me encontraba en la época más estable y cómoda que había conocido. En realidad, no quiero morir, no estando en mis cinco sentidos. Pero mis monstruos insistían en que yo no valía nada, decían que les robaba oxígeno a los demás.

Por supuesto, el consumo me envalentonaba a hacer cosas que sobria no podría hacer. Solía tener ideas malas, o directamente pésimas, e ignoraba las cálidas sugerencias de mi amor propio. Regalaba mi dignidad a diestra y siniestra. Hacía el ridículo. Por ahí, enrolándome cada vez más en el alcohol y consumiendo más drogas, tuve la grandiosa idea de incursionar en el poliamor.

Sin dejar de estar casada, quise confirmar o descartar —si es que realmente puede confirmarse o descartarse algo así— una posible bisexualidad. Con pleno conocimiento y aprobación de ambas partes. El acercamiento probablemente fue incorrecto; una amiga lesbiana dice que lo que haces en consumo no cuenta, que es necesario estar en tus cinco sentidos para saber quién eres y qué quieres. Experimentar en ese estado y buscarse a una misma a través de estimulantes y estupefacientes no me condujo a la realización, más bien a la autodestrucción. No me arrepiento de nada, pero en mi interior se produjo una implosión. Fue mi estrepitosa caída al precipicio. El *ménage à trois* revivió ferozmente las ideas suicidas. La sensación de no valer nada. La autoestima rota. La pesadez de las consecuencias nacidas de actos destructivos. Atenté contra mi paz y me jugué en un volado mi relación. ¿Por qué, una y otra vez, destruyes lo bueno que tienes? Y yo, ingenuamente, pensaba que eso me hacía sentir viva. El *rush* del peligro. Romper límites; #transgrediresmipasión. Llegar a los extremos de toda situación. Incluso Gloria, mi analista, reconoció:

—Coco, quizá el trío no fue la mejor estrategia de construcción de autoestima.

La primera vez que quise matarme fue estando tomada. Jaques y yo habíamos discutido, como el cincuenta por ciento de las veces que a mí se me pasaban las cucharadas. Me ponía necia, mala-copa. Cuando se fue a dormir me pareció buena idea seguir bebiendo sola y escuchar las canciones más tristes que pude encontrar. Me giraba la vida estando parada sobre el banco de metal, con el cuello atado a una viga. La puerca al micrófono: «¿Cuál es el mejor momento para morir? Este segundo o el que sigue. Nadie te quiere. Tu esposo te desprecia por borracha. Hazlo, cobarde. Ya quiero que acabe todo esto». Ahora sí lo llevaré a cabo. Vamos, inadaptada, tú puedes. Ya me cansó esta existencia vacía, esta penitencia que llaman vida. Diario lo mismo, es aburridísimo. La vida dura para que hagas todo lo que quieras hasta tres veces. TODO. ¿Con quién tengo que quedar bien? ¿Quién o qué me castiga si me mato? Al final todos vamos a morir, solo pido llegar a la meta en turbo chinga. Nací con prisa. Por fortuna, algo me hizo desatar la improvisada soga y llegar a la cama para caer como un bulto de regreso a mi vida resquebrajada.

El segundo intento para matarme también fue consecuencia de mi forma descontrolada de beber; intenté saltar por la ventana desde un séptimo piso. Desde mi departamento. Jaques, asustado, permaneció a mi lado toda la noche velando mi sueño y tratando de impedir una tragedia. Varias veces me paré y fui intempestivamente hacia la ventana. Varias veces mi esposo me sentó a la fuerza, desesperado con la situación. Mi locura se alimentaba con palabras como: «¿A quién se le ocurrió todo esto? ¿Cuándo dije que yo quería estar aquí? Me arrepiento de haberlo hecho. Regrésenme a la nada. El vacío sabe mejor porque no existe. Esta conciencia me está matando día a día. Este yo ya me fastidió. Quiero volver a empezar. ¿Dónde me reseteo? Nadie ha vuelto de la muerte, entonces seguro ahí termina esta pesada existencia». Me di de alta como donadora de órganos; donde los egipcios tuvieran razón y necesitara de ellos para la siguiente existencia ya me chingué. Sigamos. ¿Dónde quedó el Rivotril? ¿Y las pastillas esas con las que se envenenó la mujer con los hijos? La familia de la noticia horrenda, en la que solamente ella sobrevivió. Qué mal karma y qué mala forma de ser resiliente. No me vayas a hacer esa gracia, cuerpo, tendríamos que dejarnos vencer. Gracias a la señora, ahora te venden esas tabletas con más controles que los que tienen en una cárcel de máxima seguridad. ¿Por qué la industria farmacéutica se clava tanto en la supervivencia? Seré activista para que nos dejen la libertad de envenenarnos, aunque sea de vez en cuando. No quiero sentir dolor. Simplemente desaparecer.

Lo peor sería intentar suicidarme y hacerlo mal. Saltar del banco y que la soga improvisada se rompa, quedando cuadripléjica y no muerta. Arrepentirme a medio camino, disparar el gatillo, dejarme un hueco en el cachete y de paso volarme solo la oreja como Van Gogh. Quería morir, no vivir portando permanentemente un *freak look*. Que se me atore la pantufla antes de saltar por la ventana y nada más me tire los dientes con el muro. Sonrisa para la foto. Que el veneno que beba no sea suficiente y solamente me provoque un dolor infernal con lavado de estómago y enema incluido. Salir corriendo en una tormenta eléctrica, tratando de cachar un rayo y que lo único que consiga sea quedar sorda y con *PTSD*[3]. Meterme a la tina con la secadora de pelo para descubrir que la dejé desconectada y que hace meses que no funciona. Correr en círculos con unas tijeras de pollero bien afiladas apuntando hacia el estómago, tropezar con el gato y matarlo. Que me avienten mi piano desde el séptimo piso, acordarme que, por ser digital, no pesa tanto y que no mataría ni a un niño mal portado. Inyectarme una gran cantidad de Botox para quedar inmóvil de cuerpo completo y convertirme en comida de gatos, pero caer en cuenta de que mi esposo pronto llegará a casa para impedirlo. Comprar un sable ninja para hacerme el Harakiri, dedicar una hora a la ceremonia previa, sacarlo de la funda, apuntarlo hacia el abdomen y, tras varios intentos, descubrir que se trata de una réplica para disfraz. Correr mar adentro con la intención de nunca regresar y que un amigo lo eche todo a perder gritándome: «Ya te vi, Alfonsina Storni, regresa acá». Arrancarme el corazón con mis propias manos, sacarlo de mi pecho escurriendo en sangre, latiendo; develando en el intento que mis uñas son tan delgadas que no alcanzo a rasgar ni la estampita de los plátanos que compré en la mañana, menos mi propia piel. Matarme de hambre (muero de aburrimiento primero). Ponerme detrás de un caballo para que tire una patada mortal, con sombrero, camisa a cuadros y botas con espolones puestos, solo para descubrir que lo único mortal en eso es el olor de la caca que me cae en los pies (el caballo que conseguiste es el más mansito de todo el establo). Ofrecerme como voluntaria al primer viaje a Saturno conociendo el 0.0001% de probabilidad de regresar y luego reconocer que debí haber estudiado física para ser candidata. Cargar gasolina en la estación de servicio, tirar el celular al piso esperando generar un chispazo y percatarme de que, obvio, ya no tiene batería. Meter un objeto metálico en la corriente eléctrica y descubrir que no conduzco bien ni la electricidad, nada lo hago bien. Dejar de respirar, podría hacerlo ahora. No, no pude. Estamparme en el auto a toda velocidad contra un

---

3. Trastorno de estrés post traumático por sus siglas en inglés.

muro. Pinches bolsas de aire, ahora te las ponen hasta en el trasero. Morir adrede es muy complicado. De todas formas, elegí la opción de empastillarme como estocada final.

En este tercer y último intento terminé en el hospital, intoxicada por alcohol, drogas, un puñado de pastillas para dormir y antidepresivos. El elevador del alcoholismo va para abajo, nunca para arriba. Yo estaba decidida a llegar al mismísimo infierno. La autodestrucción es lo mío.

Todavía escucho, a veces, el llanto de mi esposo en el hospital, desconcertado, preguntándose en silencio por qué yo había sido tan egoísta dejándolo solo al intentar morir de esa forma violenta y cruel. Tres veces casi logré abandonarlo. Yo lloraba igual, derrotada por mi comportamiento errático y destructivo. ¿Por qué dañas y te dañas, qué quieres lograr? Lo que sea, estás a punto de conseguirlo. Detente. Supe que si seguía por ese camino lo iba a lograr: iba a destruir mi vida y probablemente la de varias personas a las que quiero profundamente. Toqué fondo.

# Capítulo XXII

Como un ángel caído del cielo, literal, apareció Pituca (así nos decimos Regina y yo, las dos somos Pituca porque ninguna quiso ser Petaca). Regina es mi vecina, mi confidente, mi hermana elegida y mi socia de negocios. Mi propia Lucifer de bolsillo, reivindicada. De tanto en tanto, coincidíamos en el elevador del edificio. La observaba en las asambleas de condóminos, muy gritona, despierta, lista y adorablemente simpática. La clase de persona que, por el simple hecho de ser, atrae como un imán. Mientras yo caía en el abismo del alcohol, ella llevaba casi quince años sobria. Además del alcohol, compartíamos otra afición: correr. Un día me invitó a trotar con ella y la seguí como a una luciérnaga en la oscuridad. Me regaló un libro que contaba su historia: *Girando en un tacón*. Me atrajo su forma de ser, su *coolness*, su humor sarcástico y sin tapujos, pero, sobre todo, sus ganas de vivir. Le hablé de mi sufrimiento, de mi imposibilidad de controlar la bebida y de lo destructiva que resultaba en la vida que tanto trabajo me había costado construir. De mi miedo de lograr suicidarme un día. Por todo eso, Pituca me llevó a una primera terapia de grupo. Me acercó a la escalera de mi recuperación, y por eso le estaré siempre agradecida. En las juntas me dieron herramientas para recuperar la razón y reconocer mi problema.

Antes de comenzar la rehabilitación pensaba que no había sentido alguno de la existencia, que la vida era algo totalmente irrelevante. Esto lo sentí, sobre todo, en la adolescencia y hasta los veinticinco. De todos modos, llevaba demasiados años quejándome y culpando a los demás de mi infelicidad, de mis trastornos emocionales, de mi inestabilidad, de mis fracasos profesionales. Me consideraba algo así como una nihilista. Saboteando el amor por la vida, y sustituyéndolo por odio y resentimiento. Era *follower* de Nietzsche (la puerca fue alumna suya). Hasta que leí su teoría del eterno retorno[4]: «La vida es un ciclo en el que los estados se repiten y se repiten *ad infinitum*. El presente se convierte en pasado y el futuro será presente y luego pasado», y concluí: «¡Ay, no jodas, qué cansado vivir otra vez todo esto! ¿Qué puedo hacer para evitarlo? Adiós, Nietzsche». Pasé de la inutilidad de la existencia a la alegría de vivir. De azotarme pensando que sin el peso de la vida no habría vida, a dictaminar que también me gustaba si era ligera. De hecho, me gustaba más. Luego adopté una postura más sana con respecto al eterno retorno. Como en la vida no hay ensayos y cada toma es "corte y queda", decidí intentar que los retornos infinitos no me intimiden ni me avergüencen. Si tuviera que hacerlo todo de nuevo, quisiera hacerlo con la frente en alto, sin temor. Así, *La insoportable levedad del ser* dejó de ser mi libro favorito y pasó a ocupar un honorífico segundo lugar.

Con las herramientas de la terapia de grupo me di cuenta de que el camino fácil era echar culpas, resentirme, enojarme, estallar. Cualquiera puede hacerlo, basta apenas con observarse. Y ahí, haciéndome plenamente responsable de mi problema con mis adicciones, y asumiendo que soy la única responsable de mi bienestar, se conjugaron y cobraron sentido todas esas sesiones de psicoanálisis, lecturas de autoayuda y terapias. Creo que incluso el antidepresivo me sentó mejor.

Comencé a comprender mis fallas. ¿De qué manera había contribuido yo a esos "malos momentos" de vida? ¿En qué me beneficiaba actuar así? ¿Qué parte malsana y enferma estaba alimentando? ¿Por

---

4. Consiste en aceptar que todos los acontecimientos del mundo, todas las situaciones pasadas, presentes y futuras, se repetirán eternamente.

qué me conmiseraba de esa forma? Y, lo más importante, ¿qué había ganado con mi actitud? Nada más que problemas.

A mi hermano Pato no le estaba yendo bien con su recuperación. Lo habían enviado a Cuautla con Silvia para repetir la fórmula de rehabilitación que usaron con Javier, el ex de mamá. Pato iba a quedar bajo la supervisión de mi tía, que llevaba más de veinte años sobria. El novio de la tía era gerente de, ni más ni menos, un teibol con *pole dancers*. Silvia decía que los meseros del lugar eran todos alcohólicos en abstinencia, supuestamente en recuperación. Y, según ella, eso le haría bien a mi hermano. Aun en abstinencia, Pato actuaba extraño, hablaba solo, no dormía y fumaba como chimenea. Estaba muy irritable y me gritaba cuando iba a visitarlo. Cuando decidía irme, Pato se alegraba porque —decía— le molestaba mi estilo de vida capitalista. Me llamaba "vendida al sistema", me juzgaba por tener un auto. No era él. Un día simplemente desapareció de la casa. Decidió irse caminando desde Cuautla a la Ciudad de México. El equivalente de casi tres maratones. El recorrido le llevó algo así como veinte horas, le produjo un montón de ampollas y una lesión en el pie. Si antes no caminaba ni para ir por cigarros… Un día se apareció en casa de mamá y prontamente decidieron internarlo en un centro de rehabilitación de Querétaro. Los internamientos suelen durar entre cuatro y seis semanas; mi hermano estuvo allí tres años.

Conforme pasó el tiempo, la relación entre Eugenio y mamá se fue recomponiendo lentamente gracias a los hijos. Habían pasado catorce años desde la escena violenta y la huida de casa. Mamá había trabajado sus resentimientos y ahora podía verlo como el padre de sus queridos hijos. Yo también lo veía ocasionalmente y le hacía saber que, a pesar de todo, lo quería por haber estado ahí para nosotros. Por haber sido un *good enough parent*.

Una noche me llamó Marie, la menor de mis hermanas, para decirme:

—Papá está en terapia intensiva, al parecer se le paró el corazón unos minutos durante la cirugía y está en coronaria.

La intención de la intervención era reconectarle el intestino, derivado de la colostomía que le habían realizado hacía dos años, pero tuvieron problemas con la anestesia. Yo estaba en Italia, siguiendo al pie de la letra mi interpretación de la mujer perfecta con el trabajo perfecto, pero ahí se me cayó el primer pedazo resquebrajado de porcelana. Y fue grande. No quería que muriera mi padre. Toda la dolorosa experiencia de papá con la colostomía me enseñó su lado más vulnerable y deseé con toda mi alma que se recuperara.

Cuatro semanas después reagendaron la cirugía para quitarle la bolsa inmunda. ¿Y quién se ofreció a cuidarlo en el hospital? Mamá. Me quedé atónita. Aprendí una gran lección sobre el perdón. Por mi parte, recordé lo bueno de Eugenio y me permití retomar la relación que terminó de forma tan abrupta. Nadie debe guardar resentimiento, menos por tanto tiempo. Era el momento de recomponer la conexión con la figura paterna más trascendente de mi vida. Y desde entonces comencé a decirle "papá". Era la única de sus hijas que no lo llamaba así, defendiendo un lugar que quedó vacante hacía muchos años. Reconocí mi error y le otorgué su puesto. Salió del hospital con apenas medio intestino, pero dentro del cuerpo. Un mes y medio después, el médico dijo:

—Esta vez, la cirugía fue un éxito.

Y papá recuperó no solo su vida normal, sino la relación con su familia. Por fin, y en todos los sentidos, dejaría de llevar consigo su popó.

Una llamada telefónica puede cambiarte la vida, quizá por eso odio hablar por teléfono. Le avisaron a mamá que necesitaban el departamento donde había vivido durante los últimos siete años. Justo cuando podía decirse que mi familia estaba estable, asentada. Debían desocupar el inmueble en un mes como máximo. Ya no había lugares en la zona con una renta tan baja, buena ubicación y espacio decente para una familia de cuatro. Y con una segunda llamada telefónica le confirmaron que debían realizarle una histerectomía total para prevenir un cáncer. *Fuck*. Dinero para la mudanza. Dinero para la cirugía. Dinero para los mudanceros especiales del piano de mamá.

No sabía que una persona podía dormir con semblante de profundo dolor, cosa que descubrí la noche que pasé junto a mamá en el hospital. Pobre, hasta dormida sufre. Mirelle le encontró un departamento por la estación del metro Barranca del Muerto, frente a una central camionera. Todo el día la reversa de los colectivos, camiones arrancando, camiones frenando, camiones pitando. Choferes mentando la madre. Ruido. Y gente, mucha gente. Miles de peatones desplazándose hacia y desde el metro. Vendedores ambulantes. Fondas.

Unos quince días después de la cirugía fui a visitarla. Silvia, la de los tornillos flojos, estaba ahí, pero mamá adivinó que yo no gozaba mucho de su presencia y me pidió que fuera con ella a su cuarto. Comenzó a llorar. La vi decaída, triste e indefensa como una niña pequeña. Me dijo que se sentía rota por dentro por tanta pérdida, que los últimos años había hecho un gran esfuerzo por salir adelante, pero que no se le estaban dando las cosas. Me confesó que había hecho un intercambio con sus ángeles: si no la sacaban de este espantoso lugar, prefería morir. Sé que mamá es dramática, es intérprete de piano, se le da pues. Pero también sé reconocer a alguien desconsolado y roto. Confirmé con mi esposo que su estado también tendría que ver con una depresión postoperatoria. La abracé, le dije que algo bueno vendría para ella, y me fui cien por ciento preocupada.

Entonces, otra llamada puso en marcha, una vez más, la rueda de la fortuna. Le ofrecieron irse a Georgia a estudiar un curso como maestra Montessori, nada menos que en su país de origen. Me lo planteó como una buena salida de la vida tormentosa en México. Un guiño al fin. Se fue una vez más, fiel a nuestro ritmo de vida gitano. Luego conoció a un buen hombre y se casó (a mamá le encanta casarse); y todavía vive ahí, con su cuarto esposo. Estamos lejos de mamá, pero el menor de nosotros ya tiene veinticinco años y vive con su padre.

Más llamadas telefónicas, ahora de Mirelle.

—Pato se escapó del centro de rehabilitación en Querétaro y nos está contactando por Facebook. Dice que está en México y no tiene dónde dormir.

Mamá lejos, tratando de rehacer su vida. Y los tres retoños Cortés sin padres que puedan hacerse cargo, cuidándonos entre nosotros. No quería traer a mi hermano a casa y tener problemas con Jaques, pero fue precisamente él, su corazón noble, quien dijo:

—Puede pasar la noche aquí, dile que venga y mañana buscamos cómo ayudarlo.

Y eso fue lo que hicimos. Recibí en casa, alrededor de las once de la noche, a la versión local del tío Lucas Addams. Rapado por supuesto, disfrazado de chef apestando a cigarro y a tres días de no darse un baño. Lo abracé igual que si viniera vestido y arreglado como para ir a una boda.

Al día siguiente tuve que enfrentarme a una experiencia realmente dura: llevar a mi hermano al hospital psiquiátrico Fray Bernardino en Tlalpan, por sugerencia de mi psiquiatra *slash* esposo. Una vez más iba a ser yo la que lidiaría con el problema familiar, el adulto que tomaría las decisiones difíciles.

A veces pienso que en un radio de quinientos metros se concentran casi todas las emociones de los habitantes de la ciudad. En la zona de hospitales públicos de Tlalpan. Como habitante de una gran ciudad, estoy acostumbrada a la neurosis de los capitalinos, empezando por la mía. Pero esta zona tiene otro carácter. Aquí muchos nos sentimos desvalidos, desesperados. Buscamos respuestas en los médicos y enfermeras, que ven decenas de pacientes a diario, y están dispuestos a cuidar de nuestros seres queridos. Los que notaban mi semblante descompuesto se mostraban amables conmigo. Compartí sonrisas con personas desconocidas, camaradería al apartarme mi lugar en la fila, solidaridad al avisarme que traía la mochila abierta, gentileza cuando me cedían un lugar de estacionamiento. También compartí el dolor, la esperanza, la angustia, la ansiedad y la fe. Todos metidos en la misma licuadora emocional. Por si fuera poco, yo estaba a punto de cumplir mi primer año en abstinencia. Ya no agotaba mis emociones con alcohol o drogas; ahora las vivía y registraba de manera natural. Pero me sentía como si flotara en una realidad virtual aumentada. Volvió la sensación de ser un zombi. No sé cómo no me desarmé ni recaí fuertemente en la bebida.

El médico residente me preguntó si de chico Pato había tenido problemas de conducta, si había sido algo "raro". Definitivamente no era común, siempre fue rebelde, inquieto. Hacía cosas inverosímiles como quedarse dormido de pie, poniendo la cabeza entre el asiento del coche y la ventana. Antes de dormir golpeaba como cien veces la cabeza contra la almohada. Era berrinchudo, desobediente. Luego fue el turno de Pato. Fue dolorosísimo escucharlo revivir el historial de mi familia. Dolor compacto e intenso. Ver la misma película hecha por otro director con material inédito puede ser aterrador. Cirugía a corazón abierto y sin anestesia. Al estar en estado psicótico y maníaco hablaba sin parar. Contó con resentimiento el momento en que mamá le dijo que él era producto de una violación. Luego dijo que escuchaba voces.

—En mi cabeza tengo un programa de radio que me habla todo el tiempo y me dice qué hacer.

Habló del abuso sexual que sufrió, y por el tipo de lenguaje que usó, el médico residente me volteó a ver con cara de preocupación. Yo sabía que Pato había sido abusado, pero ahí, en el cubículo frío del hospital, me enteré de quién había sido el agresor. Un miembro de la familia, como lo confirman las estadísticas. Herví de rabia. Me dieron ganas de matar. Empecé a llorar mientras escuchaba los detalles de las agresiones. Y confirmé que mi hermano decía la verdad porque recordé el día en que ocurrió por primera vez. Hubo una señal de defensa de Pato hacia el agresor, y este no tuvo forma de explicarlo. Recuerdo que pensé: «Mi hermano no muerde, algo le hizo este tipo». Pero en ese momento yo tenía doce años y no supe qué hacer. Al terminar la entrevista me dijeron que internarían a Pato porque, en efecto, estaba en muy mal estado. Me dejaron despedirme de él y me dieron su ropa y sus pertenencias en una bolsa de plástico. Ahí venía la gorra promocional de *SuKarne* que había usado los últimos días. También su uniforme de cocinero del centro de rehabilitación de Querétaro. ¿Dónde estaban los demás? Fue tremendo hacer eso sola.

Me dieron una lista de cosas indispensables que debía llevar al hospital al día siguiente. Y mientras elegía calzones y calcetines, tratando de adivinar la talla de mi hermano, pensaba en todos los incendios y ráfagas de odio que iba a dedicarle al tipo que lo dañó. Pero me contuve. Fue difícil mantener silencio y ahogar la rabia con tal de no generar un cataclismo dentro de nuestra frágil y recién recuperada unión familiar. Además, mi esposo tuvo a bien decirme que, al tratarse de una entrevista médica, la identidad del agresor debía permanecer como confidencial y yo no debía repetirla a menos que tuviera el consentimiento de mi hermano. Recuerda: el odio, hasta ahora, no ha curado ninguna herida.

Durante cinco semanas fui muchas veces a ver a Pato. A pagar su estancia. A escuchar el diagnóstico de los doctores. A comprar su medicamento. A convivir con un pariente de mirada vacía, al que no reconocía. Para no flaquear, todos los días me repetía mantras y oraciones. Me exigía manejar el problema un día a la vez. Dios, si existes, sábete que estoy que me lleva la chingada. Todos los familiares formados, esperando para entrar y ver a nuestros hermanos, a nuestros hijos, a nuestra madre o nuestro padre. «¿Cómo estará mi hermanito hoy? ¿Habrá mejorado o todavía me odiará porque lo interné?». La última vez que lo vi me llamó sargento. La próxima vez, entonces, reclamaría a Mirelle y Marie para que vinieran conmigo.

Luego de cada visita iba reconociendo mejor a las enfermeras y camilleros que le daban la salida a Pato. A veces les llevaba galletas. Menos mal que mi hermana Mirelle, la otra primogénita, iba ese día conmigo, así sería menos la carga emocional. Tiene un sentido del humor que es una mezcla entre simplón y sarcástico, y sus *stickers* y *gifs* del WhatsApp son los mejores. Constantemente nos hace reír a todos. Supuse que haría su magia para sacarnos de la dinámica del verdugo y el acusado.

Si hay algo bonito en el hospital Fray Bernardino, es el jardín. Pero pocos tenemos el privilegio de conocerlo. Tan pronto salimos los tres hermanos, nos calentaron los rayos del sol en el fresco invierno de Tlalpan. Ahí tuvimos la fortuna de conocer en persona al mismísimo Picasso, un compañero de piso de Pato que se hacía llamar así. Buena onda, inteligente y con varios tornillos fuera de lugar. No dejaba de subirse los calzones unos veinte centímetros arriba de la cintura y mostraba los agujeros de la prenda con orgullo. Decía:

—Cuando pinto, desaparecen ¡hasta mis calzones! Y yo pinté la Mona Lisa.

La salida al jardín representaba para los pacientes la oportunidad de comer algún *snack* de la cafetería, así que le compramos a Pato unos *nuggets* de pollo con papas a la francesa, su platillo favorito de la infancia. Mirelle y Pato juntos de nuevo. Inseparables. Al verlos, me parecía que no habían pasado los años. Volvían a ser los niños de cinco y tres años que compartían todo. Solo que ahora tenían treinta y uno y veintinueve años. Mirelle partía un *nugget* a la mitad, le ponía cátsup y se lo daba a Pato, que lo comía obedientemente. Luego una papa. Sin darse cuenta llevaban a cabo un ritual que vi muchas veces mientras crecíamos. Uno para ti, uno para mí. Y sonreían. Por fin me sentía en un estado cercano a la paz. Hasta que un hombre sin camisa atravesó el jardín gritando a todo pulmón:

—¡Aaaaaaaaahhhhhhh!

Mirelle interrumpió el lunch, casi ofendida, y preguntó:

—¿Qué le pasa? ¿Por qué grita así?

Le contesté:

—Estamos en un hospital psiquiátrico… hay pura gente zafada, *remember?*

Los tres nos volteamos a ver en silencio… y en un tris llegó la risa. Sanadoras carcajadas que nos hicieron llorar y tener ese involuntario dolor de estómago.

—Mirelle, a la próxima tráete el manual de Carreño y los sientas a todos a escucharlo.

Mirelle dijo que esa escena era el audio perfecto para el *El grito* de Munch. Más risas. A esa altura también nos podrían haber internado a mi hermana y a mí por estar tiradas en el pasto, llorando de risa, junto con el paciente.

Lo siento mucho, hermano; siento que hayas tenido que vivir y sobrevivir un abuso tan cruel. Eras solo un niño. Qué jodido. Y, sin embargo, a mí también me pasó. Siento que tu autoestima haya sido lastimada de esa forma. Que tu seguridad y tu confianza en el mundo se hayan descalabrado y roto en mil pedazos. Tanto, que reconstruirla es una labor complicadísima en la que diariamente debes verter amor propio, perdón y entendimiento. Siento que, aunque te restaures, las marcas seguirán siendo visibles.

Ahora entiendo el porqué de tu conducta errática, por qué de adolescente te encerrabas horas en tu cuarto sin querer hablar con nadie y tocabas en la guitarra canciones tristes. Por qué tenías una sexualidad anticipada, igual que yo. Como si nos hubieran pervertido a una edad en la que lo único que debíamos ver eran ilusiones, fantasías, juegos e inocencia. Por qué tenías la mecha tan corta, tanto enojo reprimido. Por qué nos enganchábamos tú y yo en pleitos que escalaban a veces hasta los golpes. Igual de heridos. Igual de incomprendidos. Igual de enfermos emocionalmente.

Nos cortaron la niñez de tajo. Nos vendieron la idea de que el mundo era peligroso y que no podríamos confiar en nadie. Que, si lo hacíamos, seguramente pasaríamos una vergüenza enorme al creernos mentirosos. Igual de despistados; Gloria diría que el que olvida en la vida cotidiana es porque también elige olvidar un fondo de dolor abrumador.

Ambos tenemos mucho de niños. Disfrutamos los juegos, las bromas, la fantasía y nos ilusionamos como pequeños. Tal vez nunca soltamos esa niñez precisamente porque nos la quisieron arrebatar. Nos prendimos de ella, la atesoramos y por eso está tan al alcance. Tan cercana. Tan nuestra. Punto a favor.

Pato, hijo del mismo padre bipolar que yo, y al que le atribuyo nueve vidas gatunas, por fin lleva dos años sobrio. Lo diagnosticaron con trastorno esquizoafectivo, una mezcla entre bipolaridad y esquizofrenia. Toma diariamente su tratamiento médico. Habla como una persona normal, puede seguir el hilo de la conversación y ya no se disfraza de mago para salir a comer, ni deja de bañarse por una semana entera. Hoy no huele a mendigo. Asiste todos los días a las juntas de recuperación por alcoholismo y drogadicción. Tiene un trabajo.

Pudo haber muerto del susto después del abuso sexual que sufrió de niño, pero no lo hizo, usó su primera vida. Pudo haber muerto ahogado en la cisterna del rancho de mis tíos Cortés, pero no lo hizo, usó su segunda vida. Casi lo perdemos cuando Eugenio lo aventó por las escaleras, pero no fue así, usó su tercera vida. Su cuarta y quinta vida las perdió jugando a la ruleta con el *Crystal Meth* y durmiendo en estaciones de metro peligrosas de la CDMX. En estado maníaco, alucinó que tenía un tumor en el estómago y que debía extirparlo por sí mismo, pero algo lo detuvo, usó su sexta vida. Dos vidas más se le esfumaron intentando ahorcarse en el centro de rehabilitación, sin éxito. Ahora está en la novena: ya no le quedan más, y él lo sabe. Está agradecido de estar vivo, de estar sobrio. Hoy está aquí.

Hoy nos reencontramos en la recuperación, en el camino del héroe, en la victoria después de la tempestad. La vida nunca nos será fácil, tenemos los cables cruzados. Pero si partimos de esto para entendernos, se vuelve mucho más sencillo. Y podemos reconocernos guerreros. Superhéroes en nuestro comic personal. Yo seré Batman y tú… también.

El hecho de sobrevivir el internamiento de mi hermano, su largo período de rehabilitación, su necedad y sus pensamientos destructivos mientras hacía efecto el medicamento —entre seis y doce meses—, me hizo más fuerte. A pesar de ser yo misma frágil y vulnerable, descubrí que llevo una fuerza interna, un recurso que, por alguna razón que desconozco, no me abandona.

Recuperado del trancazo emocional, mi ego se sentía mejor, fuera de peligro. Pero mi cuerpo estaba a punto de manifestar años de resentimiento guardados.

# Capítulo XXIII

Mi matriz y yo. Yo y mi matriz. En una relación amor-odio desde que alguien le picó el botón de *ON* y comencé con los cólicos. No traía el *OFF*, sino yo misma lo hubiera presionado. No era en absoluto una coincidencia que, dada la relación tan singular que tenía con mi madre, también tuviera una matriz problemática. Abue Nena había muerto de cáncer cervicouterino, así que no falto a las revisiones ginecológicas anuales, no vaya a ser el diablo. Me practicaron un procedimiento llamado criocirugía en el cuello del útero porque encontraron células anormales. Un año después, hice una llamada telefónica:

—Doctor, tengo un dolor inmundo. No puedo salir de casa. Lo odio. Me dopo con ibuprofeno y después me arde el estómago.

Me dijo que fuera a verlo al consultorio, que me haría pruebas. Y luego: la endometriosis, el pólipo, el peor mioma. El otro mioma. Los quistes. ¡Lotería!

—Tienes contracciones casi de parturienta, por eso te duele tanto —sentenció mi médico Luis.

—Pues, entonces, soy una candidata ideal para que me quites la matriz.

—¡Cómo crees, eres muy joven!

Pregunté cuáles eran los efectos secundarios de una histerectomía.

—Bueno, que no vas a poder tener hijos.

—¿Qué más? —Quise saber.

—Nada más.

—Perfecto, *done, deal.* Quítamela ya.

Tan pronto le dije a mamá que tendría cirugía, orquestó un viaje a la Ciudad de México. «Tengo que estar contigo». Yo tenía los nervios de punta y, con mi diplomacia característica, le dije cosas como: «¿Para qué vienes? No es necesario, me puedes contagiar el COVID. Te estás inventando un viaje para ver a mis hermanos y no a mí, no mientas. Odio que lo hagas sobre ti, todo es sobre ti. Déjame en paz. Ni vengas».

Se quedó, por sugerencia mía, en un Airbnb en el mismo edificio donde vivo. Prefería que estuviéramos juntas, pero no revueltas. Al llegar, me abrazó y con los ojos llorosos, me dijo:

—Lo único que quiero es estar cerca por si necesitas algo.

Le dije que me perdonara, que estaba actuando como una loca. Ella, a su vez, se disculpó por la torpeza con la que había organizado todo de último momento. Y aunque me costó, decidí ver que lo que quería era darme cariño y cuidar de mí.

El día de la cirugía estaba algo nerviosa. Jaques me llevaba al hospital con una buena dosis de Rivotril en la sangre, como para estar sereno. No hacía caso a mis indicaciones, no podía estacionarse bien. Se pasó la salida en el Periférico y dio una vueltota para llegar al hospital. ¿En serio, querido, justo ahora decides abandonar tu neurosis? Quería ahorcarlo. Recordé cómo le afectó a mamá su propia histerectomía. Reviví su dolor en cada una de las horas que estuve a su lado en el hospital. Su malestar al dormir. Ahora tocaba mi turno. Mamá estaba conmigo en el preoperatorio cuando llegó la residente a hacerme algunas preguntas. Demasiadas pinches preguntas. ¿Qué medicamentos toma? ¿Cuál fue el último alimento que ingirió y a qué hora? ¿De cuántas horas fue su ayuno? ¿Ha tomado algo el día de hoy? ¿Padece de diabetes o hipertensión? ¿Ha tenido cáncer? ¿Su prueba COVID salió negativa? ¿Me la puede mostrar? ¿Ha tenido abortos? Silencio. Volteé a ver a mamá, que me leyó en un segundo.

—¿Ha tenido abortos?

—Sí.

—¿Cuántos?

—Dos.

Y no pude contener el llanto. Estaba en la cama, con una de esas batitas blancas que te dejan las nalgas al aire y una sábana encima. Me sentía vulnerable y expuesta. No me gusta decir mentiras. Soy mala mentirosa y me sentí obligada a decir la verdad. Mamá me abrazó y me dijo:

—No te preocupes, yo no te juzgo. Cada quien decide su vida y yo respeto tus decisiones.

En ese momento recordé que, en su momento, ella decidió no abortar a mi hermano menor. Sin embargo, yo no fui capaz de conservar al producto. Los productos. Hubo abuso de sustancias en los dos embarazos y la carga genética para tener trastorno de bipolaridad era casi del cincuenta por ciento. En la familia directa de mi esposo también existe esta condición. Mi justificación: la enfermedad mental termina aquí. La verdadera razón: no quiero cuidar más niños. Quiero tiempo y dinero para mí. Además, ya perdí la máscara de Jeannette.

Al salir de la cirugía sentía un dolor inmenso en el vientre, perdí el conocimiento en la camilla. En la negrura, escuché lejanamente a una de las enfermeras decir:

—Doctor, la perdimos varios minutos.

El ginecólogo llegó corriendo a confirmar que todo era producto de la anestesia, y me dijo muy sonriente:

—Por favor, Coco, no me hagas quedar mal. Es la primera vez que hacemos esta cirugía.

Es un encanto y todo el tiempo usa el sentido del humor para calmar los nervios. Transcurrieron los dos días de recuperación y al tercero, muy temprano, ya estaba bañada, vestida y lista para irme a casa. No soporto los hospitales. El dolor cedió poco a poco y fui recuperando la fuerza. Sin embargo, se instaló en mí una sensación de pérdida, de invalidez, de ego herido. ¿Me habían quitado mi feminidad? ¿Dejaría de ser mujer por no poder procrear? Yo misma lo había decidido, sumamente convencida. Entonces, ¿por qué me sentía así? ¿Cometí un error? Tuve que vivir mi duelo, reconocer que mi cuerpo no era perfecto. Aceptar mi condición humana, vulnerable y mortal. Pasaron dos meses y me sobrepuse. Una. Vez. Más. Aunque a veces le pongo mameluco de bebé a mi gato para impedir que se saque ronchas por lamerse la panza. O eso me digo. En realidad, soy la loca sin matriz que viste a su gato de bebé.

Hace poco encontré el librito del bebé que mamá hizo para mí. Me conmovió el amor con el que escribía sobre mí a sus tiernos diecinueve años. Me llamaba "chiquita linda"; decía que no quería que sufriera, que me iba a proteger siempre. Claro que no quiso hacerme sufrir. Redescubrí el gran amor que mi madre tenía —y tiene— por mí. Hace unas semanas fuimos a visitar a Renée a España. Renée y yo vivimos bajo el mismo techo durante los últimos catorce años. Allá celebramos sus dieciséis años y por primera vez sentí la angustia de verme a través de los ojos de un hijo semiadulto. ¿Lo habré hecho bien? ¿En qué me equivoqué? Me hubiera gustado no ser tan dura con mamá. Después de todo, hizo lo mejor que pudo y ahora estoy en sus zapatos. Recordé las veces en que hice cosas con Renée de las que después me arrepentí. Las veces en que fui mala. Yo también puedo ser una mamá duramente juzgada en un futuro no muy lejano. Sentí impotencia ante mis errores. Sentí la insuficiencia, la culpa. El sentimiento de querer profundamente a un ser humano y dudar sobre lo que aportaste a su vida. ¿Me reprochará algo? Podría haber hecho mejor las cosas; podría haberle dado más tiempo. Podría haber sido más tolerante, menos neurótica. Ojalá le haya dejado algo bueno. Que no recuerde mis gritos en la mañana antes de salir al colegio ni que la regañé por ponerse mi ropa. Que recuerde que la hago reír. Por favor, que recuerde eso.

Entonces, poco a poco, dejé de juzgar a mamá con tanta dureza y recordé que solo quiso mi bienestar. Me di la oportunidad de reconocerle todo lo bueno. Mamá es una de las personas más sanas que conozco, al menos físicamente: no fuma, no bebe, se ejercita a diario, lleva una dieta balanceada, duerme las horas que necesita. Todo el día canta. Todo-el-día. Ama a los animales, los rescata y los lleva al veterinario. Todos sus hijos tenemos al menos una mascota a la que adoramos. Nos enseñó a ser amables y buenos con los demás: «Flaquita, lo mejor que puedes hacer es ayudar a otra persona. Siempre que puedas, hazlo». Su camino también estuvo atravesado por el sufrimiento y la enfermedad. Siempre conmigo, con nosotros, sus hijos. No nos abandonó, toleró abusos y malos tratos con tal de que tuviéramos techo, comida y escuela. No fue un hogar ideal, pero fue el que pudo conseguirnos. Ella siempre creyó en mí y quiso lo mejor. Si la vida no salió como cuento de hadas, es porque es vida y no cuento. La vi hacerse responsable de sí misma y de mis hermanos. Se convirtió en una mejor persona a la luz de mis ojos. Estudió para maestra y luego para certificarse como agente de bienes raíces a sus casi sesenta años. Se sobrepuso al desastre. Soy testigo del cambio que puede realizar alguien que desea superar su versión del pasado. Claro, no me cambiaron a mi mamá por una nueva. En todo caso me dieron una versión mejorada que, al igual que yo, conserva algunas fallas. Tenemos una muy buena relación, no exenta de alguno que otro disgusto ocasional, basada en el entendimiento, el amor y la comprensión de la mujer que cada una tiene enfrente. Somos sobrevivientes. Mamá dice que me parezco a Mulán, la guerrera china que regresa vencedora después de la guerra. Yo creo que mamá es una mezcla de la Hormiga atómica, Cher y Joan Rivers. Fuerte, coqueta y, a veces, letal.

No hace mucho fui a visitarla a la ciudad del sur de Estados Unidos donde vive. Me asignó la recámara que tiene una colcha con una enorme bandera norteamericana. Dormí envuelta en ella, la representación y confirmación de los sueños de mi madre. Quién lo diría, como niña-héroe, pero envuelta en la bandera gringa (compatriotas, no me linchen).

En esos meses comencé a escribir un manuscrito sobre nuestras vidas y me sobraban dudas sobre la experiencia de cada una de las mujeres que fuimos abusadas en la familia. Mi Abue Nena, mi mamá, su hermana, mi prima, yo. Nunca se había tocado el tema así, con calma.

Solo una vez, cuando yo tenía doce años, mamá me dijo que fue abusada por su abuelo y el tema quedó sepultado con la helada sensación que me dejó el recibir esa noticia. Quería que mamá me contara por primera vez qué pasó en verdad y por qué demonios el abusador siguió viviendo en la familia. Dos mujeres hablando a corazón abierto. Sin juicios, serenamente y con la única finalidad de compartir un pasado doloroso que marcó nuestra vida y nuestra personalidad para siempre. Me dijo que cuando su hermana Silvia tenía trece años, acusó a su abuelo con mi agüela Carmelina. A la confesión le sucedió un ataque de descalificativos, improperios, ira y conmoción como era, tristemente, de esperarse. A mi mamá no le dieron las fuerzas para confesar que ella también fue víctima. Calló durante solamente veinticinco años. Corrieron al abuelo de la casa, se fue a Barcelona un par de años. Se acabó el dinero en casa para mantener a las niñas. Mi agüela entró en pánico y decidió buscar al salvador-abusador nuevamente. A su regreso hicieron una gran fiesta de bienvenida y aquí no pasó nada. Absolutamente nada. Mi mamá y mi tía tuvieron que creer eso para sobrevivir y negar un recuerdo espantoso. Encubrir un crimen doloroso y tapar la presa de emociones con una curita. Es por eso que mamá y Silvia nos dejaban a mi prima y a mí en casa del abuelo sinvergüenza. Después de todo, ahí habían crecido ellas y "no había pasado nada malo". Me pone los pelos de gallina recordar el día de la muerte del abuelo de mamá. Lo lloraban como a alguien que en verdad amaban. Qué torcidos sentimientos manejaron durante tantísimo tiempo. Me compadezco de ellas porque no supieron hacerlo de otra forma.

A Silvia le quedó la personalidad *borderline* como regalo de los abusos. Escapó de su realidad en el mundo de las drogas y el alcohol. Salió de él, pero se convirtió en una mujer sumamente destructiva. Despertó en sus tres hijas sentimiento de repudio. La evitan porque es tóxica. *Hurt people hurt.* Hoy en día, las hijas de Silvia son mujeres buenas, honestas. Cuidan su vida y a su familia como un tesoro. Como les faltó un hogar al cual pertenecer se lo construyeron solas y las admiro profundamente por ello.

Al día siguiente de la dura plática y con el entendimiento que ahora tenía del sufrimiento de mamá, recibí otro regalo. Unos patines que me compró en Wal-Mart. Dos botines tornasolados con agujetas rosas fosforescentes. Mi primera impresión fue que eran para una niña de diez años o menos.

—Me voy a ver ridícula.

Mamá dijo:

—Diviértete, los escogí para ti. Los de adulto son aburridos. —Me los puse para no romperle el corazón—. A ver, flaquita, patina aquí adentro como hacías en Cuernavaca.

Apenas sentí girar las ruedas, volví a conectar con mi niña interior. Me transporté a la época en la que casi no tenía responsabilidades. Me ahogué voluntariamente en un mar de buenos recuerdos. Recordé que ella estuvo ahí todos los días de mi vida. Volví a escuchar las canciones de la pista de patinaje. Cada deslizamiento me alejaba de la adultez y me acercaba a una inocencia olvidada.

—Vamos a mandarle una foto a tu prima Katia. Le va a encantar.

Un momento mágico. Qué suerte tener una mamá como la mía. Me conoce tan bien. Gracias por esto y por todo, mamá.

La interminable pandemia y el delicioso encierro que trajo consigo me llevaron a una profunda introspección. Un poco forzada, quizás. Sin embargo, me vi impulsada a evaluar mis condiciones de vida y el *statu quo*. Estaba cerca de cumplir cuarenta años. ¿Qué significaba? Podía no significar nada, o podía ser mi corte de caja. ¿Lo que sentía era algo así como un aprendizaje? Caray, ¿habré madurado de una edad emocional de doce a una de, digamos, dieciocho? Sí, como mínimo a la mayoría de edad. Si corriera una cuenta regresiva para tu cumpleaños, ¿qué te gustaría hacer? Quiero crecer espiritualmente y como ser humano. Correr un maratón. Escribir un libro. Plantar un árbol. El hijo se los quedo a deber.

Los sobresaltos familiares me enseñaron a estar preparada para emergencias y a ser creativa para resolver problemas con pocos recursos. Tantas mudanzas y desalojos me volvieron desapegada de lo material.

El movimiento constante me enseñó a valorar los espacios propios, habitables, por pequeños o grandes que fueran, por no hablar de la importancia de la iluminación de cada cuarto. Y, en un sentido general, aprendí a identificar necesidades de vivienda reales y pude dedicarme parcialmente a los bienes raíces.

El abandono de mi padre me hizo sentir, durante años, que no era merecedora de afecto. Ahora comprendo que él no sabe cuidar ni de sí mismo y me compadezco de él. Su partida pudo haber tenido peores consecuencias, pero en mí avivó unas ganas de salir adelante y sobresalir, que no tengo más que agradecerle.

Como sobreviviente de abuso sexual en la infancia, ahora entiendo que, al ser una pequeña de solamente tres años, no tuve ninguna responsabilidad en el asunto. Tampoco busco a un culpable. Y el papel de víctima ya no me queda, es un saco que no me quiero poner. Somos víctimas de víctimas, pero el círculo vicioso no tiene por qué perpetuarse. En algún momento los nuevos eslabones de la cadena pueden rebelarse contra su naturaleza para convertirse en los primeros responsables de la historia que se cuente de ellos. Aprendí que, así como *hurt people hurt*, también *broken people save broken people*.

El matriarcado de mi familia me hizo rodearme de mujeres fuertes, de las que aprendí cosas muy valiosas. Mi agüela, Abue Nena, mi mamá, mis hermanas, mis primas, mis amigas. Ahora valoro a mi propio género. Se terminó la envidia del pene. Admiro a mis hermanas por abrirse camino como mejor pudieron a pesar de la adversidad. También admiro a las hijas de Silvia, mis primas, tres guerreras con vidas exitosas, que trabajan y son independientes (algunas se han casado y tienen hijos, y otras triunfan en programas de televisión).

Eugenio, mi padrastro, que en realidad fue mi verdadero papá, me enseñó a ser independiente. A trabajar para conseguir lo que quiero. De él aprendí el *charm* y a caerle bien a la gente. La base de las relaciones públicas. Él bromea con el taxista, el taquero, la cajera del banco y la que atiende en el Oxxo. «No me dé cigarros con foto del bebé muerto, mejor deme los de la rata, esa está mejor». Hace reír a la gente naturalmente. El carácter fuerte y decidido también se lo aprendí a él, bien dirigido puede ser muy productivo. Hoy sé que papá es sumamente sensible y, como todos, tiene miedo. Creo que por eso se construyó una coraza y mantenía el semblante de hierro ante las situaciones adversas. Gracias a él vivimos no menos de diez años. No cualquiera adopta a tres hijos sin padre. Lo quiero profundamente y le agradezco que haya estado para mí y para mis hermanos.

Mis fugas de ansiedad en los estudios me dieron disciplina para leer, para enfocarme en algo, y me mantengo siempre curiosa. Sigo perdiéndome felizmente en los libros.

Desde niña aprendí a entretenerme sin compañía, lo que me parece bueno y hasta recomendable. Ya no me siento sola y atesoro mi tiempo personal. Podría decir, como el poeta: «Me basto a mí misma». No pido un complemento de nadie y no necesito una media naranja.

Ahora bien, no he superado la fobia ni la aversión a las llamadas telefónicas. A la oscuridad tampoco le aprendí nada ni le agradezco, sigo siendo miedosa y prefiero dormir acompañada.

Otra cosa que amablemente dejé ir es la aversión a ser encasillada como niña fresa; si soy niña fresa, ¿pues qué se le hace? No niego la cruz de mi parroquia, y valoro a esas mujeres que han sido mis amigas, mis compañeras de vida. Si arrastran o no las vocales al hablar, ¿qué más da? Ya me perdoné por no haber sido igualita a ellas, cada una tiene su lugar y eso está bien.

Soy consciente de que mis problemas pueden parecer de burguesa si observo las condiciones de vida que enfrenta buena parte de los habitantes de mi país. Ahora elijo dar gracias porque mi familia siempre tuvo un lugar donde dormir y comida todos los días.

A mi exesposo le agradezco haberme guiado durante los años que pudo, a darme estabilidad y camaradería. Yo era una bala perdida y no debía pedirle, a él ni a nadie, que me devolviera al camino del bien o que me diera la felicidad. Ese camino debía recorrerlo sola. Si se equivocó conmigo, pues yo también me equivoqué con él. Le deseo todo lo bueno, que tenga amor y salud. Lo perdono y espero que algún día él también pueda hacerlo.

El pasaje por los puestos corporativos me reforzó la importancia del trabajo en equipo, lo que me llevó a descubrir que no es posible hacer todo sola y que el personalismo suele dejar un mal sabor de boca.

Los jefes narcisos o acosadores me enseñaron que la que debe poner límites primero soy yo, y también que odio tener jefe. Aprendí que mi autoestima vale más que cualquier trabajo y que el trabajo no me define. Si antes me sentía incómoda cuando me preguntaban: «¿A qué te dedicas?», ahora respondo: «A ser feliz». Es claro que no se les puede dar gusto a todos e invariablemente alguien te va a juzgar por tu selección de profesión, o porque no destacaste, o porque no eres exitoso en el sentido en que ellos querían. Todo eso no me importa tanto como solía hacerlo. Entiendo que la gente quiere y espera algo diferente de mí, que tiene que ver mucho más consigo mismos que conmigo. No les voy a dar gusto a todos. Nunca. Y si lo intento, encontraré mucho sufrimiento en el proceso.

Tengo casi cuarenta años, he vivido en diecisiete casas. Un promedio de 2.3 años por casa. Tuve dieciocho trabajos —o intentos de ser exitosa—. Estudié una licenciatura, un posgrado y aún no podría considerarme en la cima con los estándares de vida profesional que aparecen en las revistas de negocios. Sé algo de muchos temas, pero no me especializo en ninguno. Me recupero del alcoholismo y la drogadicción. Los últimos tres años me he dedicado a meditar, a hacer yoga, a correr y a escribir. Son los años más serenos que he tenido.

Hice las paces con el concepto prejuicioso que tenía del éxito, lo sustituí por uno menos ambicioso, más a mi medida, y lo traduje en ser alguien funcional con paz. El éxito está en ser una buena persona. La gente te recordará, si acaso, por alguna buena acción, por el amor que le hayas dado, por un buen momento juntos. Nada de eso tiene que ver con el dinero, la fama y fortuna.

Ahora sé que mis altibajos emocionales me acompañarán a lo largo de mi vida. De mí depende aplicar las herramientas con las que cuento para contrarrestar los efectos que tenían en el pasado. Aún me equivoco, casi siempre con mis seres queridos. Pero ahora pido disculpas sinceras, sin justificarme ni echar culpas, y trato de que mi lista de daños sea corta.

El camino fácil es perderse y no querer enfrentar el dolor y los propios demonios. Lo difícil es enfrentarlos, y de ahí viene el crecimiento. Es cierto que cada problema tiene una bendición en encubierto; si la sabes encontrar, derivará en un aprendizaje.

Cuanto más responsable me haga de mis palabras y mis pensamientos, mejor será el prospecto de mi vida. Practico lo que me da paz, y cuando lo hago, nada me molesta. Nada. Tomo mi antidepresivo diariamente y no temo hablar de enfermedades mentales. Al contrario, quiero hacerlo. La depresión no distingue clase social, sexo, cultura ni religión. Pega parejo. Es una enfermedad silenciosa que se transita en soledad, y nadie sabe cómo te sientes mientras haces el esfuerzo para que no lo noten. No basta con "echarle ganas" porque así no se cura. Si tengo pensamientos suicidas, llanto a flor de piel, sentimiento de que la vida no vale, las cosas que antes me gustaban ahora no me importan, ansiedad, ataques de pánico, trastornos en el sueño o cambios en el apetito, sé que debo buscar ayuda profesional.

Hay días en los que experimento una gran paz, siento el alma llena y no me falta nada. Hay otros en los que la insatisfacción que caracteriza a la gente de emociones inestables o adicta amenaza con arrebatarme lo que he ganado en el camino. Si lo hago consciente, gano.

Hoy elijo estar donde quiero y con quien quiero; si no pertenezco, no le doy tanta importancia. *It is what it is.* No se le puede caer bien a todo el mundo y a mí me interesan, a decir verdad, muy pocas personas.

Me preocupa mucho menos que me vean demasiado fachosa, demasiado arreglada, demasiado normal, demasiado a la moda. Fuera de moda. Demasiado excéntrica. Alocada. No busco ser la mejor ni me considero la peor, solo soy.

El ego no sirve para nada. NADA. Solo entorpece las relaciones y complica la convivencia y la existencia de todos. Tan pronto descubro que ha tomado el control, le digo: «Hoy no traes tu permiso de manejo. Fuera».

Con Gloria aprendí a verme sin las gafas de odio que me coloqué desde muy pequeña. Me enseñó, con mucha paciencia, a ver mis cualidades. Todos tenemos. Cuando nos despedíamos, además de resaltar lo más importante de la sesión, siempre decía algo bueno de mí. Me echaba una flor. Aprendí que mis inseguridades aflorarían y se replegarían según el momento de la vida en el que me encontrara. Me enseñó que tener seguridad en mí misma era tan sencillo como caminar del lado derecho o del lado izquierdo de la línea que divide el camino. Yo decido de qué lado caminar, uno está muy al alcance del otro y se requiere solo de un paso. Logró hacerme entender que de la persona que más debía de cuidar era yo misma. «En el avión, primero te pones la máscara tú, luego a tu acompañante. Primero ayúdate a ti. Siempre».

Después de estar casi diez años en psicoanálisis con Gloria se me ocurrió que no estaría mal que las escuelas enseñaran inteligencia emocional, y los casos prácticos a resolver fueran desalojo, insolvencia económica, pérdida de trabajo, manejo del abandono, codependencia u otros asuntos propios de la vida. La materia se llamaría "Vida 101".

Ya no aviento fichas de dominó al perder una partida por una crítica a mi juego. Ahora me limito a apretarlas en mi mano pensando cómo se la voy a clavar en el ojo a mi oponente, pero estoy lejos de llevarlo a cabo. Mi paz mental y emocional casi siempre están primero.

Si quiero llorar, lloro. Si el día pinta para ser terrible y pienso que ya nada puede ser peor, me agarra en la bici un chubasco en plena avenida sin impermeable. ¿Se le acabó la pila al celular y estoy varada a kilómetros de casa? Entonces lloro más fuerte. La sensación catártica de la lluvia limpiando mis emociones es de lo más sanador que he experimentado. Lo recomiendo ampliamente. También recomiendo salir con impermeable.

De la puerca, pues ahí sigue, trato de no alimentarla, aunque es resiliente la cabrona. Hace poco me dijo: «¿A dónde crees que vas con todo este show de escribir? Hora de guardar el numerito y nunca más comentarlo con nadie. Se van a reír de ti, SEGURO. Me das pena». Y le di las gracias. A ella y al miedo. Siempre estarán ahí tratando de cuidarme, hasta de que me vaya bien.

A veces pienso que mi mayor logro ha sido no ceder ante el derrotismo. Seguir aquí buscando soluciones. Viviendo. Mi camino es vivir un día a la vez. Ya no me aviento para perder la vida, me aviento a vivirla. Tengo una valiosa segunda oportunidad al haber sobrevivido a mi tercer intento suicida y doy gracias por ello.

En los últimos años he gozado de una estabilidad, una paz y una tranquilidad antes desconocida. Podría decirse que me convertí en una señora bien —o regular— porque uso tenis diario y no me arreglo tanto como podría para salir a la calle. No como las mujeres de la tele. Vivo en un departamento hermoso. No solo tengo donde dormir, sino que disfruto de una casa de descanso con vecinos que ni en mis fantasías hubiera podido escoger mejor: arquitectos, pintores, escritores, músicos, intelectuales. Un sueño de estimulación artística. Mi alma agradece al infinito por tanta prosperidad dispuesta de tantas formas. Y tengo que reconocer que la realidad superó ampliamente los *posters* y *vision boards* que hice después de leer *El Secreto*. Es cierto: atraes lo que piensas. Y ahora pienso que merezco estar bien.

He aprendido algunas cosas a lo largo del camino. La única constante en la vida es el cambio y las situaciones mejoran —si pones de tu parte—. No sé si alguna vez estaré libre de problemas, pero al menos los enfrento con una mejor actitud. Reconozco que no controlo nada, o muy poco. Solo controlo mis reacciones.

Aprendí a atesorar la experiencia, la existencia, y a compartirla con los demás. Amar y estar cerca de la gente que quiero. Valorar a mis padres y a mis hermanos. Compartir mi vida con mi esposo y cuidarnos. Aspirar a convertirme en un buen ser humano, en alguien que sea recordado por tener una sonrisa, ser amable y ayudar a los demás. Alguien que se preocupa por el bienestar común.

Ojalá que, si tienes una vida con complicaciones, te hagan crecer y que humildemente puedas pedir ayuda. Que después apliques esa ayuda y no la tires por el escusado.

No cambiaría todo este aprendizaje por nada del mundo… bueno tal vez por un éclair de café o por dos alfajores argentinos, pero solo eso.

Amado Nervo tenía razón:

«¡Vida, nada me debes! ¡Vida, estamos en paz!».

# Agradecimientos

Agradezco a todos los maestros de vida que he tenido en el camino. Cada uno me enseñó algo. Si fuiste un cabrón, gracias. Si fuiste una víbora, gracias. Si me ignoraste y no fui nada para ti, gracias. Si dejaste huella en mi vida, entonces, te agradezco el doble.

Gracias a Joaquín por sacarme del infierno de la depresión y mantenerme estable. No sé si algún día termines de analizarme por completo. Gracias por ser mi amigo, mi compañero y mi consejero. Y el médico de cabecera de los Balázs-Perdidas.

A Gloria por ayudarme a conocerme mejor y enseñarme a tenerme amor y paciencia.

A Pituca por estar siempre tan cerca, eres un sol. Tus palabras me reconfortan diez mil por ciento. Quédate a mi lado solo por hoy.

A Patu por adoptarme como hermana y velar por mi bienestar mientras reímos a carcajadas.

A Coyito por ser mi luz en el camino de recuperación.

A Berni, por el *inception* al mencionar la frase: «Podrías escribir un libro de tu vida».

A Luci y a Gastón por creer en mí y darme el impulso.

A la comunidad Tepequeña por los valiosos amigos que ahí encontré y que me abrazaron en este mágico proceso. Por recordarme que el potencial creativo está en todos nosotros, y por envalentonarme a escribir sin importar el resultado.

A Mariely, qué suerte contar contigo en esta aventura.

A Lari e Iván por la oportunidad.

A mis primas y amigas.

A mis hermanas.

A mamá.

*Un rayo de luz en la oscuridad que borró el futuro que tanto había temido y presentó un camino que no sabía que había ante mí.*

del libro *Ariadna* de Jennifer Saint